高等学校“专业综合改革试点”项目教材
交通运输专业实验教学系列教程/王　晓　总主编

交通规划理论、方法与案例

杨金花　主编

上海浦江教育出版社

图书在版编目(CIP)数据

交通规划理论、方法与案例/杨金花主编. —上海：上海浦江教育出版社有限公司，2015.3
交通运输专业实验教学系列教程/王晓主编
ISBN 978-7-81121-395-9

Ⅰ.①交…　Ⅱ.①杨…　Ⅲ.①交通规划-高等学校-教材　Ⅳ.①U491.1

中国版本图书馆 CIP 数据核字(2015)第 051408 号

上海浦江教育出版社出版
社址：上海海港大道 1550 号上海海事大学校内　邮政编码：201306
电话：(021)38284910/12(发行)　38284923(总编室)　38284910(传真)
E-mail：cbs@shmtu.edu.cn　URL：http://www.pujiangpress.cn
上海图宇印刷有限公司印装　上海浦江教育出版社发行
幅面尺寸：185 mm×260 mm　印张：16　字数：379 千字
2015 年 3 月第 1 版　2015 年 3 月第 1 次印刷
责任编辑：黄丽芬　封面设计：赵宏义
定价：32.00 元

总 序

CATALOGUE

港航特色的交通运输专业人才培养应全面贯彻落实党和国家的教育方针，紧密结合我国航运事业发展和国际航运中心建设的需要。交通运输行业具有理论性和实践性等多重特性，因此应培养具有理论创新精神和实践运用能力的复合型、应用型交通运输专业人才。在传统交通运输理论教学的基础上，实践教学将是交通运输专业人才培养的重要环节和重要模式。为了使水运领域交通运输专业的人才培养具有科学、系统的实践教学环节和合适的实践教材，上海海事大学交通运输专业教研组经过几年的研讨和筹备，向市场推出“交通运输专业实验教学系列教程”。

上海海事大学作为全国最早创立交通运输专业及第一批硕士学位授予点院校之一，积累了半个多世纪的人才培养与科学研究的丰厚经验，逐步发展成为我国交通运输(水运管理)领域内的人才培养和科学研究基地。上海海事大学交通运输专业学科点作为水运领域的传统优势学科，具有博士学位授予权，是上海市重点学科、交通运输部重点学科、上海市教委重点学科和国家重点(培育)学科。上海海事大学交通运输专业2009年被列为上海市本科教育高地，2013年作为高等学校“专业综合改革试点”项目进行专业综合试点改革。

经过长期的教学发展和专业改革，我们认识到实践教学在交通运输专业人才培养中极为重要，因此，及时地编写了本系列实验教学教程。本系列实验教学教程是上海海事大学交通运输专业改革试点的重要成果，得到高等学校“专业综合改革试点”项目资助。本系列实验教学教程是一套系统解析水运领域交通运输专业实验教学、实践运作模拟和理论应用的专业书籍。以实践应用为基本点，本着学以致用的原则，在介绍相关理论及实验软件模块的同时，更侧重于水运领域交通运输工作方面的实际应用；不仅引导读者掌握交通运输行业运作的基本原理，而且使其学会运用实验方法解决工作和学习中的实际问题。

本实验教学教程丛书由上海海事大学交通运输专业教研组长期从事专业教

学的教师执笔编写，在内容上，不仅融入了多年来水运领域交通运输专业教学和研究的相关成果，而且还融入了很多新的实际应用经验。本实验教学教程丛书主要由《集装箱码头自动化控制实验教程》《管理决策技术实验教程》《件杂货码头生产调度模拟实验教程》《集装箱码头生产调度模拟实验教程》《港口管理信息系统实验教程》和《港口商务模拟实验教程》等组成，分期分批出版。本套教程分别针对水运领域交通运输专业教师、学生及相关读者群，由浅入深、以应用为本，系统地介绍港口码头的实际运作和管理决策问题。

科学无止境，实践在发展。本系列实验教学教程体现交通运输行业发展的实践特征，也是上海海事大学交通运输专业建设和教学发展的阶段性成果之一。我们希望本教程的出版，能为我国水运领域交通运输专业的人才培养和实验教学起到一定的指导作用。让我们共同努力，推动水运领域交通运输专业实验教材的不断创新、不断进步、不断发展。

总主编　王　晓

前言

PREFACE

交通规划理论与方法是交通运输类专业本科生的专业必修课。本书主要讲述交通规划的基础理论与分析方法，具体包括：交通调查与分析、交通与土地利用、交通网络布局规划与设计、交通的发生与吸引、交通的分布、交通方式划分、交通流分配以及案例分析等。通过本书的学习，学生能够掌握交通规划的基本理论与方法，以及交通规划在实际规划工作中的应用。

本书是上海市“高等学校‘专业综合改革试点’项目教材”之一，侧重于交通规划的基础理论介绍，尤其是交通规划的预测部分的理论与模型，同时注重交通规划过程的梳理。全书既有经典的规划理论模型，又有交通规划最新的模型，可以作为高等学校交通运输及相关专业的教学用书，也可以作为广大从事交通运输及交通规划人员的参考用书。本书由上海海事大学交通运输学院杨金花老师主编，在编写过程中，同济大学交通运输工程学院的段征宇老师和长沙理工大学交通运输学院的弓晋丽老师对于全书的资料整理以及案例分析提供意见，上海海事大学的硕士研究生张翠云、杨艳秋、高舒卉、周杰等同学在书稿的校核方面提供帮助，在此一并表示感谢。

由于作者水平有限，本书难免有不妥之处，望广大读者能不吝指正。

编　者

2014.10

目 录

CONTENTS

1 绪论

交通规划作为交通工程的主要组成部分之一有着半个多世纪的发展历史。本章主要介绍交通及交通规划的基本概念、交通规划的分类、交通规划的主要内容、交通规划的过程与交通规划的发展情况等。

1.1 概述

1.1.1 交通

(1) 交通的定义

“交通”通常被广义地定义为“人、货物、信息的地点间,并且伴随着人的思维意识的移动”。由于人和货物的移动与信息的移动在速度上的差异,并且信息的移动已经形成了独立的学科,因此,交通又被狭义地定义为“人或货物的地点间,并且伴随着人的思维意识的移动”。伴随着思维意识的移动可以分为以下两种。

① 移动的本身有价值,即人们通过移动获得精神快乐和休闲等,如旅行、驾车兜风(Drive)等非日常性移动。

② 移动的结果有价值,即人们通过移动获得对自己或社会有价值的结果,如人们“工作”的移动结果既为社会创造财富,又为自己的生活奠定经济基础;“购物”移动使人们从物质和精神获得满足等,这些均属于日常性移动。

(2) 交通的分类

在经济学领域,按照供给与需求原理,将交通分为以下两类。

① 本源性交通需求,其移动的目的是为了移动者自己,且由他人难以代替的交通需求。例如,上学、访友、观光、度假、看病等均是为了满足自己的交通需求,并且是不能由他人代替的行为。

② 派生性交通需求,是由其他活动引起的,并且可以由他人代替的交通需求。例如,业务、工作等产生的交通需求。

1.1.2 交通规划

(1) 交通规划的定义

广义的交通规划包括交通设施体系布局规划、交通运输发展政策规划(也称“交通发展白皮书”)、交通运输组织规划、交通管理规划、交通安全规划、交通近期建设规划等。狭义的交通规划主要是指交通设施体系布局规划和交通近期建设规划。

狭义的交通规划通常是指根据对历史和现状的交通供需状况与地区的人口、经济和土地利用之间的相互管理的分析研究，对地区未来不同人口、土地利用和经济发展的情形下，交通运输发展需求的分析和预测，确定未来交通运输设施发展建设的规模、结构、布局等方案，并对不同方案进行评价比选，确定推荐方案，同时突出建设实施方案（包括建设项目时序、投资估算、配套措施等）的一个完整过程。

总之，交通规划可定义为：是有计划地引导交通的一系列行动，即规划者如何提示各种目标，又如何将提示的目标付诸实施的方法。

（2）交通规划的前提

与一般的工程项目相同，某城市或某地区进行交通规划也必须满足一定的条件，它们是：

① 规划主体的存在。

② 对规划对象的期望状态、方向、认识的一致性。

③ 规划主体可以在某种程度上左右规划对象的可能性。

④ 在特定时点，对规划的必要性的认识。

⑤ 规划作业投入的资源（时间、人力、资金、信息等）的存在，即作业本身的可能性。

考虑到交通规划的性质，一般而言，交通规划的主体具有公共性。规划对象为主要的交通设施和交通服务。

（3）交通规划的构成要素

交通规划的构成要素分为需求要素、供给要素和市场要素三部分。

① 需求要素分为移动的意识决定主体，如个人、团体（家庭、企业、政府等）和移动的对象（如人和物）。

② 供给要素分为交通工具（如汽车、轨道车辆、船舶和飞机等）、交通网络（如道路和车站、枢纽、停车场等节点）、运行系统（如信号控制系统、信息管制中心等）、经营系统（如交通服务的组织化、管理和运营）。

③ 市场要素有交通市场的调节系统，如经营主体和市场框架（经营管理、收费标准、相关法律等）。

1.2 交通规划的分类

交通规划的种类因以哪部分构成要素为对象不同而异。一般而言，交通规划技术人员承担的交通规划以政府等公共部门为规划主体，以交通基础设施及其运用为主要对象。为了有效地解决交通问题，需要从需求、供给和市场三方面综合考虑。

（1）按移动对象分类

① 旅客交通规划，研究旅客的流动以及以此为基础的交通网络发展战略与规划。

② 货物交通规划，研究货物的流动以及以此为基础的交通网络发展战略与规划。

（2）按交通方式分类

① 城市道路交通规划，研究城市道路交通发展战略及其网络规划。

② 公路交通规划，研究公路交通发展战略及其网络规划。

③ 铁路交通规划，研究铁路交通发展战略及其网络规划。

④ 港湾交通规划，研究港湾交通发展战略及其集疏网络规划。

⑤ 空港交通规划，研究航空交通发展战略及其网络规划。

在全国性或大范围的交通规划中，城市(包括港湾)被作为节点处理。然而，在城市或区域交通规划中，城市道路和港湾道路也必须详细列入，并且随着部门间协调能力的加强、城市化和交通一体化的进展，城市道路和公路的明确界限将逐渐被淡化。

(3) 按交通设施分类

① 交通网络规划，研究航空、高速公路、一般道路、轨道线路、自行车专用道、行人专用道和交通网络等的规划。

② 交通节点规划，研究立体交叉、站场、停车场、交通枢纽和机场等的规划。

(4) 按交通服务分类

① 公共交通规划，研究公共汽车、新交通系统、轨道交通等公共交通线路、网络、运行、服务等的规划。

② 特定用户交通规划，研究以残疾人、老年人、中小学生等交通弱者为对象的交通规划。

③ 特定交通服务规划，研究急救活动用、避难用交通服务等的规划。

(5) 按交通服务对象空间规模分类

从交通服务的空间分布看，人们的出行还是与空间构成相对应的现象，因此，交通规划可以分为：

① 国际交通规划，研究国际交通网、洲际公路网等的规划。

② 全国交通规划，研究高速铁路网、高速公路网、航空等干线交通网的规划。

③ 区域交通规划，研究大城市及其周边交通规划、省级交通设施及其服务等的规划。

④ 城市交通规划，研究以城市为中心的交通设施及其服务等的规划。

⑤ 地区交通规划，研究市中心区、商务中心区、商业区、住宅小区等的交通设施及其服务的规划。

这种特定空间性规划需要政府性规划主体的存在。但是，该种交通规划一般需要综合考虑各种经营、供给主体，交通方式，交通服务，交通设施，并且满足居民的需求，因此，通常为综合交通规划。

(6) 按规划目标时期分类

① 长期交通规划，通常为宏观性战略规划，一般规划期在 15 年以上。

② 中期交通规划，即较为宏观性战略规划，一般规划期为 5～10 年。

③ 短期交通规划，为近期发展规划，一般规划期为 5 年。

交通规划还可以按基本构思、基本规划、建设规划、实施规划和管理规划等规划形成阶段分类。

上述交通规划的分类属于政府主导型交通规划。在实际工作中，还有民营企业为主的交通规划，例如，交通企业的交通设施建设规划，配送部门的新交通服务规划，旅客运输规划，物流规划等。

综上所述，交通规划可以分为若干种类。本书讨论的交通规划是指政府机关作为规划的主体而进行的区域性交通规划，并且以中、长期的综合交通规划为主要对象。

1.3 交通规划的内容

交通规划属于交通工程的一部分，一般认为其主要包括以下几部分内容。

1.3.1 交通调查

交通调查(Traffic Survey)是为交通规划提供基础数据和资料的必要手段，并且是交通规划的主要内容之一，一般有以下几种。

(1) 居民出行调查(Person Trip Survey，统称 PT 调查)

以地区内居民为对象，主要调查城市居民某日的出行情况和交通工具利用情况，为城市综合交通规划提供基础数据。为了保证调查的精度，通常还进行补充调查。

(2) 货物流动调查

货物流动调查被作为城市圈域综合交通规划的一环，为了把握工作日一天的货物的流动情况而进行。

(3) 机动车 OD 调查

调查车辆的 OD(Origin and Destination)属性：出发和到达时刻、载运情况、匝道(IC-Inter Change or Ramp)的利用等情况。

(4) 断面交通量调查

调查路网某一断面的道路属性、交通属性和车辆行驶属性。

1.3.2 交通与土地利用

交通与土地利用之间有着不可分割的关系。通常，交通设施的建设使得两地间或区域的机动性提高，人们愿意在交通设施附近或沿线购买房屋、建立公司或厂房，从而拉动土地利用的发展；相反，某种用途的土地利用又会要求和促进交通设施的规划与建设。交通与土地利用研究土地利用的变化及其产生的交通量，同时研究交通设施的建设对土地利用的作用。

1.3.3 交通需求量的预测

交通需求量预测是交通规划的核心内容之一，是决定网络规模、断面结构等的依据。其内容包括交通发生与吸引(第一阶段)、交通分布(第二阶段)、交通方式划分(第三阶段)和交通流分配(第四阶段)。从交通的发生与吸引到交通流分配的过程，因为有四个阶段，所以通常被称为“四阶段预测法”，其过程示意如图 1－1 所示。

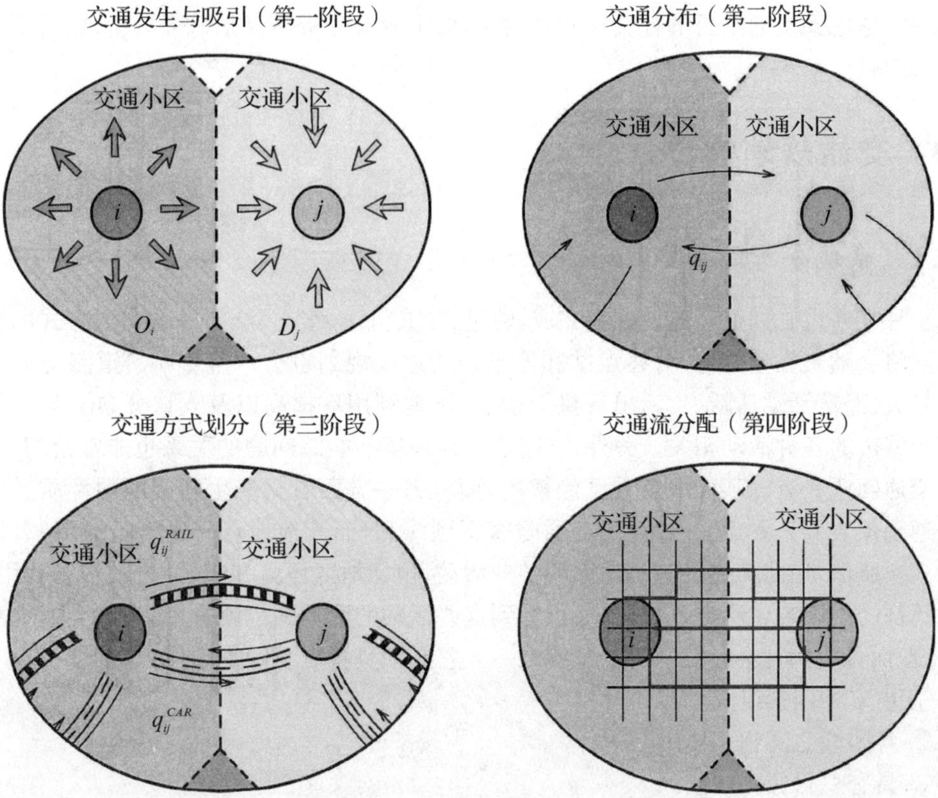

图 1-1 四阶段预测法过程示意

四阶段预测法是目前经典的方法，在实际工程项目中获得了极其广泛的应用，为世界所公认。然而，由于四阶段预测法的局限性，如明显的阶段划分、小区划分和统计处理等，已经逐渐不能适应信息化、个性化的要求，一些新方法正在受到人们的重视。例如，将上述四阶段或其中某几个阶段组合在一起的组合模型，利用断面实测交通量反推 OD 交通量方法，非集计模型方法以及基于控制论的方法和基于计算机模拟的方法等。

1.3.4 交通网络规划与设计

交通网络规划与设计是交通规划的主要组成部分，也是交通需求预测的基础。人们从事交通规划首先面临的是对象区域中的现有交通网络。对于将来的交通网络，在选线设计阶段，应根据车辆动力性、自然条件和经济技术条件等确定线路的走向、平纵断面等。在交通规划阶段，需要利用确定的各条线路方案和断面尺寸（车道数）等，进行网络结构设计、拓扑关系建模，以便于计算机模拟实际网络，进行交通需求预测计算和分析评价。

1.3.5 交通网络分析评价

在网络设计阶段提出的交通规划方案，其中的交通流动是否合理、局部线路的交通负荷度或运输能力以及环境等指标能否满足预定目标等，均需要对方案的优劣进行必要的评价，以便于优化规划方案，获得预期效果。此外，成本效益评价也是交通网络规划方案评价的内容之一。考虑到交通项目的社会性和公共性，成本效益分析不仅是财务分析，更重要的是它的社会效益。

1.4 交通规划的过程

1.4.1 系统分析的必要性

一种交通设施如道路建设一经完成，轨道、公共汽车、水运、航空等各交通方式的交通划分状况将会随之发生变化，对终点站和停车场的建设规划也会产生影响。道路交通因市场规模扩大、经济活动活跃、生活出行机会增加、土地利用率提高以及人口分布变化等各种形式都与城市的各种活动相关。另外，道路建设与环境和能源问题的关系也非常密切。因此，道路交通问题具有以某种观点看已经解决，而从另一方面看又产生新问题的性质。单从道路交通现象表面来看，某一地点的交通阻塞得到缓和，而其他地点又发生新的阻塞，如此实例很多。所以，道路交通设施对地区的各种活动，包括地区环境和风俗习惯、资源利用、人们的生活都产生影响。反之，道路交通也受到这些活动的影响。也就是说，道路交通本身是一个系统，而且成为社会系统中的子系统之一。它必须具备以下四个条件：

① 由多种因素组成。

② 各因素之间相互作用。

③ 具有总目标。

④ 各因素的状态能动态表示。

道路交通系统分别满足条件①和条件②。条件③是系统存在的目的。但是，交通本身并非是目的，而是伴随人们出行目的产生的派生需求，因此，就道路交通的整体而言，应使其达到交通的本质条件，即速达、经济、安全等。条件④表示各因素之间的排列顺序和定量或定性地明确它们之间的相互关系。

交通系统是一个复杂的巨系统，作为对象的因素数目多，因素之间的互相关系复杂，各自的利害并不一致，仅从某方面考虑规划很困难，从综合角度考虑，应用系统工程理论进行分析越来越有其必要性。

1.4.2 系统分析与交通规划过程

用系统工程理论解决问题的方法称为系统分析(System Analysis)或系统分析技术。系统分析就是对特定的问题进行系统性、综合性研究，提出有关思考过程的技术框架，以便得到尽可能协调的、可以接受的合理答案。就交通规划而言，是对规划目的进行系统考察，为达到此目的，对比较方案的费用、效益、风险进行定量比较，而且补充其他可行的比较方案。决策者可根据上述分析作出最佳决策，实现研究目标。

在讨论交通规划过程问题时，可以从两个侧面考虑，即它既是决策过程的一部分，又是确定决策过程中提出规划草案的执行过程。

图 1-2 分别从决策过程角度和规划操作过程角度对交通系统规划的全过程进行了概

括。其中,决策过程随时从进行规划操作的交通规划工程师处获取必要的帮助,按左侧各步骤执行。决策过程的相关主体包括中央政府、地方政府及其他有关的公共/民间团体、专家学者、一般市民等,其组织形式可能为论证会、征询意见会、专业委员会等。各步骤的参与者也不尽相同。进行规划操作的技术集团也不仅仅包括负责单位的交通规划工程师,一般来说,在不同阶段还要请有关专家、学会、协会等协助共同完成。

交通规划执行过程如图 1-2 右半部分所示。图中对于交通系统、社会经济活动系统及其他相关要素的研究是以长期进行信息收集整理的信息管理体制为前提的。在这些系统的长期观测结果的基础上,再加上从监测系统获得的关于现行政策、规划进展情况效果、规划产生的影响等最新信息,就能够把握交通系统的状态,检查是否存在问题以及问题出现后及时摸清情况,并通知决策者以引起注意。另外,还可依据决策者的要求对照检查交通系统的状态,汇报问题状况。

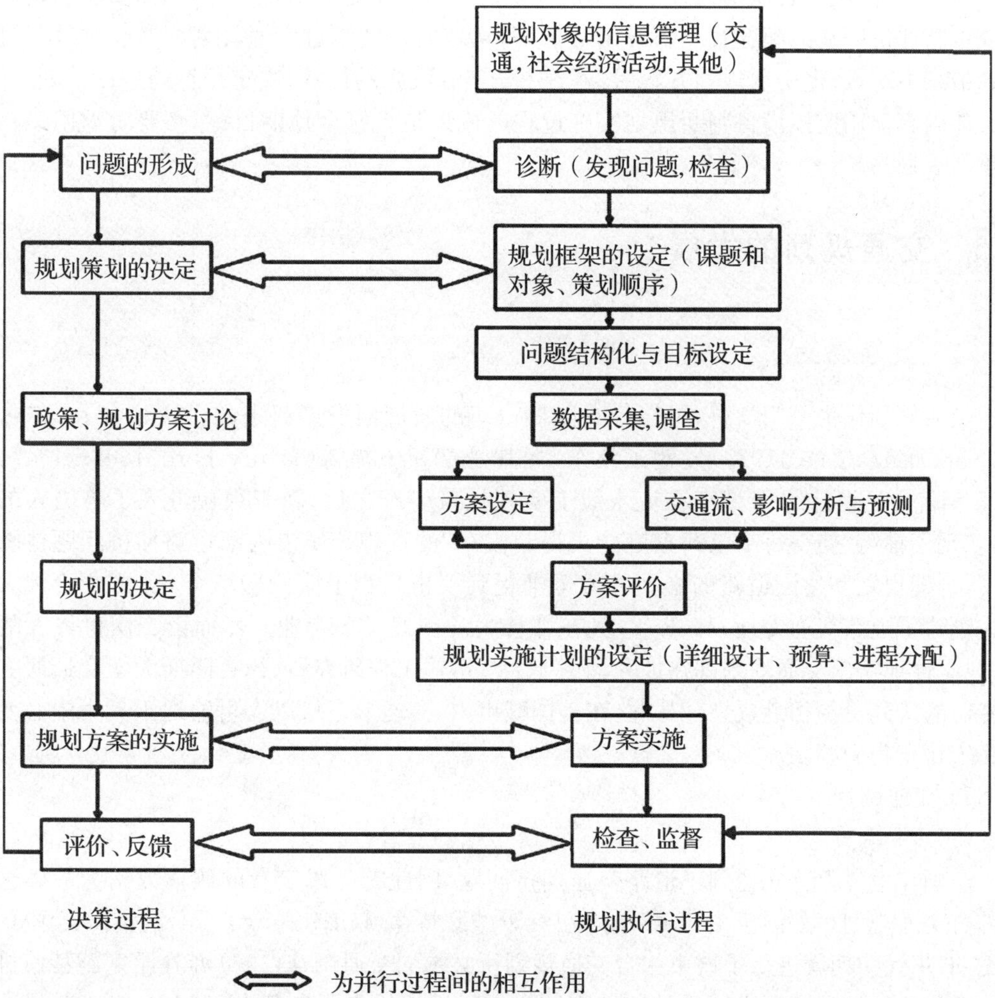

图 1-2　交通规划过程流程

一旦决策者针对问题的关键制定方针、采取对策,规划操作的总体框架就可与决策者协商确定下来。交通规划工程师按总体框架设定规划课题和规划对象，并决定在时间、资金、人力等资源条件限制下采用何种步骤和规划的详细内容。此后进入具体分析部分。首先使规划问题结构化，明确其中的要素及其相互关系。还应设定规划目标，决定应达到的水平。这一阶段对问题的认识及设定的规划目标对规划方案的研讨方针有重大影响，因而交通规划工程师应当与决策者共同协商确定。然后，收集调查分析所需要的追加信息和数据，制定一系列在制度、资源条件制约下可实施的规划草案。这时，一般是参考决策者的意向，加以技术方面的论证，边协调边制定规划草案。同时，以现状数据为基础，构造社会经济活动模型、交通需求预测模型、方案效果预测模型来预测设定方案的效果及影响，为方案评价准备基础信息。

在交通规划方案的评价阶段，应将以现方案为主的各种规划草案的效果、影响与最初设定的目标相对比，从交通参与者、管理者、政府、社会等(称为相关主体)各个角度整理结果，加以比较，并向决策者阐明结果以支持决策。若评价的结论不满足需要，则需要重新选择方案或重新评价存在的问题及重新设定目标等，从新的角度修订交通规划。当经过适当过程得到最终决定，选定交通规划方案后，就着手于实施细则的设计，决定预算与进度计划，并实施具体内容。用监控设备判断规划实施过程的成果是否符合预期目标，必要时返回最初阶段重新规划。

1.5　交通规划的发展

1.5.1　*发展历史*

交通规划作为一门学科，可以说是随着汽车的发展而发展起来的。1886 年，卡尔·本茨(Karl Benz，1844—1929)发明了汽车，尤其是亨利·福特(Henry Ford，1863—1947)于 1908 年将自己设计的 T 型车在流水线上实现批量生产之后，轿车很快进入了美国人的家庭，实现了福特“使得每个工薪家庭能买得起汽车”的构想。城市内部道路拥挤问题也随之出现，合理规划和建设道路的必要性被逐渐提到议事日程上来。1926 年，美国在哈佛大学首先创建了道路交通专业；1938 年，又在耶鲁大学创建了该专业。然而第二次世界大战之后，科学性地实施交通规划则在加利福尼亚大学运输工程研究所、德克隆斯大学交通研究所等专门的研究机构相继成立。从此，在美国城市内，交通形态从以大量输送工具为中心变为以私人轿车为中心。

1) 交通调查

(1) PT 调查

美国在世界上首先遇到了道路交通拥挤问题，因此首先以定量的调查数据为基础进行了综合交通规划。美国于 1953 年首先在汽车城底特律城市圈进行了 PT 调查。英国于 20 世纪 60 年代初期就进行了城市综合交通规划所必须的交通调查，1964 年在雷塞施特市进行的综合交通规划是英国进行科学性城市综合交通规划的先驱。日本于 1966 年由九州地区建设部门进行的福冈市的 PT 调查是最早的试验性调查；1967 年，第一次广岛城市圈的调查是最早的正式 PT 调查，以后每隔 10 年举行一次，并且使其制度化。但是，各地区的调查时间没有得到统一，至今进行了 4 次调查。

在我国，PT 调查开始较晚，1985 年在北京进行的交通调查为我国首次进行的 PT 调查。2000 年，又进行了第二次 PT 调查。

PT 调查牵涉的范围大，需要的资金多，因此，在有些欧美国家没有持续进行，日本为该调查坚持最好的国家。

(2) 货物流动调查

物流调查是调查货物流动以及物流相关设施的情况。日本从 1970 年开始举行，至今调查了 5 次。

(3) 机动车 OD 调查

机动车 OD 调查是调查机动车辆的起讫点情况，以把握交通发生的源头数据，分为一般机动车 OD 调查和断面机动车 OD 调查 2 种。日本于 1958 年开始，在全国范围内进行该项调查，以后结合断面交通量调查，每 5 年举行 1 次。

我国机动车 OD 调查大多是根据需要间断性进行的不定期地方性调查，至今没有进行全国性机动车 OD 调查，这对我国的交通规划很不利。

(4) 断面交通量调查

断面交通量调查是调查某一道路断面上道路结构和交通流的具体情况。该调查分间歇式(又称"非连续式")和非间歇式(又称"连续式"或"常时式")2 种。日本从 1962 年开始进行道路断面交通量调查，并且每 5 年进行 1 次，中间年的第三个年头还进行 1 次检查性调查。

近年，我国在高速公路、主要国道和省道上也布设交通量观测地点，并且进行道路普查，其数据也将逐渐得到有效利用。

2) 交通需求预测方法

作为交通规划中永恒的课题，人们从科学的角度研究交通规划是从第二次世界大战后开始的。在人们的出行以铁道为中心的时代，交通需求预测方法采用了"乘车次数法"，即仅预测人口和出行次数，然后利用两者之积计算将来的交通需求。在小汽车尚未进入家庭或保有量很低的机动化初期，交通需求预测主要采用三阶段预测法(交通的生成、交通分布、交通量分配)。随着西方发达国家的居民出行从公共交通方式向家庭小汽车出行方式变化，道路交通与公共交通的竞争关系加强，尤其是城市交通中的道路交通比例增高，完成单位运输需要的交通空间增大，交通规划的主题向道路交通规划倾斜。因此，交通需求预测以汽车交通为中心，汽车出行次数预测法得到广泛应用。无论以公共交通方式为主的预测还是以汽车出行方式为主的交通需求预测，对于全国性、行业性交通规划有其合理之处，实际工作中也是如此操作的。

然而，对于城市交通规划而言，人们主张从综合交通的角度进行一体化交通规划，以避免轨道交通和道路的重复投资，从而协调各种交通方式、提高交通系统效率。于是，在城市范围内，着眼于居民的出行行为，研究其出行时利用的交通方式构成，据此合理规划必要的交通设施的方法——居民出行法获得了应用。该方法在美国从 1948 年开始，并逐渐扩大到全美各城市。在日本从 20 世纪 60 年代开始采用。在此基础上，发展成了目前经典的四阶段预测法。

四阶段预测法作为经典的交通需求预测法，逻辑关系明确，步骤分明、形象，至今被广泛地应用到工程实际当中。然而，该方法具有其局限性，人们期待着研究更加符合现代社会和居民出行行为、符合交通可持续发展的交通需求预测理论。

3）交通规划方案分析评价

交通规划作为一项公共事业，需要进行其合理性、成本和效益的分析。1990 年以前，交通规划方案分析评价的主要内容是评价其密度的合理性和交通功能(服务水平)。前者评价规划交通网络的覆盖程度，即社会公平性；后者评价规划交通网络作为公共事业投资所能提供的服务水准，如断面交通量、平均行程车速、平均出行距离、交通负荷度等。其后，随着人们对环境问题认识的提高，增加了交通环境评价和由交通规划的实施产生的效果和损失分析。交通环境评价是基于断面交通量和汽车尾气排放因子模型的评价方法；效果和损失分析即成本效益分析(Cost Benefit Analysis)，则通过征地、拆迁、建设、运营、维护保养等环节的成本，通过规划交通系统的建设和投入运营带来直接效益(如时间的节约、事故的减少和运营成本的节约等)和波及效益(如就业机会的增加、土地价格的提高和工矿企业的入驻等)计算。1995 年 1 月 17 日，日本道路主管部门在国道 42 号沿线环境诉讼案中的失利和世界范围内交通可持续发展问题的提出，考虑可持续发展问题的交通规划方案评价体系和方法亟待需要人们研究解决。

1.5.2 交通规划的发展阶段

20 世纪 80 年代之前的交通规划可以依照 Jones(1983)的分类，分为以下四个阶段：

第一阶段(1930—1950 年)。该阶段交通规划的目的是由新的代替道路的规划缓和政策或消除交通拥挤。采用的技术方法是道路交通量调查，以机动车保有量为基础的交通量成长预测，基于经验方法的交通量分配。

第二阶段(1950—1960 年)。该阶段交通规划的目的是主要解决市内汽车交通急剧增加带来的交通阻塞，为汽车交通的道路交通规划。其特点是以高通行能力道路为对象的长期性道路规划。采用的技术方法是家庭访问调查、道路交通量调查及以道路交通为对象的三阶段预测法。使用的社会经济技术参数为个人收入、社会人口结构、汽车保有量。

第三阶段(1960—1970 年)。该阶段的道路交通状况使美国汽车保有量激增，在市中心高峰时必须进行汽车通行限制，刘易斯·曼福特对当时的道路交通状态进行了精辟总结，即“美国人都为汽车教信徒，美国是靠高速公路发展起来的”。本阶段交通规划的目的是通过综合交通规划，合理分配交通投资(私人交通对公共交通)，征收停车费，进行长期性交通规划。采用的技术方法为四阶段预测法，分析单位由车辆至人；交通方式划分阶段被导入到交通需求预测之中；一般化费用开始使用和个人选择模型的提出也是其特征。

第四阶段(1970—1980 年)。该阶段交通规划的条件是交通问题开始多样化，如大气污染、噪声、拥挤、停车难、交通事故、公共交通衰退、交通弱者问题、变更工作时间、规划过程中的住民参加、公共交通问题等。因此，当时交通规划的目的是强调局部性，注重短期性规划，制定低成本交通营运政策。采用的技术方法特征是研究趋于多样化，主要表现在：集计模型的精炼化和简化；非集计模型的出台和应用；渐增规划、反应规划等。

对于此后的发展，本书归纳为以下两个阶段。

第五阶段(1980—1990 年)。该阶段的交通规划条件是城市环境问题恶化，交通事故、堵车、交通弱者问题受到重视。交通规划的目的变为强调微观性和局部性。采用的技术方法特征是将计算机等尖端科技用于交通规划。主要有：计算机的急速发展导致了仿真技术；静态到动态；ITS 等高科技（行驶线路导向，GPS，GIS，ETC 等）的研制；非集计模型的重视；四阶段法的静态问题向动态方向发展。

第六阶段（1990 年至今）。该阶段的交通规划条件是环境问题、交通事故、交通阻塞等。因此，本阶段交通规划的目的是环境保护、复苏城市公共交通。采用的技术方法特征是：ITS 的重视及产品化；动态预测技术与方法；重视老年人与伤残人；重视交通环境；路面电车、轻轨的复苏；重视研究旅游交通。

复习思考题

1. 交通规划原理的核心问题是什么？它与土地利用之间有什么关系？
2. 试叙述交通规划理论的发展过程。

2 交通调查与分析

交通调查是进行交通规划的前提和基础，主要为制定交通规划提供全面系统而又真实可靠的实际参考资料和基础数据，在制定交通规划的各个阶段，需要有与之相应的各类交通调查数据。本章将主要讲述交通调查的概念、目的、分类和作用，交通调查的内容和方法，以及交通调查中的抽样和交通调查的新技术。

2.1 概述

2.1.1 交通调查的定义和发展概况

交通调查指利用客观的手段，对道路交通流及有关的交通现象进行调查，并且对调查资料进行分析与判断，从而了解并掌握交通状态及有关的交通现象规律的工作过程。在此定义中使用"交通现象"的提法，是由于交通现象是一种范围广且随着时间变化的复杂现象，因此很难给一个综合性的描述。交通调查只能在有限的地点(区域)和有限的时间内，客观地探求与具体对策有关的资料。

交通调查是交通工程学重要的组成部分之一，为交通规划、交通设施建设、交通管理与控制、交通安全、交通流理论研究等方面提供基础数据。

如前一章所述，美、英、德、日等经济发达国家都很重视交通调查理论的研究、实践与实施，并且较早地开展了交通调查。美国早在 1921 年起就开始了交通调查和研究。我国的公路交通部门、城市建设部门和交通管理部门为我国交通事业的发展开展了大量的交通调查工作。

我国的交通部门于 1955 年和 1958 年，对干线公路进行了较大规模的交通量调查，取得了一批调查资料。但是在此后的 20 多年，交通量调查基本处于停滞状态。1979 年交通工程学开始在我国受到重视以后，交通调查又重新大规模地展开。近十几年来，随着交通工程学的发展，交通调查也出现了新的局面。公路交通部门除了进行大规模、长期连续的国道交通量调查和干线公路交通量调查之外，还陆续开展了车速调查、客运和货运车辆起讫点调查、高等级公路环境调查等，为交通规划、交通管理与控制等研究提供了大量的数据；同时，还研制了一批交通调查仪器，开发了利用电子计算机进行交通调查数据分析和建立数据库的软件。我国交通主管部门要求在编制公路网规划时进行六大调查，即方针政策调查、社会经济调查、资源环境调查、交通运输调查、基础设施调查和建设资金调查。

在大中城市，城市建设部门进行居民出行调查、汽车起讫点调查、自行车调查等。全国 30 多座城市进行系统的交通调查，如交叉口和路段的交通量调查，车速、延误的调查，公交客运和月票乘客的连续客流调查，同时还开展城市出入口道路交通调查、汽车和自行车停车调查等，为城市总体规划、交通规划、道路网规划、停车规划等提供大量资料。自 1981 年以来，我国的天津、上海、徐州、沈阳、北京、广州、长沙、长春、哈尔滨等大中城市基本上都进行居民和机动车的OD调查，取得第一手资料，取得一批研究成果，为城市交通的综合治理提供基础资料。北京市于1986年进行了第一次居民出行调查，全市调查区域内总户数为150万，人口约为582万人；2000年又进行了第二次居民出行调查。之后，北京市于2005年和2010年又进行了第三次和第四次居民出行调查。

交通管理部门为了对城市道路交通实施科学有效的管理，组织各种形式的道路交通调查，规模最大、效果最为明显的是从2000年开始由公安部和建设部联合实施的“畅通工程”。它通过综合性交通管理水平评价指标体系的建设要求、对实施效果的监督机制和在全国建制市范围内的实施，提高我国城市道路交通调查、交通管理规划制定和道路交通管理的水平，可以说在我国道路交通管理方面起到里程碑作用。

2.1.2 交通调查的目的和作用

交通流特性是通过实际交通流中某些特定的交通流参数，诸如交通量、行车速度、交通密度等的大小与变化规律来表示。另外与交通有关的其他现象（如事故的发生、交通对环境的危害程度以及车辆停放等）也都由相应的量值及发生的形式来反映，对交通流也有一定的影响。因此，在交通理论研究、交通规划、道路规划设计以及交通管理与控制中都需了解和掌握上述各个参变量。为此必须适时进行交通调查。

交通规划中的交通调查，主要目的是为交通规划提供全面、系统而又真实可靠的实际参考资料和基础数据，依据这些数据准确分析规划区域交通现状，对交通规划涉及的经济、运输、交通量等作出准确可靠的预测，并且制定出合乎社会发展规律并且与交通需求相适应的交通规划方案，达到规划工作指导交通建设与发展的目的。若调查资料不全或者失真，则对交通现状的评价必然会得出片面甚至错误的结论，也会造成社会经济发展趋势预测、交通需求预测结果精度低，导致规划方案无法实施。

交通调查的范围、调查手段、调查层次的深浅和调查资料的准确性和完整性，都将直接影响交通规划的制定和实施。在进行交通系统规划的各个阶段，都需要有相对应的基础数据。交通调查在交通规划中的作用主要体现在以下几个方面。

(1) 交通调查资料是交通运输系统现状评价的基础

通过交通调查，得到规划区域社会经济系统、交通运输系统、交通流等现状资料，构造定性或定量的评价方法，对交通运输系统的现状进行评价，通过对现状（道路状况、交通特征、交通安全和服务水平等）的分析和评价，分析交通系统存在的问题，为交通规划提供依据。

(2) 交通调查可以为交通需求预测模型提供基础数据

通过对规划区域社会经济系统、交通运输历史和现状的调查，以此为基础建立交通需求预测模型或采用客观的定性分析方法，对规划区域的社会经济、交通运输的发展趋势作出科学预测，为制定交通管理规划和中、长期交通规划提供直接的依据。

(3) 交通调查资料也是制定交通规划目标的重要依据

通过对规划区域的社会经济发展规划、综合运输发展规划、资源开发等宏观规划资料的调查，了解调查规划区域内社会经济发展历史、现状和战略构思，是进行交通规划目标制定的重要依据。

因此，鉴于交通调查于交通规划的重要性，在进行交通调查时，应该首先遵循实事求是的原则，在调查工作中防止主观臆断，只有对社会经济和交通运输各个方面情况进行客观调查，才能真实了解交通规划的实际背景，制定合理的交通规划方案。然后，还要遵循全面、系统性原则，调查能够反映交通规划研究对象全面和普遍规律所需要的资料。另外，还要遵循重点和一般相结合的原则，由于交通规划涉及面广、影响因素众多，应该分清主次，对影响交通规划的主要因素，如社会经济系统特征指标、交通运输资料以及交通量等进行详细调查，对次要影响因素，可以根据规划工作的具体要求有所省略。

2.1.3 交通调查的分类

交通调查的分类方法有很多，图 2－1 表示以调查对象为基础的交通调查的分类，涵盖交通规划所需的全部调查内容。

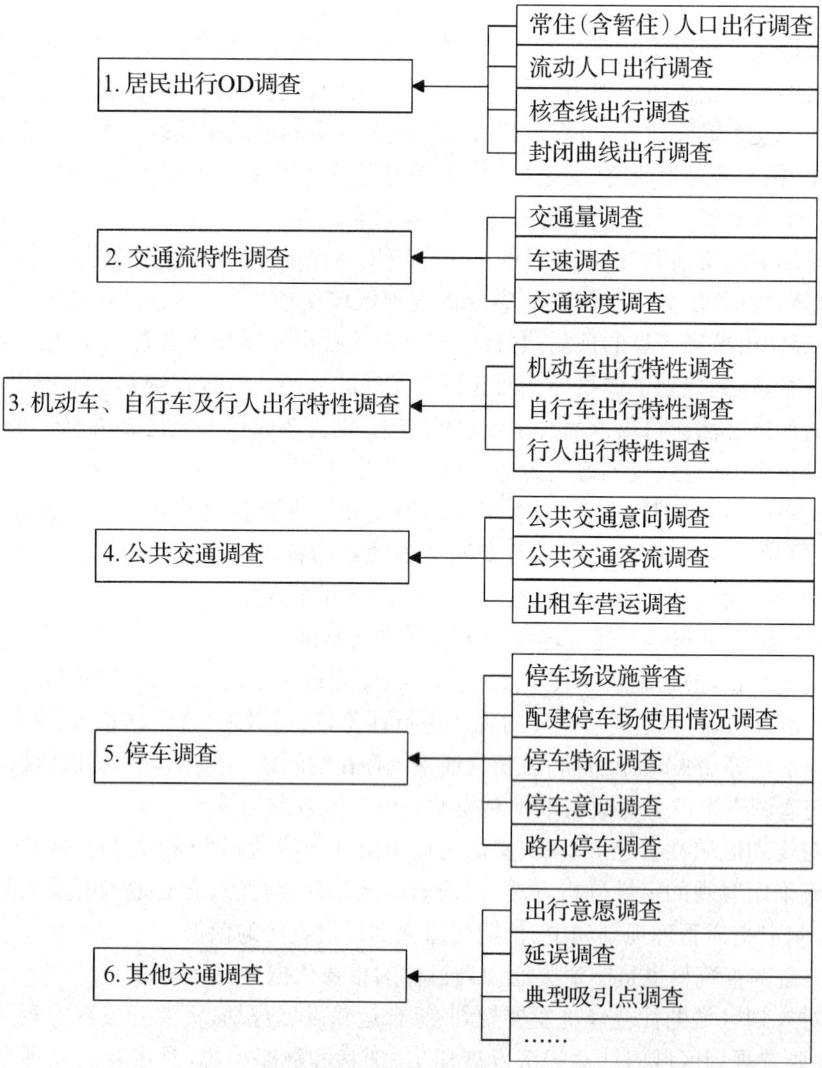

图 2－1 交通调查的分类

2.2 OD调查

2.2.1 调查目的

进行OD调查,可以弄清交通流和交通源之间的关系,获取道路网上交通流的构成、流量、流向、车辆起讫点、货物类型等数据,从而推求远景年的交通量,为交通规划等工作提供基础数据。

2.2.2 基本术语

① 出行:指居民或车辆为了某一目的从一地向另一地移动的过程,可以分为车辆出行和居民出行。出行作为计测单位,具备三个基本属性:每次出行有起、讫两个端点;每次出行有一定的目的;每次出行采用一种或几种交通方式。

② 出行起点:一次出行的起始地点。

③ 出行终点:一次出行的结束地点。

④ 境内出行:起讫点均在调查区域内的出行。

⑤ 过境出行:起讫点均在调查区域外的出行。

⑥ 内外出行:起讫点中有一个在调查区域内的出行。

⑦ 交通小区(Zone):OD调查过程中,需要将调查区域按一定的原则和行政区划分成一系列的小区,这些小区就是交通小区。这是交通研究的最小分析区,也是分析交通特性的基础单元。

⑧ 小区形心:小区内出行代表点,小区所有的出行从该点发生,但不是该区的几何中心。

⑨ 境界线(Cordon Line):规定调查区域范围的边界线。

⑩ 核查线(Screen Line):为校核起讫点调查结果的精度,在调查区域内设置的分隔线,一般借用天然或人工障碍,如河流、铁道等。可设一条或多条,将调查区分为几个部分,在穿过该线的所有道路断面上进行交通量调查,将通过该线的实测交通量同起讫点调查中所得到通过该线的OD交通量进行比较,如图2-2所示。

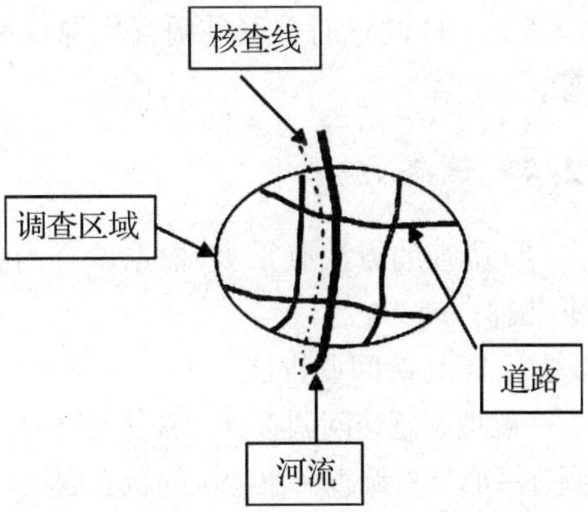

图2-2 核查线

⑪ 期望线:连接各个小区形心的直线,代表小区之间的出行,其宽度通常根据出行数大小而定。

⑫ OD表:根据OD调查结果整理而成的表示各个小区间出行量的表格,见表2-1。

表 2-1　OD 表

O	D					
	1	2	3	…	n	$O_i=\sum_{j=1}^{n}q_{ij}$
1	q_{11}	q_{12}	q_{13}	…	q_{1n}	O_1
2	q_{21}	q_{22}	q_{23}	…	q_{2n}	O_2
3	q_{31}	q_{32}	q_{33}	…	q_{3n}	O_3
⋮	⋮	⋮	⋮	⋮	⋮	⋮
n	q_{n1}	q_{n2}	q_{n3}	…	q_{nn}	O_n
$D_j=\sum_{i=1}^{n}q_{ij}$	D_1	D_2	D_3	…	D_n	$T=\sum_i O_i=\sum_j D_j$

2.2.3　OD 调查的分类

OD 调查主要分为以下三类。

(1) 居民出行 OD 调查

居民出行 OD 调查是为了把握一天中人的全部交通活动而进行的综合性调查，是城市交通规划的最基础数据，主要调查内容有城市居民平时一天中，在什么时间，利用什么交通工具，从什么地方到什么地方进行交通出行，以及出发地和到达地的用地性质等。通过这些内容的调查，从总体上掌握城市居民出行的基本交通需求特性和流动规律，为分析和研究城市交通中存在的问题、预测未来交通需求及探讨解决城市交通问题对策提供科学依据。

(2) 车辆 OD 调查

车辆出行主要包括机动车和非机动车出行。车辆 OD 调查主要调查车型、出行目的、起讫点、货物种类、平均吨(座)位和实载率等。

(3) 货流 OD 调查

货流 OD 调查的重点是调查货源点和吸引点的分布、货流分类数量和比重、货运方式分配等。

2.2.4　调查方法

OD 调查的方法有很多，根据调查内容、要求的不同可以采用多种方法，常用方法主要有以下几种。

(1) 家庭访问调查法

一般把家庭访问调查分为常住(含暂住)人口的家庭调查以及流动人口的询问调查。家庭访问调查一般是将调查对象区域的所有居民户口作为母体，用随机抽样法选出调查对象进行访问调查。调查需要掌握所调查家庭的基本特征和 6 岁以上(含 6 岁)所有家庭成员在调查日的交通出行情况，包括每次出行的出发地、目的地、出行目的、出行依次采用的交通方式和时间等。

表 2-2 显示的是湘潭市 2009 年居民出行 OD 调查。表 2-3 是此表的填写说明。通过此表可以了解居民出行 OD 调查的主要内容。

表2-2　湘潭市2009年居民出行抽样调查

表　　号：
制表机关：湘潭市规划建设委员会
批准机关：湘潭市统计局
批准文号：

村、居委会地址：________镇（街道）________（村、居委会）
调查员(签名)：____________　　调查日期：2009 年____月____日　星期____

户编号	个人编号	性别	年龄	职业	月收入/元	工作或学校详细地址	单位或学校至最近公交站步行时间/min	主要个人使用交通工具[1] 类型	使用情况	汽车月行驶里程数/km
		1.男 2.女		1. 机关企事业干部 2. 机关企事业员工 3. 个体经营者 4. 商业服务业人员 5. 农林牧渔劳动者 6. 生产及运输工人 7. 学生 8. 无业 9. 其他	1. 500 以下 2. 501~1 500 3. 1 501~3 000 4. 3 001~5 000 5. 5 000 以上	____区（市、县） ____镇(街道) ____村(居委) ________路	1. ≤2 2. 3~5 3. 6~10 4. 11~15 5. >15	1. 自行车 2. 摩托车 3. 私人汽车 4. 单位配车 5. 公交 6 无	1. 自驾 2. 乘坐 3. 司机	个人主要交通工具为 3 和 4 的请填写该车辆月行驶里程数

出行情况[2]（记录从“昨天”凌晨三点到“今天”凌晨三点的所有出行）

出行目的：1—上班；2—上学；3—回家；4—公务或业务；5—回单位（学校）；6—购物；7—娱乐；8—访友；9—农业；10—其他
出行方式：1—步行；2—自行车；3—自备摩托车；4—公共汽车；5—出租车；6—单位班车；7—单位业务车；8—单位配车；9—营运摩托车（摩的）；10—私人小汽车；11—货车；12—其他

次数	出行目的[3]	出行方式	出发地点[4]	出发时间[5]	到达地点[4]	到达时间[5]

备注：中午有没有回家（打√或×）

户编号	个人编号	性别	年龄	职业	月收入/元	工作或学校详细地址	单位或学校至最近公交站步行时间/min	主要个人使用交通工具[1] 类型	使用情况	汽车月行驶里程数/km
		1. 男 2. 女		1. 机关企事业干部 2. 机关企事业员工 3. 个体经营者 4. 商业服务业人员 5. 农林牧渔劳动者 6. 生产及运输工人 7. 学生 8. 无业 9. 其他	1. 500 以下 2. 501~1 500 3. 1 501~3 000 4. 3 001~5 000 5. 5 000 以上	____区（市、县） ____镇(街道) ____村(居委) ________路	1. ≤2 2. 3~5 3. 6~10 4. 11~15 5. >15	1. 自行车 2. 摩托车 3. 私人汽车 4. 单位配车 5. 公交 6 无 汽车月行驶里程数/km	1. 自驾 2. 乘坐 3. 司机	个人主要交通工具为 3 和 4 的请填写该车辆月行驶里程数

出行情况[2]（记录从“昨天”凌晨三点到“今天”凌晨三点的所有出行）

出行目的：1—上班；2—上学；3—回家；4—公务或业务；5—回单位（学校）；6—购物；7—娱乐；8—访友；9—农业；10—其他
出行方式：1—步行；2—自行车；3—自备摩托车；4—公共汽车；5—出租车；6—单位班车；7—单位业务车；8—单位配车；9—营运摩托车（摩的）；10—私人小汽车；11—货车；12—其他

次数	出行目的[3]		出发地点[4]	出发时间[5]	到达地点[4]	到达时间[5]

备注：中午有没有回家（打√或×）

户编号	个人编号	性别	年龄	职业	月收入/元	工作或学校详细地址	单位或学校至最近公交站步行时间/min	主要个人使用交通工具[1] 类型	使用情况	汽车月行驶里程数/km
		1. 男 2. 女		1. 机关企事业干部 2. 机关企事业员工 3. 个体经营者 4. 商业服务业人员 5. 农林牧渔劳动者 6. 生产及运输工人 7. 学生 8. 无业 9. 其他	1. 500 以下 2. 501~1 500 3. 1 501~3 000 4. 3 001~5 000 5. 5 000 以上	____区（市、县） ____镇(街道) ____村(居委) ________路	1. ≤2 2. 3~5 3. 6~10 4. 11~15 5. >15	1. 自行车 2. 摩托车 3. 私人汽车 4. 单位配车 5. 公交 6 无	1. 自驾 2. 乘坐 3. 司机	个人主要交通工具为 3 和 4 的请填写该车辆月行驶里程数

出行情况[2]（记录从“昨天”凌晨三点到“今天”凌晨三点的所有出行）

出行目的：1—上班；2—上学；3—回家；4—公务或业务；5—回单位（学校）；6—购物；7—娱乐；8—访友；9—农业；10—其他
出行方式：1—步行；2—自行车；3—自备摩托车；4—公共汽车；5—出租车；6—单位班车；7—单位业务车；8—单位配车；9—营运摩托车（摩的）；10—私人小汽车；11—货车；12—其他

次数	出行目的[3]		出发地点[4]	出发时间[5]	到达地点[4]	到达时间[5]

（续表）

备注：中午有没有回家（打√或×）	

户编号	个人编号	性别	年龄	职业	月收入/元	工作或学校详细地址	单位或学校至最近公交站步行时间/min	主要个人使用交通工具[1] 类型	使用情况	汽车月行驶里程数/km
		1. 男 2. 女		1. 机关企事业干部 2. 机关企事业员工 3. 个体经营者 4. 商业服务业人员 5. 农林牧渔劳动者 6. 生产及运输工人 7. 学生 8. 无业 9. 其他	1. 500 以下 2. 501~1 500 3. 1501~3 00 4. 3001~5 00 5. 5 000 以上	______区（市、县） ______镇(街道) ______村(居委) __________路	1. ≤2 2. 3~5 3. 6~10 4. 11~15 5. >15	1. 自行车 2. 摩托车 3. 私人汽车 4. 单位配车 5. 无	1. 自驾 2. 乘坐 3. 司机	个人主要交通工具为 3 和 4 的请填写该车辆月行驶里程数

出行情况[2]（记录从“昨天”凌晨三点到“今天”凌晨三点的所有出行）

出行目的：1—上班；2—上学；3—回家；4—公务或业务；5—回单位（学校）；6—购物；7—娱乐；8—访友；9—农业；10—其他

出行方式：1—步行；2—自行车；3—自备摩托车；4—公共汽车；5—出租车；6—单位班车；7—单位业务车；8—单位配车；9—营运摩托车（摩的）；10—私人小汽车；11—货车；12—其他

次数	出行目的[3]	出行方式	出发地点[4]	出发时间[5]	到达地点[4]	到达时间[5]

备注：中午有没有回家（打√或×）

户编号	个人编号	性别	年龄	职业	月收入/元	工作或学校详细地址	单位或学校至最近公交站步行时间/min	主要个人使用交通工具[1] 类型	使用情况	汽车月行驶里程数/km
		1. 男 2. 女		1. 机关企事业干部 2. 机关企事业员工 3. 个体经营者 4. 商业服务业人员 5. 农林牧渔劳动者 6. 生产及运输工人 7. 学生 8. 无业 9. 其他	1. 500 以下 2. 501~1 500 3. 1501~3 00 4. 3001~5 00 5. 5 000 以上	______区（市、县） ______镇(街道) ______村(居委) __________路	1. 2 2. 3~5 3. 6~10 4. 11~15 5. >15	1. 自行车 2. 摩托车 3. 私人汽车 4. 单位配车 5. 无	1. 自驾 2. 乘坐 3. 司机	个人主要交通工具为 3 和 4 的请填写该车辆月行驶里程数

出行情况[2]（记录从“昨天”凌晨三点到“今天”凌晨三点的所有出行）

出行目的：1—上班；2—上学；3—回家；4—公务或业务；5—回单位（学校）；6—购物；7—娱乐；8—访友；9—农业；10—其他

出行方式：1—步行；2—自行车；3—自备摩托车；4—公共汽车；5—出租车；6—单位班车；7—单位业务车；8—单位配车；9—营运摩托车（摩的）；10—私人小汽车；11—货车；12—其他

次数	出行目的[3]		出发地点[4]	出发时间[5]	到达地点[4]	到达时间 5

备注：中午有没有回家（打√或×）

户编号	个人编号	性别	年龄	职业	月收入/元	工作或学校详细地址	单位或学校至最近公交站步行时间/min	主要个人使用交通工具[1] 类型	使用情况	汽车月行驶里程数/km
		1. 男 2. 女		1. 机关企事业干部 2. 机关企事业员工 3. 个体经营者 4. 商业服务业人员 5. 农林牧渔劳动者 6. 生产及运输工人 7. 学生 8. 无业 9. 其他	1. 500 以下 2. 501~1 500 3. 1501~3 00 4. 3001~5 00 5. 5 000 以上	______区（市、县） ______镇(街道) ______村(居委) __________路	1. 2 2. 3~5 3. 6~10 4. 11~15 5. >15	1. 自行车 2. 摩托车 3. 私人汽车 4. 单位配车 5. 无	1. 自驾 2. 乘坐 3. 司机	个人主要交通工具为 3 和 4 的请填写该车辆月行驶里程数

出行情况[2]（记录从“昨天”凌晨三点到“今天”凌晨三点的所有出行）

出行目的：1—上班；2—上学；3—回家；4—公务或业务；5—回单位（学校）；6—购物；7—娱乐；8—访友；9—农业；10—其他

出行方式：1—步行；2—自行车；3—自备摩托车；4—公共汽车；5—出租车；6—单位班车；7—单位业务车；8—单位配车；9—营运摩托车（摩的）；10—私人小汽车；11—货车；12—其他

次数	出行目的[3]		出发地点[4]	出发时间[5]	到达地点[4]	到达时间 5

备注：中午有没有回家（打√或×）

表 2-3 居民出行调查表填写说明

调查内容	填写方法
村、居委会地址	请详细填写，请写明路名，居委会名称等
住户所在交通小区编码	参考小区编码表和小区编码图；一般一个居委会同属一个交通小区，住户编码一致；部分居委会被分隔为两个交通小区，请调查人员注意区分
个人编号	从 01 开始编号
工作或学校详细地址	无业或退休等没有工作单位的人无需填写；填写完详细地址后，请编码人员根据编码表和编码图确认三位编码并填写在编码格中
工作地或学校至最近公交站步行时间	无业或退休等没有工作单位的人无需填写
主要个人使用交通工具	① 如果是乘坐自行车、三轮车、电动车及助动车、摩托车，类型请填写对应交通工具等，使用情况请填写“乘坐”，比如由父母接送上学放学的学生，父母则填写“自驾”； ② 对于私人小汽车，如果自己开车，则选择“自驾”；家庭其他成员乘坐，则家庭其他成员的使用情况填“乘坐”； ③ 对于单位配车，如果领导开车，则选“自驾”；如果有专职司机，则领导填“乘坐”，司机填“司机”
出行情况	一次出行指基于某种确定目的从甲地（出发地点）到乙地（到达地点）的一次出行距离不小于 300 m 的单向移动。 需要注意的是，以下行为不计入： ① 营运车辆驾驶员和乘务员执行任务时的出行； ② 在同一商业区内几个商场之间的移动； ③ 在一幢大楼内部的移动； ④ 在一个居住小区内部的移动； ⑤ 毫无目的的游荡
出发地点和到达地点	出发地点及到达地点在湘潭市区内的要求填写街道（镇）名及路名；在湘潭市域内其他地方的须填写县（市、区）名及乡镇名；出湘潭市但在湖南省内的填写市名如“长沙”，出湖南省的则填省名如“湖南”。出发地点或到达地点是家或单位（学校）时，务必直接填写“家”或“单位（学校）”。出发地点和到达地点应按编码表和编码图进行编码
出发时间和到达时间	出发及到达时间以 24 小时制登记，编码时用四位编码。例如：上午 8：00 表示为 0800；下午 6：25 表示为 1825
出行方式	出行中所采用的交通方式用下述编码表示。只有步行时填入“步行”；同时有步行和交通工具时，填入“交通工具”；当存在多种交通工具时，填入乘坐时间最长的交通工具

(2) 路边询问法

路边询问法是在主要道路或城市出入口上设置调查站，让车辆停下来，询问该车的起讫点和其他出行的资料。调查过程中应注意不要造成因车辆过多而引发延误甚至阻塞，因此一般需要交警的协调，这种方法是目前国内公路网规划和城市交通规划最常用的OD调查方法。表2-4为机动车出行路边询问法调查示例。

表2-4　机动车出行路边询问法调查示例

调查时间________年________月________日　调查员________验收员________编码员________

车型		车辆所属单位地址		车辆所属单位性质			
车牌号		货车核定吨位		客车座位数		禁止通行证级别	

出行次序	出行目的	出发地点（详细地址）	出发时间 h：min	到达地点（详细地址）	到达时间 h：min	货车		客车	出发时所经过的主要道路名称和交叉名称
						货物名称	载货数量/t	载客人数/人	
1		____区（县）____路 （乡、镇）____号（村）		____区（县）____路 （乡、镇）____号（村）					
2		____区（县）____路 （乡、镇）____号（村）		____区（县）____路 （乡、镇）____号（村）					
3		____区（县）____路 （乡、镇）____号（村）		____区（县）____路 （乡、镇）____号（村）					
⋮									
n		____区（县）____路 （乡、镇）____号（村）		____区（县）____路 （乡、镇）____号（村）					

（3）表格调查法

表格调查法是将调查表发给单位、停车场的机动车驾驶员或利用收费站发放、回收调查表格，由调查对象逐项填写并返回，可用于机动车或货流调查。

（4）明信片调查法

在交通繁忙的地区不能长时间停车进行路边询问时，可以向驾驶员发放调查明信片，要求驾驶员填写后投递寄回。明信片发放地点应该选择在车辆减速地段，如收费站、加油站等处。该方法的优点是对交通影响小，但是明信片回收率低，一般只有25%～35%。

(5) 车辆牌照法

由调查站分时段记下通过观测站全部车辆牌照数字，然后对各调查站记录进行汇总校对。凡是第一次记录牌照的地点是该车起点，最后一次记录牌照的地点是该车的讫点。该方法得到的信息比较粗略，而且要投入很大的人力。随着交通科学技术的提高，机械式自动调查设备正在机动车 OD 调查中发挥作用。

各种调查方法在美国的回答率及特点比较见表 2－5。

表 2－5 各种调查方法在美国的回答率及特点

调查方法		回答率/%	费用/有效票	优点	缺点
1. 家庭访问	(1) 当面回答式	85	$15～50	能说明，回答率高，母群明确	费用高，有残留区
	(2) 发卷回收式	75	$2～5	母群明确，能说明	有残留区
	(3) 发卷邮寄式	50	$2～5	母群明确，能说明	有残留区
2. 电话采访式		50(一次) 90～100(多次)	$3～16	柔软，回答率高，费用低；可以剔除不合适的人	偏离(无电话家庭)不直观，时间长
3. 邮寄调查		20～40	$2～5	费用低，短时间内大量样票可能，范围广，母群明确	回收率低，易偏离
4. 公共交通车内调查	(1) 车内回答式(1～2 次)	85～95	$2～4	母群较明确，费用低	仅限于乘车人，易偏离，问题不易多
	(2) 车内发卷回收式	55～97	$2～4		
	(3) 车内发卷寄回式	20～40	$2～4		
5. 路旁调查	(1) 路旁问答式(1～2 次)	85～90	$2～5	母群较明确，费用低	停车带来通行障碍，受时间限制
	(2) 路旁发卷寄回式	20～40	$2～4		
6. 按牌照档案寄送式		20～40	$2～4	母群明确，费用低	
7. 某地当面调查(20～30 次)			$10～50	柔软，在某地可能	费用高，母群不明确，依赖调查员

2.2.5 交通小区的划分

交通小区划分是交通调查和规划的最基本工作，交通小区的规模和具体划分的是否适当将直接影响到交通调查、分析、预测的工作量及精度和整个交通规划的成功与否。

1）交通小区的划分原则

（1）现有统计数据采集的方便性

社会经济指标一般是按照行政区域为单位统计、预测的。在我国，最高行政区域划分为省、直辖市、自治区和特别行政区，其次是地级市、区县、乡镇、村、警察派出所、居民委员会。交通小区划分时，要充分利用这些行政区的划分，以减少不必要的工作量，提高预测的精确度。

（2）均匀性和由中心向外逐渐增大

对于对象区域内部的交通小区，一般应该在面积、人口和发生与吸引交通量等方面，保持适当的均匀性；对于对象区域外的交通小区，因为要求精度变低，应该随着对象区域距离的变远，逐渐增大交通小区的规模，以减少不必要的工作量。

（3）充分利用自然障碍物

尽量利用对象区域的山川等自然障碍物作为小区边界线，河流上的桥梁便于作为交通调查核查线使用。一般情况下，山川等自然障碍物被作为行政区划分界线使用并不矛盾。

（4）包含高速公路匝道、车站、枢纽

对于包含高速公路和轨道交通等的对象区域，高速公路匝道、车站和枢纽应该完全包含于交通小区内部，以利于对利用这些交通设施的流动进一步分析，避免匝道被交通小区一分为二。

（5）考虑土地利用

交通小区划分应避免同一用途的用地分在不同的交通小区，这样有利于土地利用中指标的统计处理。

图 2-3 和图 2-4 就是按照上述原则划分的交通小区。图中数字为交通小区编号。

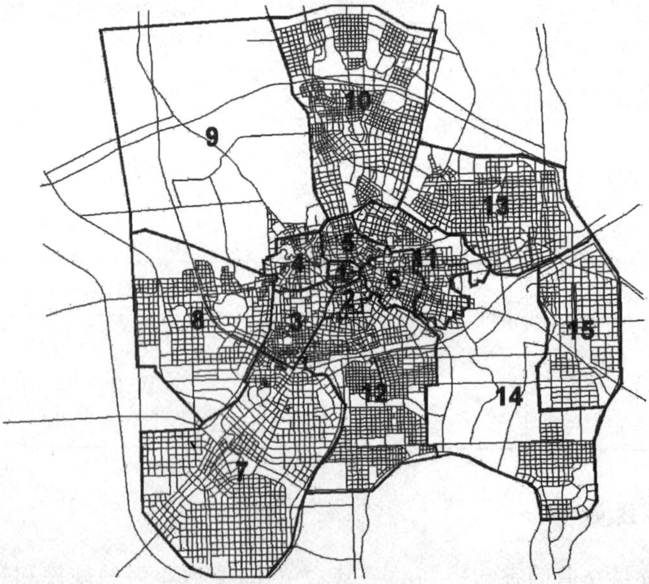

图 2-3　合肥市 OD 调查交通大区分布(2006 年)

图 2-4 合肥市 OD 调查交通中区分布(2006 年)

2) 交通小区的划分规模

早期的调查和规划中交通小区数目较少,随着计算机技术的发展,交通小区数目有增加的趋势。1995 年当在上海进行货流 OD 调查时,先将全市(包括郊区)范围分成 100 个小区,在进行综合流向分析时,又将它们合并成 26 个大区;1995 年北京进行 OD 调查时设置的交通小区平均面积为 4.00 km^2;1997 年无锡市公交规划时,将 136.9 km^2 的规划区域划分为 74 个交通小区;2001 年苏州市城市综合交通规划时,将 86.6 km^2 的规划区域划分为 81 个交通小区。除了 1995 年的调查外,其他城市调查过程中交通小区的大小均在 1～2 km^2。

(1) 美国

通过对美国 74 个城市交通小区划分的分析,得到城市区域规模与交通小区数量、人口之间的关系,见表 2-6。

表 2-6 美国城市交通小区划分标准

区域人口/万人	交通小区面积/km^2		交通小区人口/人	
	范围	平均值	范围	平均值
<7.5	0.28～5.25	1.38	120～2 700	872
7.5～15.0	0.60～8.48	2.77	357～1 692	954
15.0～30.0	0.60～10.03	3.30	545～2 400	1 296
30.0～100.0	2.03～25.68	5.55	1 316～7 175	2 828
>100.0	1.45～33.32	7.83	2 214～24 659	7 339

(2) 日本

日本对交通小区的划分分为 A,B,C 和小 C 四个等级。A 为都道府县级(相当于我国的省、直辖市、自治区)；B 为市町村级(相当于我国的地、市)；C 为区级(相当于我国的市内区)；小 C 为 C 级的细分，即把行政区再划分为几个小区，并仅适用于大城市以上的市区。

由国外交通小区的划分情况可以看出，交通小区大小没有统一的标准。有的城市，为了减少分析工作量，常将交通小区分得比较粗。分区太粗、太少则会影响抽样精度，且会产生不切实际的出行端点和出行线路。当然，交通小区分得太细、太多，会使得分析难度加大。按照国内外交通调查的成功经验，一般城市中心区交通小区的面积为 1～3 km^2，人口为 2 万～4 万；城市边缘区交通小区的面积为 5～15 km^2，人口为 3 万～5 万。这些经验是可以借鉴的，但应考虑到国外人口较少，地广人稀，分区普遍较大，而我国城市一般人口密度较高，也就是说单位面积上聚集了更多的交通源，因此小区的规模应当结合国内情况确定。

2.2.6 调查结果的整理与分析

1) 调查结果整理

由于 OD 调查数据量较大，通常需要用计算机进行分析和处理，分析的主要结果有以下几项：规划区域各种车辆 OD 表、规划区域车辆汇总 OD 表、规划区域客货 OD 表、各种车型的比例、货车平均吨位、客车平均座位、客货车的实载率、货车的载货品种的构成、道路断面交通量。

(1) 期望线图和等值线图

在实际路网中，由于调查区域之间通常有几条线路相通，用 OD 表很难掌握各个区之间的交通流，所以按照人们选择最短和最畅通路线的意愿，在交通规划地图上用线条宽度和交通量成一定比例的粗直线将各个区的形心连接起来，绘成 OD 调查表所要求的期望线，如图 2－5 所示。

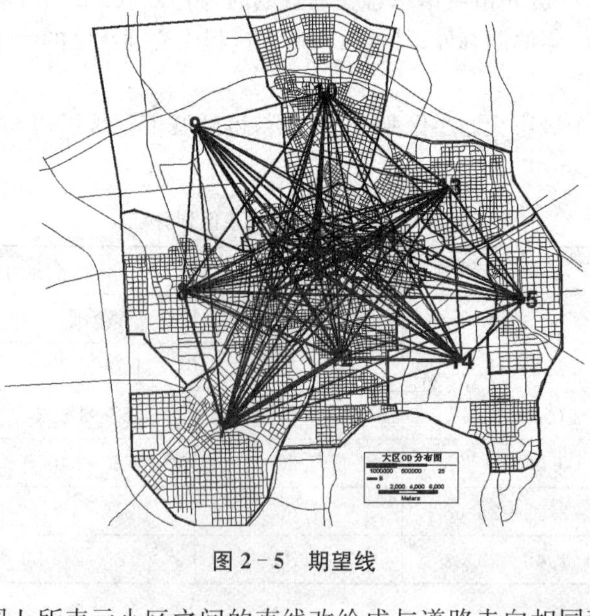

图 2－5 期望线

如果将期望线图上所表示小区之间的直线改绘成与道路走向相同而粗细不同的折线，并且折线粗细表示汇集该路段上交通量大小，即形成交通量等值线图。

(2) 交通发生量统计图

将小区的出行起点或终点的出行量绘制成柱状图、折线图或者扇形统计图,可以清楚地表示各小区的发生与吸引量。例如,图 2-6 为根据某出行调查结果绘制的出行发生与吸引量柱状。

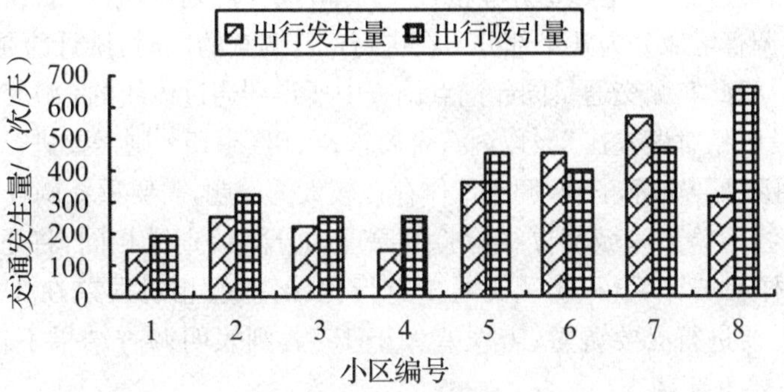

图 2-6　根据某出行调查结果绘制的出行发生与吸收量柱状

(3) 居民出行特征

图 2-7 和图 2-8 分别是由 OD 调查表分析出的 2006 年合肥市居民出行目的构成和居民出行交通方式分担率。

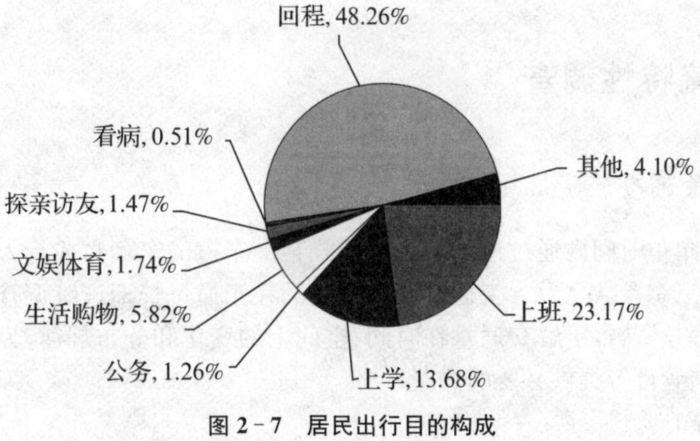

图 2-7　居民出行目的构成

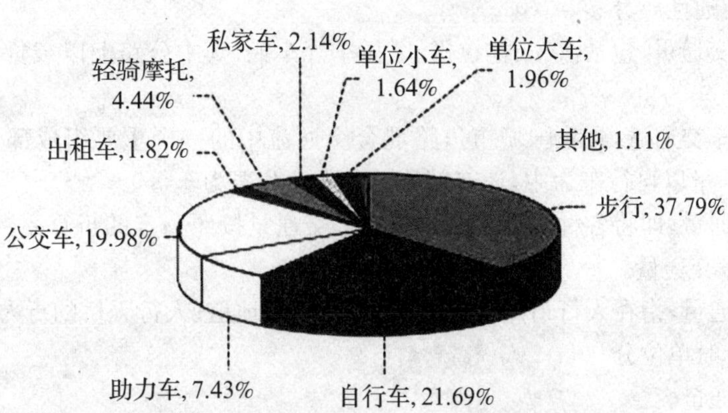

图 2-8　居民出行交通方式分担率

2）调查精度检验

调查结果的精度检验也是非常重要的步骤之一。保证OD调查结果的准确性和实用性，可以用以下几种方法进行误差检验。

① 分隔核查线检验。首先确定分隔核查线，一般选择规划区域内天然的屏障，如河流、铁路等，此核查线将调查区域分为几个部分。在进行OD调查的同时，统计跨越核查线的所有道路断面交通流量。将此实测交通量同起讫点调查中所得到通过该线的OD交通量（按抽样率扩算后）进行比较，一般相对误差在5%以内符合要求；在5%～15%则需要进行必要调整；若误差大于15%，则表明调查结果不正确，调查工作存在较大的问题，需要重新调查。

② 区域境界线检验。区域境界线检验的原理和分隔核查线相同，将通过区域境界线的OD分布量（按抽样率扩算后）和实测交通量进行比较，一般相对误差在5%以内符合要求；在5%～15%则需要进行必要调整；若误差大于15%，则表明调查结果不正确，调查工作存在较大的问题，需要重新调查。

③ 把由OD调查表推算出来的交通特征，如车型比例、交通流量和流向等与现有的统计资料进行比较，检查其误差程度是否满足要求。

④ 在调查区域内，拟定一个众所周知的交通枢纽、公共活动中心作为校核点，将起讫点调查结果（按抽样率扩算后）与该点上实测的交通量相比，作为市内OD调查精度的重要依据。

2.3 交通流特性调查

2.3.1 交通量调查

交通量是指单位时间内通过道路某一断面或某一车道的车辆数或行人数，是描述交通流特性最重要的三个参数之一。交通量调查的目的在于通过长期连续调查、短期间歇或临时调查，搜集交通量资料，了解交通量在时间、空间上的变化和分布规律，为交通规划、道路建设、交通控制与管理等提供必要的数据。

1）交通量分类

（1）按照交通性质分

① 机动车交通量，包括汽车、拖拉机、摩托车等车辆，其中公路上以载货汽车为主，在城市道路上以小汽车为主。

② 非机动车交通量，是我国城市道路混合交通流中的一个重要组成部分，在我国道路上非机动车交通量以自行车为主，还有部分的人力车和畜力车等。

③ 混合交通量，即将各种机动车和非机动车交通量按照一定的折算系数换算成某一种标准车型的当量交通量。

④ 行人交通量，指在人行道路上或通过人行横道、地道、人行天桥的行人数。

（2）按照计时单位分

① 小时交通量。

② 日交通量。

③ 昼夜交通量。

④ 信号周期交通量。

⑤ 白天 12 h,16 h 交通量。

⑥ 周、日、年交通量。

(3) 按照交通量特性分

① 平均交通量,指某一时段间隔内交通量的平均值,作为某一期间交通量的代表,分为日平均交通量、年平均日交通量、月平均日交通量、周平均日交通量和年平均月交通量等。

② 高峰小时交通量,指在以 1 h 为单位进行连续若干小时调查所得结果中,交通量最大的小时交通量,如高峰小时交通量、年最高小时交通量、第 30 位小时交通量等。

2) 交通量调查的准备工作

(1) 交通量调查的基本程序

交通量调查实施的程序,一般包括以下几部分:

① 明确调查目的和用途,在进行交通量调查时,应该明确调查目的、精度等要求,交通量调查的目的通常是为交通规划、道路设计、交通管理与控制等提供基础数据。

② 明确调查区域或路线情况,包括调查区域平面图、路网图,应该说明对交通量调查有影响的道路、交通、管理与控制等因素,如道路宽度、交通标志、信号灯情况等。

③ 明确调查站点位置,标明调查站点在平面图上的位置。

④ 明确调查车辆的种类、拟定调查时间和周期。

⑤ 人员配备和分工。对参加调查的人员进行技术培训,工作纪律、责任教育,提高调查人员的素质,从而保证调查的质量。

⑥ 调查表格的设计。调查表格主要根据调查目的进行设计,表头一般包括道路或交叉口名称、调查站点位置、车流运行方向、调查日期、调查人员等,必要时可以附平面示意图。

⑦ 对所获得调查资料进行汇总、归纳、总结和分析。

(2) 交通量调查的时间

交通量调查时间和持续时间的长短主要根据调查目的确定,较为常用的一些调查时间如下:

① 24 h 交通量调查。一般选取周二至周四中一天连续 24 h 进行观测调查。

② 16 h 交通量调查。通常选择从 6:00—22:00,其中包括含有晚间交通在内的大部分日交通量。

③ 12 h 交通量调查。通常从 7:00—19:00,其中包含大部分白天交通量。

④ 高峰小时交通量调查。具体调查时间根据城市规模、交通设施类型(如高速公路、辐射干道等)等确定,通常为 7:00—9:00 和 17:00—19:00。

⑤ 周末交通量调查。调查时间可以从星期五中午(最晚从 18:00)至星期一中午(或最早至 6:00)。

需要说明的是,除非调查是为了获得非正常情况下的交通量数据,否则一般交通量调查应该避免以下特殊时间:

① 特殊活动日,如节假日、体育比赛、展览会等情况。

② 特殊的气候情况,如雨天、雪天等。

③ 由于临时封闭道路而影响交通量的情况。

(3) 交通量调查地点的确定

交通量调查地点通常设置在不受交叉口影响的路段上、交叉口的引道处、交通设施的出入口处(道路收费口或停车场的出入口处)等。观测站主要有以下三种基本类型：

① 连续式观测站。为了获得连续交通量调查资料，以掌握交通流的变化规律，需要设置连续式观测站，主要设置在国道、城市快速路等较高等级的道路上。连续观测结果代表的交通流变化规律覆盖面广，需要耗费大量的人力和物力。

② 间歇式观测站。这种观测主要是每隔一定时间间隔进行一次调查，设置在道路路段、交叉口、桥隧等处。

③ 临时性观测站。主要设置在无固定观测站或需要补充某些数据时，临时进行观测。

3) 交通量调查的计数方法

交通量调查的计数方法主要有人工计数法、浮动车法、机械计数法等。采用何种方法主要取决于调查目的、所能获得的设备、经费和技术情况等。

(1) 人工计数法

人工计数法是我国应用比较广泛的一种原始性调查法，组织调查人员在调查路段或交叉口引道处进行交通量观测和记录，使用的工具包括计时器、手动(机械或电子)计数器和其他记录用的记录板、纸和笔。人工计数法可以调查得到分车型交通量数据、某一车道或某方向上的交通量、交叉口流量和流向数据、非机动车和行人交通量等。

人工计数法的优点是适用范围广泛，可以适用于任何情况的交通量调查，如转向交通量调查、分车型交通量调查、行人交通调查等，机动灵活，易于掌握，精度较高，资料整理方便。从理论上看，人工计数法无论是在车型的分辨上还是在计数方面都应该比仪器观测准确和机动灵活，而且调查地点环境不受限制。缺点是需要投入大量的人力，劳动强度大，天气不好时在室外工作比较辛苦；调查精度取决于调查人员的责任心、态度等。人工计数一般只适用于短期、临时性交通调查。表 2－7 为人工调查记录表格示例。

表 2－7　人工调查记录表格示例

调查地点＿＿＿＿＿＿＿（路、街）　方向＿＿＿＿＿＿＿　调查日期＿＿＿＿＿＿＿

车道数＿＿＿＿＿＿＿　调查员姓名＿＿＿＿＿＿＿＿＿　天气＿＿＿＿＿＿＿＿＿

时段	车型						
	小客车	大客车	小货车	中型货车	大型货车	大型公交车	合计
6：00—6：15							
6：15—6：30							
6：30—6：45							
⋮							
合计							

(2) 浮动车法(Floating Car Method)

这种方法是英国道路研究试验所的 Wardrop 和 Charlesworth 于 1954 年提出的。它可以同时获得某一路段的交通量、行驶时间和行驶车速等数据，是一种较好的综合调查技术。

调查时需要一辆测试车，应尽量避免使用警车等有特殊标志的车辆。调查时，一名调查人员（除驾驶员外）记录对向开来的车辆数量，另一名调查员记录与测试车同向行驶的车辆中，被测试车超越的车辆数和超越测试车的车辆数，另外一人报告和记录时间以及停始时间。行驶距离应可以从里程表读取，如图 2-9 所示。调查过程中，测试车一般需要沿调查路线往返行驶 12～16 次。表 2-8 为浮动车法调查记录表格示例。

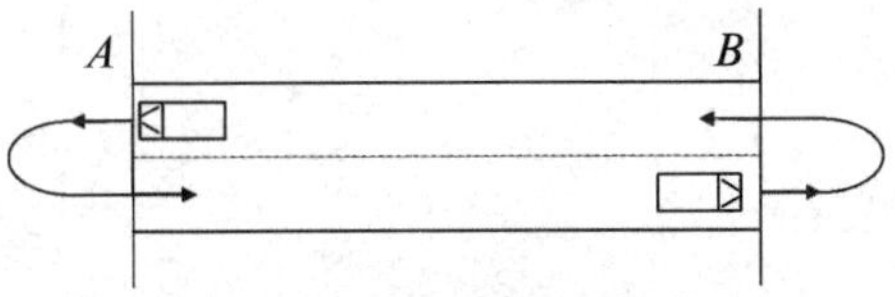

图 2-9　试验车移动调查示意

表 2-8　浮动车法调查记录表格示例

路线名称及编号________________　观测日期______年______月______日______时

调查区间编号________________　观测路段起讫点桩号________________

测定距离________________　观测人员________________　气候情况________

行车方向	观测次数	逆向交会车辆数 X_a	同向超越测试车的车辆数 N_{a-b}	同向被测试车超越的车辆数 M_{a-b}	行程时间 T_{a-b}		
					分	秒	换算为分
$A \to B$	1						
	2						
	⋮						
	n						
	平均值						
行车方向	观测次数	逆向交会车辆数 X_b	同向超越测试车的车辆数 N_{b-a}	同向被测试车超越的车辆数 M_{b-a}	行程时间 T_{b-a}		
					分	秒	换算为分
$B \to A$	1						
	2						
	⋮						
	n						
	平均值						

根据调查数据，按照式(2-1)～式(2-4)计算测定方向上的交通量和行程时间。

$$Q_a = \frac{X_b + N_{a-b} - M_{a-b}}{T_{a-b} + T_{b-a}} \times 60 \tag{2-1}$$

$$Q_b = \frac{X_a + N_{b-a} - M_{b-a}}{T_{a-b} + T_{b-a}} \times 60 \tag{2-2}$$

$$\overline{T}_{a-b} = T_{a-b} - \frac{(N_{a-b} - M_{a-b})}{Q_a} \times 60 \tag{2-3}$$

$$\overline{T}_{b-a} = T_{b-a} - \frac{(N_{b-a} - M_{b-a})}{Q_b} \times 60 \tag{2-4}$$

$$V_a = \frac{L}{\overline{T}_{a-b}} \times 60 \tag{2-5}$$

$$V_b = \frac{L}{\overline{T}_{b-a}} \times 60 \tag{2-6}$$

式中：Q_a，Q_b 分别为由 A 向 B 或由 B 向 A 行驶的交通量，辆/h；$\overline{T}_{a-b}$，$\overline{T}_{b-a}$分别为由 A 向 B 或者由 B 向 A 行驶于路段 AB 的行驶时间，h；V_a，V_b 分别为由 A 向 B 或者由 B 向 A 行驶于路段 AB 的行驶速度，km/h。

(3) 机械计数法

在交通量计数方面，各种自动机械计数装置在许多国家得到广泛的应用，可以根据调查要求选择自动机械计数装置，进行连续调查，如一天 24 h，一个月累计交通量，一年累计交通量等连续调查数据。

自动机械计数装置一般由车辆检测器(传感器)和计数器两部分组成。自动机械计数装置可以分为便携式计数装置和永久性计数装置两种。前者适用于临时、短期交通量调查，后者适用于固定、长期交通量调查。如摄像机这种较高级的机械装置可用于记录 1 h 或 1 h 内的交通量资料。

当进行超过 12 h 的长期交通量调查时，机械计数非常适用。在需要的情况下，辅以人工调查抽样，则可以得到有关交通量车型或方向的资料。大多数的自动计数装置可用于：

① 确定交通量的时间分布。

② 确定交通量逐日或逐月变化以及增长趋势。

③ 估计年交通量(如用于道路结构设计计算)。

利用机械计数装置进行交通量调查可以节省大量的人力和物力，调查范围广，调查精度高，特别适合长期连续性交通量调查，但是这类装置一次性投资大。最近，能够区分车辆类型和流向的设备也已经投入市场，如 Autoscope2004 等。

4) 公路交通量调查

我国交通部门从 1979 年 10 月开始进行正规的交通量调查，主要有间歇式调查和连续式调查两种。

(1) 间歇式调查

① 调查站点的设置。为了确切掌握交通流量的变化，应该合理布置调查站点的数量和距离，保证调查数据的准确性和代表性。全国没有统一规定，可以根据各地实际情况进行安排。

② 调查次数和时间。间歇式调查规定每月调查 1～3 次，具体日期由各省(市、自治区)根据实际情况确定，尽量使全年各调查日均匀分布在一周的各周日中。每次观测从上午 6：00至次日上午 6：00，昼夜连续调查，按小时间隔计数。

③ 调查内容。对 13 种车型进行调查，记录各类车辆的绝对数，不分方向，最后折算成以解放牌中型载货车为标准的标准交通量。记录表中应该记录道路编号或名称、调查站名称、调查地点以及里程桩号、调查时间和天气情况、调查人员等。表 2－9 为国(省、县、乡)道路间歇式交通量调查示例。

④ 填报内容。根据文件要求填报有关内容，并绘制交通量分布示意图，包括混合交通

量、汽车交通量变化图等。

表 2-9　国(省、县、乡)道路间歇式交通量调查示例

国(省、县、乡)道路断面编号____________　观测地点名与桩号______________

观测时间______年______月______日　　　天气________

时段	车型													
	小型载货汽车	中型载货汽车	大型载货汽车	摩托车	小型客车	大型客车	拖挂车	集装箱车	小型拖拉机	大中型拖拉机	畜力车	人力车	自行车	混合交通量折算合计
6：00—7：00														
7：00—8：00														
8：00—9：00														
9：00—10：00														
⋮														
合计														

(2) 连续式调查

① 调查站点的设置。设站点的目的一方面是提供全年完整的交通量数据，更主要的是为了获得交通流量的变化规律，以逐步简化观测工作。调查站点的设置，应该使调查得到的交通量能够充分代表区间交通量变化规律，应该设置在有代表性的路段上，综合考虑地形、气候因素，避免集中或过分靠近大城市。

② 调查次数和时间。调查时间连续一年为一个周期，每天连续 24 h 调查，按照小时交通量记录数据。

③ 调查内容。调查内容和间歇式调查相同。

④ 填报内容。除了间歇式调查所填报的内容外，还包括年平均昼夜顺序交通量图、小时交通量统计表、日交通量月报表、年报表等。同时，计算年平均日交通量和月、周日不均系数等。

表 2-10 为国(省、县、乡)道路连续式观测平均日交通量年报表示例。

表 2-10　国(省、县、乡)道路连续式观测平均日交通量年报表示例

国(省、县、乡)公路编号__________

观测站编号	观测站名称	路段长度	车速	小型载货汽车	中型载货汽车	大型载货汽车	摩托车	小型客车	大型客车	拖挂车	集装箱车	汽车		小型拖拉机	大中型拖拉机	畜力车	人力车	自行车	混合交通量折算合计
												绝对数	折算数						

（续表）

观测站编号	观测站名称	路段长度	车速	小型载货汽车	中型载货汽车	大型载货汽车	摩托车	小型客车	大型客车	拖挂车	集装箱车	汽车		小型拖拉机	大中型拖拉机	畜力车	人力车	自行车	混合交通量折算合计
												绝对数	折算数						
本段平均交通量																			

5）城市道路交通量调查

城市道路交通量调查方法，与公路交通量调查方法基本相似，但是由于城市交通具有道路网密度大、交叉口多、路段短、交通量大、车型复杂等特点，对城市道路的交通调查应该注意其特点。

城市道路交通量调查，一般包括对路段、交叉口和城市出入口道路的调查，或根据规划、设计工作的需要，对特定地点如车站、广场、交通枢纽、大型体育场馆等进行调查。从调查时间和规模看，一般分为长期连续观测、大范围宏观观测、短期调查和局部、单点小规模调查等。城市交通的影响因素很多，由于管理、交通事故、自然堵塞和施工养护等原因，往往会使交通量发生变化，对于这些情况在调查前和调查中应该给予考虑，以免调查得到的交通量不具备代表性。

根据城市道路的分级，对于每一条主要道路都应该设置一个主控制站，至少每两年实施一次 24 h 调查，调查应该分方向和车型，以获得主要道路系统中具有代表性的交通量及其小时变化和方向分布。在每类次要道路上建立副控制站，每个副控制站每两年实施一次 24 h 调查，可以不分方向，以获得次要道路网中有代表性的交通量。为了获得各种不同等级道路上交通量的日变化和季节性变化系数，并将观测值换算为平均日交通量，需要在控制性观测站中选择一些观测站作为关键站，其数量至少保证每类主要道路和次要道路各有一个。为了获得整个道路网的平均日交通量，除了控制性观测站和关键站外，还需要建立一批辅助性观测站。对于主要道路，首先根据交通量的大小划分为若干控制性路段，每个控制性路段都要建立一个辅助性观测站，每四年观测一次，选择周一至周五中的一天做 24 h 的调查。对于次要道路，大约 1.5 km 设置一个辅助性观测站，不定期进行 24 h 的观测，具体日期根据道路环境和交通状况的变化情况而定，可以采用人工计数法和浮动车法。

6）交叉口交通流量调查

交叉口是道路交通的枢纽。交通问题往往突出表现在交叉口上，如停车延误、堵车、交通事故和环境污染等。交叉口交通量调查的目的是获得交叉口通行能力、交通量变化以及高峰小时交通量和交通组成等资料，因此调查时间应该选择在高峰小时流量最大的时刻。当机动车流量高峰、自行车流量高峰和行人流量高峰不重合时，可以分别测定。

由于交叉口交通流量比较复杂，要同时记录车辆流量和流向，所以通常由人工记录和观测，以入口引道的停车线作为观测断面。当交通流量较小时，入口处渠化较好，车辆能够严格按照车道行驶，则一人负责一个引道入口，记录直行、左转和右转的车流量。当交通量较大时，则每个入口需要几人，分别统计直行、左转和右转的机动车和非机动车流量。

对于大型的环形交叉口，需要单独制定调查方案，其观测方案与十字交叉口略有不同，除了在进口处设置观测点外，还需要在环道上设置四个观测断面，统计经过各断面的车辆数。根据以上所测数据可以计算出各进口道直行、左转车辆数。

对于多路相交的交叉口或畸形交叉口，按照正常的观测方法一般难以测得车辆流向，因此需要调查各进口道车辆的车型和牌照号码，然后编制计算机程序，计算出各种车型的流量和流向。

表 2-11，表 2-12 和表 2-13 分别为交叉口机动车流量调查示例、交叉口非机动车流量调查示例和交叉口流量调查汇总。

表 2-11　交叉口机动车流量调查示例

调查地点________　路口编号________　进口________　路口形式________
调查员姓名________　调查日期________　天气________　交叉口控制方式________

项目	直行车			左转车			右转车			合计
	小客车	大客车	…	小客车	大客车	…	小客车	大客车	…	
6：00—6：15										
6：15—6：30										
6：30—6：45										
⋮										
合计										

表 2-12　交叉口非机动车流量调查示例

调查地点________　路口编号________　进口________　路口形式________
调查员姓名________　调查日期________　天气________　交叉口控制方式________

项目	直行	左转	右转	红灯右转	合计
6：00—6：15					
6：15—6：30					
6：30—6：45					
⋮					
合计					

表 2-13　交叉口流量调查汇总

调查地点________　路口编号________　进口________　路口形式__________

调查员姓名_______　调查日期_______　天气_______　交叉口控制方式_________

项目	北进口				南进口				南北合计	东进口				西进口				东西合计	总计
	直行	左转	右转	合计	直行	左转	右转	合计		直行	左转	右转	合计	直行	左转	右转	合计		
6：00—6：15																			
6：15—6：30																			
6：30—6：45																			
⋮																			
合计																			

7）区域境界线交通量调查

区域境界线调查(Cordon Line Survey)是在一个完全被一条假设线封闭的特定区域内，对进出该区域的所有道路进行交通量调查，以检测出入交通量与该区内的交通量的比例关系，又称为小区出入交通量调查。这种调查通常用作起讫点调查或中心商业区调查的一部分，用以核对出行调查数据。

作为起讫点调查的一部分，这种调查常被用作出行调查的核对之用，可以采用人工计数和机械计数法。

用于中心商业区调查时，对于拟调查区域境界线和相交道路的交点处都要设置观测站。对某些交通量很小的街道可以不进行调查，但是必须保证这些街道上的总交通量不超过总出入交通量的 3%～4%。观测断面要选择在路段上，以避免由于存在转向车辆而造成的重复计数。为了减少观测站的个数，境界线应该尽量利用天然的或人为的分隔线，如河流、铁路等。这种固定的区域要包括所有的通过主要临街商店的道路，避免在境界线上有较大的临街商业网点。乘公共汽车、电车、地铁等交通工具进出调查区域的乘客数，最好从公交公司获得，不得已时，再进行观测。乘社会车辆进出的人数和步行者的数量，只能在观测站点统计。

8）调查资料整理分析

在获得交通量调查资料后还要进行分析与整理，从中得到一些反映特征性趋势的数据。整理一般分为以下两步骤：一是车辆的分类换算；二是交通量的图示。

（1）车辆的分类换算

我国道路交通特点之一是混合交通严重，在进行交通量调查时，有必要根据调查目的，区分不同的车型分别记录，以便于换算成统一的标准车型。

公路交通部门根据交通运输部的统一规定，通常将车辆分为 13 种类型，具体分类标准和折算系数见表 2-14。

表 2-14 公路交通量调查车型分类标准及折算系数

编号	车型分类	折算系数	划分标准	备　　注
1	小型载货汽车	1.0	核载质量≤2 t	
2	中型载货汽车	1.5	2 t<核载质量≤7 t	包括吊车
3	大型载货汽车	2.0	7 t<核载质量≤14 t	
4	特大型载货汽车	3.0	核载质量>14 t	
5	拖挂车	3.0		包括拖挂车、平板车
6	集装箱车	3.0		
7	小型客车	1.0	额定座位≤19 座	
8	大型客车	1.5	额定座位>19 座	
9	摩托车	1.0		包括轻骑、载货摩托车及载客三轮摩托车
10	拖拉机	4.0		
11	畜力车	4.0		
12	人力车	1.0		包括人力三轮车、手推车
13	自行车	0.2		包括助力车

另外，对城市道路交通量，一般以小汽车为主，分类标准和换算系数见表 2-15。

表 2-15 城市道路交通量调查车型分类标准及换算系数

编号	车型分类	折算系数
1	小汽车	1.0
2	小型载货汽车	1.5
3	3～5 t 载重汽车	2.0
4	5 t 以上载重汽车	2.5
5	中、小型公共汽车	2.5
6	大型公共汽车、无轨电车	3.0
7	摩托车、轻便摩托车	0.8

比较上述两表可知，目前我国因管理部门不同对车辆的标准车折(换)算也不统一。在公路交通量调查(交通部门)中以中型载重汽车为标准车型进行换算，而在城市道路交通量调查中则以小客车为标准车型进行换算。对于这种差异，在城乡一体化的交通规划中应该注意。

(2) 交通量的图示

根据调查对象的不同，交通量的图示一般有以下几种：

① 路网交通流量图。将在同一时期内测得的同一区域各条道路的交通量标注在该区域道路上，如图 2-10 所示。此图可以明确表示区域内道路交通量分布情况，交通量可以用不同颜色或不同宽度的线条表示。

② 交通量变化图。交通量变化图是以纵坐标表示交通量，横坐标表示时间，反映交通量随时间变化的规律的图例，如图 2-11 所示。

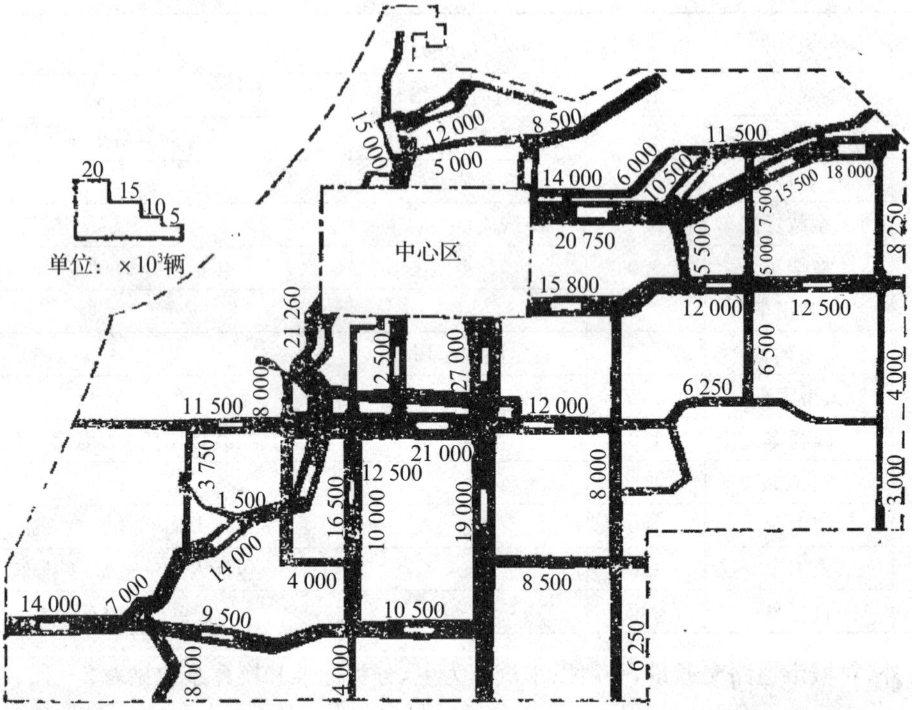

图 2-10　路网流量

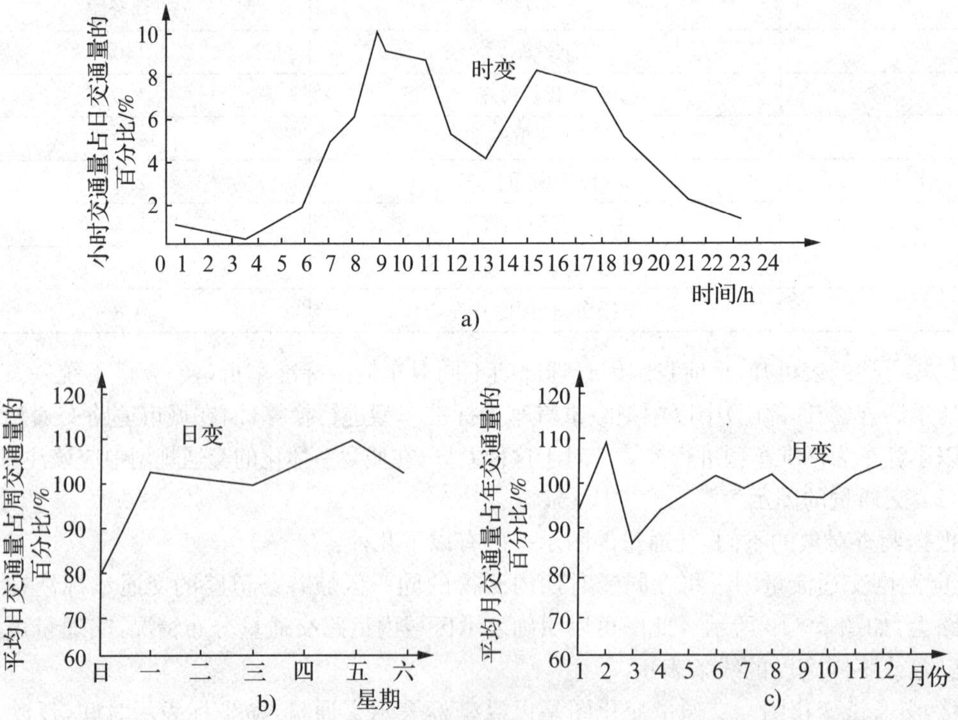

图 2-11　交通量变化曲线

③ 交叉口流量流向图。通过对交叉口交通量的观测，绘制交叉口交通量流向，如图 2－12所示。

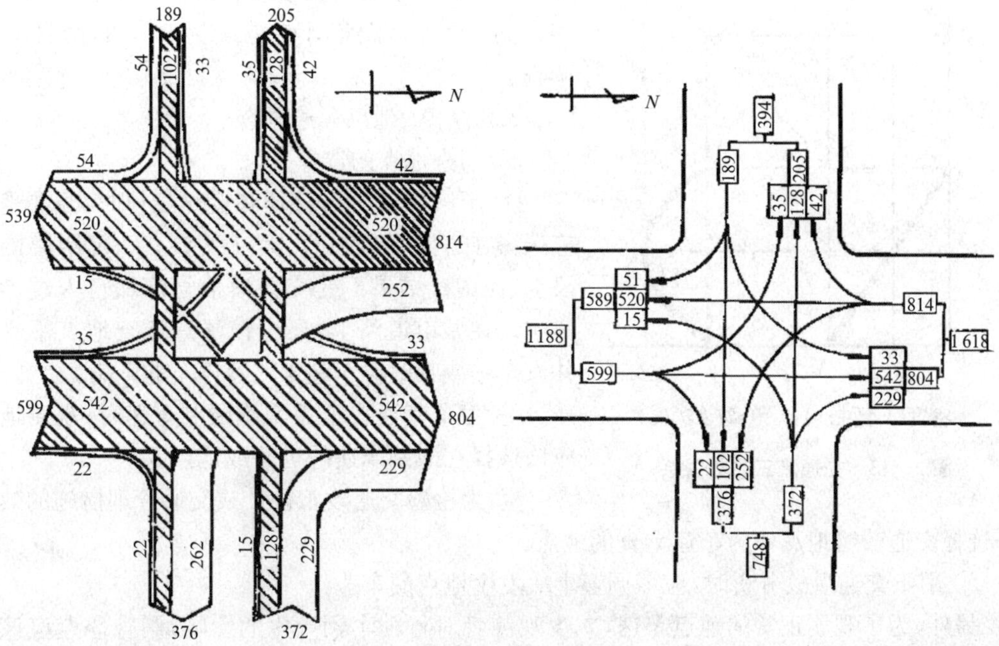

图 2－12　交叉口流量流向

2.3.2　车速调查

车速指车辆在单位时间内通过的距离，是描述交通流特性的三个参数之一，主要有以下几种：

① 地点车速：指车辆通过道路某一点或某一断面时的车速，亦称为瞬时车速，是描述道路某地点交通状况的重要参数，常用于制定限制车速、设计车速以及研究交通流理论。

② 行程车速：亦称为区间车速，是车辆在道路某一区间行驶的距离与时间的比值。行程车速是评价道路行车通畅程度和分析车辆发生延误原因的重要数据。

③ 行驶车速：指车辆在道路某一区间内的行驶距离与行驶时间（即行程时间中扣除停车延误时间）的比值。行驶车速是衡量道路服务质量、估算路段的通行能力以及延误原因的重要参数。

④ 临界车速：又称为最佳车速，指道路理论通行能力（交通量最大，饱和流量）达到最大时的车速，如图 2－13 右下角曲线所示。在理论上考虑通行能力时采用，或考虑道路等级时采用。

⑤ 设计车速：指驾驶员在天气良好、交通密度较低时所能维持的最高安全车速。设计车速是道路几何设计的基本依据，也是表明道路等级和使用水平的主要指标。或：指在道路交通与气候条件良好的情况下仅受道路物理条件限制时所能保持的最大安全车速，用作道路线形几何设计的标准。

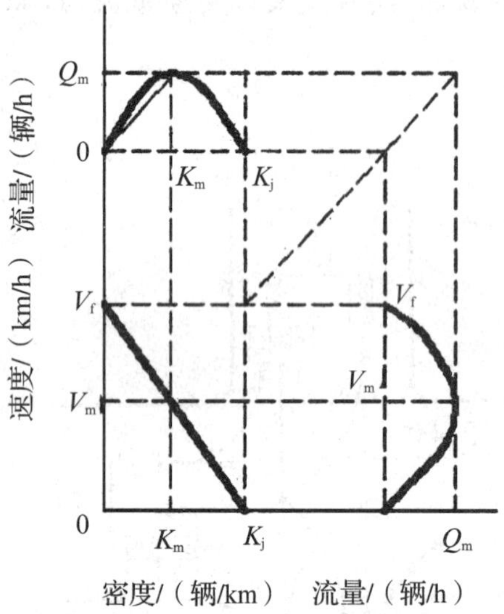

图 2-13 交通流三参数关系

在进行道路设计、交通规划、交通管理与控制等时，均以车速作为最基本的资料，因此车速调查成为交通工程中最重要的调查项目之一。地点车速调查和区间（行程）车速调查是最为常见的两种车速调查。

2.3.2.1 地点车速调查

1）调查地点的选择

① 了解车速分布特征和变化规律时，观测地点应选择在道路平坦顺直、离交叉口有一定距离的路段上，使调查结果不受交叉口信号灯和行人过街的影响。在城市道路上，还应该注意调查地点不受公共汽车站或临时停车站等路旁停车的影响。

② 为了交通安全需实施限制车速时，观测地点应该选择在限制车速的道路或地点。

③ 为检验交通改善设计或交通管理措施的效果时，选择交通改善地点作为车速调查的地点。

④ 用于交通事故分析时，应该调查事故发生地点的车速。

另外，为了观测正常的地点车速，减少观测者对行驶车辆产生的影响，调查地点应该选择在较隐蔽处，尽量不被驾驶员发现，使调查结果能够反映真实情况。

2）调查时间的选择

在选择调查时间时，应该选择与调查目的相对应的具有典型性和代表性的时段，通常选择在天气良好、交通和道路状况均正常的时间进行调查。多数情况下不选择在交通有异常的时间，如节假日期间进行调查，因为大部分居民不上班，交通量减少，车速较高，调查结果不具代表性。一般为制定交通管理措施搜集依据和检验交通改善效果的调查应选择机动车早高峰和晚高峰时段，因为这段时间交通量大，矛盾最为突出。研究非机动车对机动车车速影响时，调查时间应该选择在机动车和非机动车流量均大的时段。特别需要指出的是，在进行交通改善措施前后对比调查时，调查的时间段必须一致，否则会导致错误的结论。

3）样本量的确定

进行地点车速调查时，对道路上所有的车辆进行调查是不可能的。因此，地点车速调查通常采用随机抽样的办法，即随机抽取有限的样本来推断车速总体的特性。为了保证抽样调查的准确性，要注意样本的选择和样本容量这两个方面。

在选择样本时，首先要注意样本的选择必须避免某种偏向，要随机选择被调查车辆，高速车、低速车和正常车速的车辆均要有同等概率被抽作样本；其次样本的各个单元，相互必须完全独立；最后选取数据的地区间应无根本差别，构成样本所有项目的条件必须一致。

样本容量的确定主要取决于调查精度的要求，根据误差理论，测量值与真实值之间的差异称为误差。误差按照其成因分为系统误差和随机误差，系统误差是由于测量系统的不合理不完善造成的，如测量地点车速的测量工具不准确或测量方法不合理等。这类误差可以通过改善测量工具或改进测量方法来消除。随机误差是测量中不可避免的误差，当测量次数足够多时，它服从正态分布，出现绝对值相等的正负误差的概率接近，因此测量次数愈多，随机误差的算术平均值愈小，精度愈高。

根据我国 1998 年出版的《交通工程手册》，地点车速调查的最小样本量可以按照式(2－7)计算：

$$n=\left(\frac{\sigma K}{E}\right)^2 \tag{2-7}$$

式中：σ 为样本总体标准的估计值，一般应由已有的速度资料给出，《交通工程手册》给出对应不同地区和道路类型的 σ 经验值，见表 2－16；E 为速度调查允许误差，一般可取 20 km/h；K 为不同置信水平对应的系数，实质上是一定置信水平和自由度的 t 分布统计量，《交通工程手册》给出对应于不同置信水平下 K 的经验值，见表 2－17。

表 2－16　样本标准差 σ 值

行驶区域	σ 值	
	双车道	四车道
乡村	8.5	6.8
郊区	8.5	8.5
城市	7.7	7.9
平均值	8.0	8.0

表 2－17　置信水平系数 K 值

置信水平/%	68.3	86.6	90.0	95.0	95.5	98.8	99.7
K	1.00	1.50	1.64	1.96	2.00	2.50	3.00

4) 地点车速调查方法

地点车速调查可以采用人工测量法和机械测量法。人工测量法简单易操作，只需要简单的设备，但是误差较大、精度不高。机械测量法则是利用机械装置来测量通过车辆的行驶速度，需要一定设备，误差小，精度高，主要有雷达测速法、道路检测器测量法和摄像法等。选取何种方法主要取决于获得的设备仪器、人员和费用等因素。

① 人工测量法。最常见的人工测量法是秒表测速法，即由观测人员在调查地点选择调查路段长度 L，一般要求此长度的记录时间不小于 1.5 s，一般可取 30～50 m。具体做法是：在选定的量测路段两端设置参考标志(可用色漆画横线或用行道树等，要求能使观测员清晰地看到)，当车辆的前轮经过前参考线时，观测员立即启动秒表，当车辆前轮驶过路段末端参考线时，观测员立即停止秒表，将观测数据记录下来。记录表格见表 2－18，具体布置如图 2－14所示。经整理计算，可得到各类车辆的地点车速。这种方法的缺点是，由于观测员视差的影响容易造成一定的误差。

表 2-18 地点车速调查

调查日期__________ 调查路线__________ 调查时间__________至__________

天气__________ 调查员__________

序号	车型	T_1	T_2	$\Delta T=T_2-T_1$	$V=L/\Delta T$	备注
1						
2						
3						
⋮						
n						

② 雷达测速法。雷达测速法是目前交通管理中常用的一种方法，常用的仪器有雷达枪和雷达测速仪。雷达测速法十分简单方便，在测量时，只要用测速雷达瞄准运行的车辆，即能读出车辆的瞬时车速。

雷达测速的基本原理是应用反射波的多普勒效应，当雷达测速仪瞄准被测车辆时，发射高频微波，遇到车辆后反射回来，根据发射波和反射波的频率差与车辆行驶速度成正比的关系，得到车辆的瞬时车速。雷达测速原理如图 2-15 所示，ϕ 为雷达发射的电波和车辆运行方向之间的夹角。

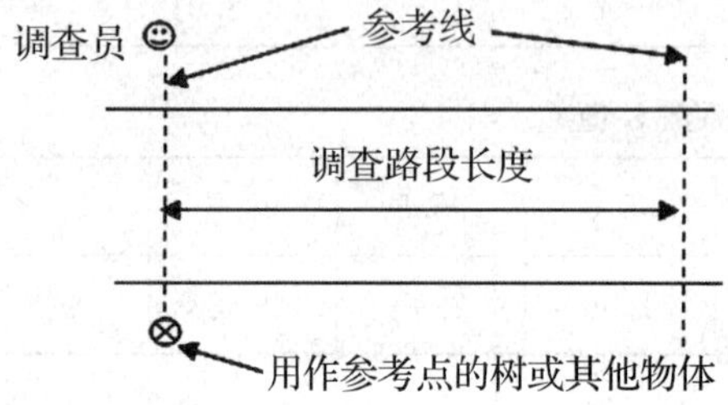

图 2-14 地点车速人工测量法示意

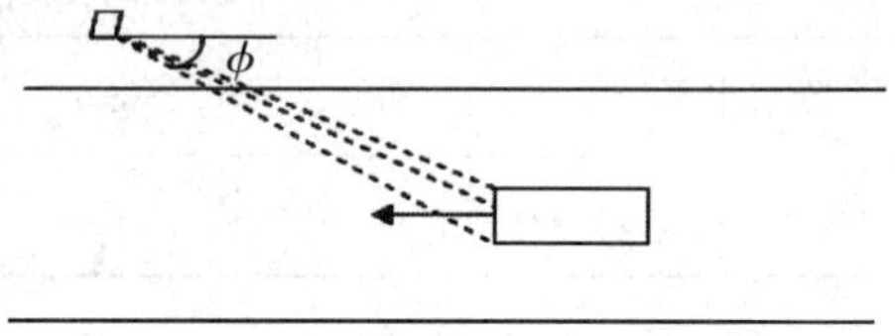

图 2-15 雷达测速原理

当 $\phi=0°$时，测速产生的误差最小，因此在测速时尽可能使雷达仪发射的高频微波束方向接近车辆运行方向。当 $\phi\neq0°$时，雷达仪测得的车速比实际车速小，如当 $\phi=20°$时，误差为6%。此外，雷达测速仪有一定的使用范围，同向车辆密度过高或对向车辆同时通过道路某一断面时，均会产生干扰，使雷达仪上的车速数字产生不稳定情况。当车辆的速度很低时，测速精度亦很低。远程交通微波传感器(Remote Traffic Wave Sensor, RTWS)即为一种雷达测量仪器。

③ 道路检测器测量法。道路检测器测车速的基本原理是在测速地点选取一小段距离，两端均埋设检测器，车辆通过前后两个检测器时发出信号，并传送给记录仪，记录下车辆通过的时间，从而计算出车速。

当测速精度要求不太高时，也可用一个检测器，即测量出车辆前后轮通过检测器的时间，并用前后轴距除以该时间求得车速。

常用道路检测器有电感式、环状线圈式和超声波式等，它们均设置在固定观测站上，同时测量交通量。

④ 摄像法。在测量地点，量取若干段距离，做好标记。将摄像机设置在视野良好的高处，防止行车道树以及其他设施的遮挡，将摄像机对准拟测路段，以一定的送片速度进行录像。根据汽车通过测定区间的录像胶卷画面数和画面的时间间隔，即可求出车辆的地点车速。录像时应该详细记录开始时间、地点、方向、送片速度、气候等，以免整理时发生错误。

摄像法的主要优点是对测定地点有形象的记录，不但能够录到车辆移动的位置，而且可以录到车型以及实地交通状况，有利于进行地点车速和影响因素的相关分析。但录像方法的成本较高，广泛使用受到限制。

5）地点车速调查数据的分析

地点车速的观测数据应按调查目的进行汇总，然后把数据整理成图表，并用统计方法对调查结果做统计特征计算。

（1）数据整理

由于车速属于连续型随机变量，一般采用分组法整理，将调查数据所分布的范围按一定的时间间隔划分为若干个首尾连接的区间，每个区间就称为一个组。凡位于同一组的速度值都认为其速度值为该组中的中值速度。为了整理数据简便而精炼，可以列出一张地点车速频率分布表，见表 2-19。

表 2-19　地点车速频率分布

速度分组	组中值 u_i	观测频数 f_i	累计频数 f	观测频率/%	累计频率/%

（2）计算统计特征值

① 地点车速平均值。地点车速平均值是车速统计中最常用的特征值和表述车速分布的最有效的统计值。

当车辆未分组时，即

$$\overline{V} = \frac{\sum_{i=1}^{n} V_i}{n} \tag{2-8}$$

当车辆分组时，即

$$\overline{V} = \frac{\sum_{i=1}^{g} f_i V_{i中}}{\sum_{i=1}^{g} f_i} \tag{2-9}$$

式中：$\overline{V}$ 为地点车速的算术平均值，km/h；V_i 为各组车速的平均值，km/h；f_i 为地点车速观测值分组出现的频数；$V_{i中}$ 为各车速分组的组中值，km/h；n 为观测的总车辆数；g 为地点车速分组组数。

② 中位车速。中位车速是速度按递增顺序排列的中间位置车速值，当观测次数为奇数时，中位车速是所排列数据的中间车速；当观测次数为偶数时，中位车速规定为两中间车速的算术平均数。中位车速也等于累计频率分布曲线上累计频率为50%时对应的横坐标值，亦将累计频率分布曲线划分为两个面积相等部分的垂线与横坐标的交点。在频率分布表中可用下式计算中间速度。

$$\overline{V}=V_{下}+\frac{\frac{n}{2}-f_0}{f_m}\times C$$

式中：$V_{下}$为中位车速区间的下限速度，km/h；f_0 为到中位车速区间下限为止的累计观测的车辆数，辆；f_m 为中位车速组区间内观测到的车辆数，辆；C为包含中位车速的区间长度，km/h。

③ 常见车速。常见车速是频率分布曲线中出现频率最高的那个组的组中值。当速度资料分组收集时，要精确定出常见速度比较困难，有时常见速度估计位于频率分布曲线峰点相对应的速度。

如果速度频率分布曲线左右完全对称，则算术平均速度、常见速度及中位车速均相同。常见速度受极大速度和极小速度的影响，一般要比算术平均速度所受影响小，即极大、极小速度对算术平均速度影响大，对常见车速影响小。

④ 极差。极差指观测值中最大速度与最小速度之差，如下式所示。

$$R=V_{\max}-V_{\min}$$

式中：$V_{\max}$为观测值中最高的车速值，km/h；$V_{\min}$为观测值中最低的车速值，km/h。

⑤ 样本标准差。样本标准差是衡量数据离散程度的标准，标准差越大，表示存在于通过车辆中的速度差越大。当交通量小时，表示车辆选择速度的自由度大；当交通量较大时，表示交通混乱程度严重。

当地点车速未分组时，样本标准差的计算公式为

$$S=\sqrt{\frac{\sum_{i=1}^{n}(V_i-\overline{V})^2}{n}}=\sqrt{\frac{\sum_{i=1}^{n}V_i^2}{n}-\overline{V}^2}$$

当地点车速分组时，样本标准差的计算公式为

$$S=\sqrt{\frac{\sum_{i=1}^{g}\left[(V_{i中}-\overline{V})^2f_i\right]}{\sum_{i=1}^{g}f_i}}=\sqrt{\frac{\sum_{i=1}^{g}(V_{i中}^2f_i)}{n}-\overline{V}^2}$$

2.3.2.2　区间车速调查

区间车速指车辆行驶在某一区间时，根据道路交通状况而确定的综合车速，用区间距离除以车辆行驶在该区间的总时间（包括停车时间）求得。通常用于掌握道路交通现状，作为评价道路服务水平的主要指标，也是衡量道路上车辆运营经济特性的重要参数。区间车速的调查主要有以下几种方法。

1）牌照法

首先选定区间车速调查的路段，在路段的起终点设置观测点，各设置调查员 4～6 人，按照上下行方向分为两组。观测人员记录通过观测点的车辆类型、牌照号码（可以只记录后三位数）、车辆通过时间。调查结束后，将起终点的车型与车牌照进行对比，计算相同牌照号码的车辆通过起终点的时间差，即为行程时间，用路段距离除以此行程时间得到区间车速。表 2－20为牌照法记录表格示例。最近，一种被称为车辆牌照记录装置（Automatic Vehicle Identification，AVI）的仪器投入市场，正在交通调查中发挥着重要作用。

此方法适用于路段上无大型交叉口、大型出入口的单向一车道或流量不大的单向两车道的道路，路段长度不宜超过 500 m。观测时起终点秒表必须同步，观测期间不得停表。

牌照法的主要优点是取样速度快，能够较准确地获得不同时段各种车型的行程速度、通过断面的单向交通量以及车头时距，便于进行交通工程中的微观分析。其缺点是只能测得车辆经过起终点的行程时间，无法知道车辆在行驶过程中的延误和交通延误情况。

表 2－20　牌照法记录表格示例

道路名称＿＿＿＿＿＿＿　起点＿＿＿＿＿＿＿　终点＿＿＿＿＿＿＿

调查日期＿＿＿＿＿＿＿　调查员＿＿＿＿＿＿＿　天气＿＿＿＿＿＿＿

序号	车牌号	起点时间 T_1	终点时间 T_2	行程时间 $\Delta T=T_2-T_1$	区间车速 $V=L/\Delta T$
1					
2					
⋮					
n					

2）跟车法

跟车法是利用观测车在观测路段往返行驶，同时记录所用的时间（行程时间），用路段长度除以该时间即可得到行程速度。

当采用跟车法测速时，首先在地形图上（或利用车辆里程表）测量路段的全长和交叉口及特殊点（如道路断面宽度变化处）之间的长度，对路段进行编号，然后现场踏勘，在实地做好标记，并补充地形图上遗漏的地物特征点。测试车应该具备良好的性能，能跟上道路上行驶的车辆，同时测试车上需要有两名观测人员并携带秒表和记录表格，测试人员必须熟记预先在道路上做的各个标记。

当测速时，测试车必须跟踪道路车队行驶，一般不允许超车，但是如果遇到速度较低的车辆可以超越。两名观测人员中的一人观测沿线交通情况，用秒表读出经过各标记地点的时间、沿线停车时间以及停车原因，另一人记录。当测试车遇到阻塞或严重减速时，应该记录减速次数或停车延误时间及原因。表 2－21 为跟车法测速记录表示例。

测试次数一般要求往返 6～8 次，每次往返时间尽量小于 40 min。在道路条件好、交通顺畅的市郊道路，路线长度以不超过 15 km 为宜。市区边缘道路，路线长度以小于 10 km 为宜。市中心区道路，一般交通繁忙，车速低，并受到交叉口的影响，路线长度应该小于 5 km。

表 2-21　跟车法测速记录表示例

道路名称________　起终点________　调查日期________　调查员________　天气________

路段编号	观测时间				减速次数以及原因					
	中途停车			最终断面时间	行人	自行车	会车	转向车	公交停靠	其他
	原因	停止时间	起动时间							
1										
2										
⋮										
n										

跟车法的优点是：操作简单容易，能测量全程及各路段的行程时间、行驶时间、延误、沿途交通情况以及交通阻塞原因等，劳动强度低，适用于交通量大、交叉口多的城市道路上。缺点是测量次数受行程时间的影响，有时还要受到偶然因素的影响。当交通量大时，测量数据能够代表道路上实际行车速度。但是当交通量小时，车辆难以形成车流，测试车较难跟踪到有代表性的车队，导致测试车处于非跟踪状态，测得的车速常受到测试车性能以及驾驶员习惯的影响，不能完全代表道路上车流的速度。

【例题 2-1】 乘观测车从 A 点出发到 B 点，经过两个交叉口(C,D)和三个停靠站(E，F 和 G)，单方向行驶 5 次，用秒表计时，经过整理得到表 2-22 所示调查结果，试计算平均区间车速。

表 2-22　跟车法调查结果

地点	停车时间 t_1/min					行驶时间 t_2/min					距离/m
A	0.00	0.00	0.00	0.00	0.00						
C	0.51	0.87	0.00	1.01	0.77	0.20	0.27	0.18	0.22	0.21	100
E	0.47	0.63	0.52	0.78	0.84	2.93	3.15	2.76	2.88	3.21	1 650
D	3.21	4.37	1.55	2.73	2.87	0.27	0.38	0.41	0.23	0.29	150
F	0.66	0.54	0.72	0.69	0.79	0.65	0.72	0.51	0.63	0.55	400
G	0.41	0.37	0.34	0.45	0.57	1.00	0.97	1.21	1.37	0.85	600
B	0.00	0.00	0.00	0.00	0.00	0.91	0.86	1.17	1.06	1.35	500
合计	5.26	6.78	3.13	5.66	5.84	5.96	6.35	6.24	6.39	6.46	3 400

解：

(1) 计算平均停车时间

$$\overline{t_1} = \frac{1}{n}\sum_{i-1}^{n} t_{1i} = \frac{1}{5}(5.26 + 6.78 + 3.13 + 5.66 + 5.84) = 5.33\ \text{min}$$

(2) 计算平均行驶时间

$$\overline{t_2} = \frac{1}{n}\sum_{i-1}^{n} t_{2i} = \frac{1}{5}(5.96 + 6.35 + 6.24 + 6.39 + 6.46) = 6.28 \text{ min}$$

(3) 计算平均行程时间

$$\bar{t} = \overline{t_1} + \overline{t_2} = 11.61 \text{ min}$$

(4) 计算平均区间车速

$$\bar{v} = \frac{L}{\bar{t}} \times 60 = \frac{3.4}{11.61} \times 60 = 17.57 \text{ km/h}$$

3) 浮动车测速法

此种方法与交通量调查的浮动车法完全相同，即在测速区间做往返行驶调查，根据调查结果计算行程时间，用路段长度除以行程时间即得到区间车速。具体方法参考交通量调查的浮动车法式(2-5)及式(2-6)。

4) 区间车速调查数据的整理与分析

① 区间平均车速如下式所示：

$$\overline{V} = \frac{\sum_{i=1}^{n} V_i}{n} \tag{2-10}$$

式中：$\overline{V}$ 为平均区间车速，km/h；V 为第 i 辆车的区间车速，km/h；N 为车辆数。

② 区间车速标准差如下式所示：

$$S = \sqrt{\frac{\sum_{i-1}^{n} (V_i - \overline{V})^2}{n}} \tag{2-11}$$

③ 平均行程时间如下式所示：

$$\overline{T} = \frac{\sum_{i=1}^{n} t_i}{n}$$

式中：$\overline{T}$ 为平均行程时间，h；t_i 为第 i 辆车的行程时间，h。

④ 行程时间标准差如下式所示：

$$R = \sqrt{\frac{\sum_{i-1}^{n} (t_i - \overline{T})^2}{n}}$$

2.3.3 交通密度调查

交通密度指在单位长度车道上，某一瞬时所存在的车辆数，一般用“辆/km/车道”表示。根据定义可知，密度是一个瞬时值，它不仅随时间的变化而变动，也随测定区间的长度而变化。为此，常将瞬时密度用某总计时间内的平均值表示。交通密度是描述交通流特性的重要参数之一，在研究划分道路服务水平、分析交通瓶颈状况、制定交通管理与控制政策及措施等方面均有应用，同时也是研究交通流理论的重要基础数据。

交通密度调查主要有出入量法和摄影法，后者又分为地面(高处)摄影观测法和航空摄影观测法，下面分别加以介绍。

1) 出入量法

出入量法是一种通过观测调查，获得道路上两断面之间无出入交通的路段内现有车辆数，从而计算路段交通密度的方法。

(1) 出入量法的基本原理

在道路上选择 A，B 两点间路段为观测路段，如图 2－16 所示，车流从 A 点驶向 B 点。

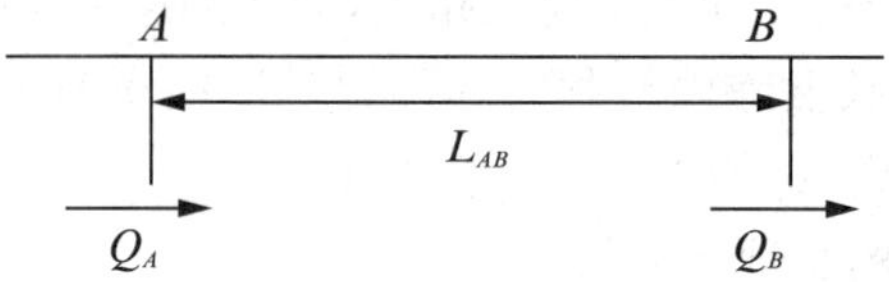

图 2－16　出入量法示意

在观测开始时刻($t=t_0$)，观测区间 AB 内初始车辆数为 $E(t_0)$，t 时刻内从 A 处驶入的车辆数为 $Q_A(t)$，从 B 处驶出的车辆数为 $Q_B(t)$，则 t 时刻 AB 路内存在的车辆数 $E(t)$ 为初始车辆数 $E(t_0)$ 与 t 时刻内 AB 段车辆改变量之和，即

$$E(t)=E(t_0)+Q_A(t)-Q_B(t) \tag{2-12}$$

则 t 时刻 AB 区间内的交通密度为

$$K(t)=\frac{E(t)}{L}=\frac{E(t_0)+Q_A(t)-Q_B(t)}{L} \tag{2-13}$$

式中：$K(t)$为 t 时刻路段 AB 内交通密度；L 为 A，B 两点的间距。

由式(2－13)可知，只要知道观测路段内初始车辆数、t 时刻内车辆数的变化量以及路段的长度，就可以计算出该路段的交通密度，其中车辆数的变化量是 $Q_A(t)$ 与 $Q_B(t)$之差，路段长度可以通过测量得到，关键是要确定初始车辆数 $E(t_0)$的大小。

(2) 初始车辆数 $E(t_0)$的确定

求初始车辆数 $E(t_0)$的方法有车牌照法、照相观测法和试验车法，这里讲述试验车法。

参考图 2－16，试验车跟随车流运行，在观测开始时刻($t=t_0$)从 A 驶向 B，到达 B 的时刻为 t_1。从 t_0 到 t_1 时刻，通过 B 处的车辆数为 q_B。如果试验车在行驶期间没有超越其他车辆，也没有被其他车辆超越，则 q_B 就是 t_0 时刻 AB 路段内初始车辆数；如果试验车在行驶期间存在超车和被超车的现象，则观测时刻($t=t_0$)AB 路段内的初始车辆数为

$$E_0(t)=q_B+a-b \tag{2-14}$$

式中：q_B 为从 t_0 到 t_1 时刻通过 B 处的车辆数；a 为被试验车超越的车辆数；b 为超越试验车的车辆数。

试验车法的优点是：简单，容易操作。其缺点是：随着时间的推移，车辆数的误差也在

累积。为了减少积累误差，除增加试验车的观测次数外，还要把试验车每次通过 A 点的时刻作为基准时刻，把该时刻现有的车辆数作为每次的原始车辆数。此方法适用于较长的测定区间，以提高测量精度。

2）地面（高处）摄影观测法

地面（高处）摄影观测法通常用录像机在高处摄影确定道路交通密度。测定路段长度视地区内的交通状况和周围条件而变化，一般取 50～100 m，若超过 100 m，则测量精度将会受到影响。因此，在测定长路段的交通密度时，需用几个摄影机同时观测。

摄影的时间间隔依测定路段的长度而异。当测定路段长度为 50～100 m 时，摄影间隔可用 1 画面/（5～10 s）。遇到详细分析交通流的情况，如需要同时观测交通量，为了取得正确的观测值，需缩短摄影间隔，一般取 1 画面/s。在高速公路上，由于车速高，可取 2 画面/s。

现场测量结束后，在各盘录像带的每个画面 Δt 中，读取摄影观测路段长度 L 内存在的车辆数 k_i，计算总观测时间内观测路段上的平均车辆数，然后再换算成每车道每公里存在的车辆数，即

$$K=\frac{\sum_{i-1}^{n}k_i}{n}\times\frac{1}{L} \tag{2-15}$$

式中：K 为观测路段内的交通密度值，辆/km；k_i 为第 i 个画面上测定路段内存在的车辆数，辆；L 为观测路段长度，km；Δt 为读取存在车辆数的时间间隔，s；t 为总计时间，s；n 为在总计时间内的画面数，按下式计算：

$$n=\frac{t}{\Delta t}$$

如果总计观测时间大于 5 min，则交通的偶然性变化或周期性变化就能消除。这种方法可以很方便地看出密度随时间的变化情况，同时，又因为它包含短时间的变化，也可以观察出密度的变化趋势。

3）航空摄影观测法

航空摄影观测法是测定交通密度准确数值的一种方法。航空摄影观测法是利用普通飞机或直升飞机从空中摄影，从照片上获得交通密度的方法。直升机具有低速且能停在空中的性能，因此被广泛地采用。

当航测时，一般采用测量用航空照相机，这种照相机的精度已能够满足交通调查的需要。摄影后，在胶卷上读取观测路段内存在的车辆数，据此计算平均交通密度。

航空摄影观测法测定路段交通密度最为适宜，但是不宜长时间的观测，不仅是因为费用大，而且因为飞机在空中飞行时间有限（飞机在 1 000～1 500 m 高度最多能停留 30 min），航空照相机一次摄影的胶卷张数亦受到限制。调查精度与摄影间隔有关，间隔越短精度越高。

另外，还有利用卫星遥感图片测量交通密度的方法。但是上述四种方法均为离线式调查，数据分析处理时间较长、费用昂贵，难以应用于需要实时判断的道路交通管理与控制中。

在现代道路交通管理与控制中，交通流密度（上述方法测得的为空间密度）常用测量交通流的时间密度代替，并用车辆观测器实现快速、实时反映，具体内容建议参考相关的道路

交通管理与控制资料。

2.4 交通延误调查

延误是反映交通流效率的指标，进行延误调查是为了确定产生延误的地点、延误类型和大小，评价道路上交通流的运行效率，分析找出产生延误的原因，为制定道路交通设施改善方案、提高交通效率提供依据。

通过延误调查可以直接得到车辆行驶过程中损失的时间，为评价道路交通阻塞程度、评价道路服务质量、交通设施改善的前后对比分析、交通运输经济分析、掌握行车延误的变化等提供基础资料。

2.4.1 延误的定义、分类

延误是指由于道路和环境条件、交通干扰以及交通管理与控制等驾驶员无法控制的因素所引起的行程时间损失，以 s/辆或 min/辆计，主要分为以下几种类型。

① 固定延误：由于交通控制装置引起的延误，与交通量大小及交通干扰无关，主要发生在交叉口处，交通信号、停车标识、让路标识和铁道路口等都会引起延误。

② 运行延误：由于各种交通组成部分之间相互干扰而引起的延误。其他车辆的干扰，如车辆停止、起动、转弯、故障及行人过街等的干扰；交通流内部干扰，如交通量增大产生拥挤、道路通行能力不足、合流等产生的影响。

③ 停车延误：车辆由于某种原因而处于静止状态产生的延误。停车延误等于停车时间，其中包括车辆由停止到再次起动驾驶员的反应时间。

④ 行程时间延误：实际行驶的总时间与完全排除干扰后以畅行速度通过调查路段的行驶时间之差。这一延误除包括停车延误外，还包括因为加减速而产生的加速延误和减速延误。

⑤ 排队延误：车辆排队通过路段的时间与车辆按自由行驶车速通过的时间之差。

⑥ 引道延误：引道实际耗时与引道自由行驶时间之差。

2.4.2 路段行车延误调查

(1) 跟车法

跟车法是指观测人员乘坐测试车沿着待测路段行驶，观测并记录有关行车延误数据的方法，有人工记录和机械记录两种收集数据的方式，若采用人工记录，则需要两名观测员和两块秒表。若采用机械记录装置，则只需要一名观测员，操纵机械记录装置记录行程距离、行程时间和延误等信息。

在正式调查开始之前，要确定调查路段的起终点，还要沿着调查路线选择交叉口等控制点。路程总长以及各控制点之间的长度，可以通过车辆里程表或利用比例尺和可靠的地图确定。调查时间可以根据调查目的选择交通量高峰小时或非高峰小时，有时还需要对比分析。对于主要工业区和商业区，其高峰时间和非高峰时间与普通市区不同，应注意调整调查时间。调查通常应该在良好的天气下进行；当进行对比调查时，应该选择相似的天气条件和类似的交通特性时间，以便调查结果具有可比性。

在调查时，当测试车通过调查路段起点时，观测员启动第一块秒表，记录沿途经过各控制点的时间；当车辆停止或被迫缓行时，观测员启动第二块秒表，量测每次延误持续时间，记录员将此延误持续时间连同延误地点、延误原因等记录下来。表 2－23 为跟车法行程时间和延误调查现场记录示例。如果采用机械装置，观测员操纵相应的按钮，便可以记录每次延误的起止时间和延误类型。测试车通过测试路段终点时，观测员立即停止第一块秒表，记录下该次测试行程的总时间。

表 2－23　跟车法行程时间和延误调查现场记录示例

调查日期＿＿＿＿＿＿　天气＿＿＿＿＿＿　行程编号＿＿＿＿＿＿　路线＿＿＿＿＿＿
行程开始时间＿＿＿＿＿＿　地点＿＿＿＿＿＿　里程＿＿＿＿＿＿
行程结束时间＿＿＿＿＿＿　地点＿＿＿＿＿＿　里程＿＿＿＿＿＿

控制点	
地点	时间

停止或被迫缓行		
地点	延误/s	原因

行驶距离＿＿＿＿＿＿　行驶时间＿＿＿＿＿＿　行驶车速＿＿＿＿＿＿
行程时间＿＿＿＿＿＿　停驶时间＿＿＿＿＿＿　行程车速＿＿＿＿＿＿
观测员＿＿＿＿＿＿　记录员＿＿＿＿＿＿

(2) 输入输出法

这种调查方法的前提是：假设车辆到达和离去属于均匀分布；车辆排队现象存在于某一持续时间的其中一段时间内，如果到达的车辆数大于道路通行能力则开始排队。而当到达的车辆数小于路段的通行能力时，则排队开始消散。

调查时，在路段起终点同时进行调查，并在起终点各设一名观测员，用调查交通量的方法，每隔 5 min 或 10 min 观测累计交通量。当车辆受阻排队有可能超过瓶颈路段起点断面时，应根据实际情况将起点断面位置后移。若该路段的通行能力为已知，则瓶颈路段终点断面可以不予调整。

输入输出法的优点是操作简单，作为分析瓶颈路段行车延误的方法，具有一定的实用价值。但是用这种方法调查延误很难得到平均每辆受阻车的延误和受阻车辆占总数的比例，也无法确定产生延误的准确地点和时间，无法识别延误的类型。另外，输入输出法的理论前提是车辆到达和离去均属于均匀分布，这往往与实际情况不相符合。因此，在调查时，统计交通量的时间间隔取值越小，瓶颈路段的长度取值越短，调查精度才能越高。

【例题 2－2】 表 2－24 为某瓶颈路段进行延误调查时，输入输出法的调查结果。已知该路段通行能力为 360 辆/h。

（1）分析车辆延误的情况；
（2）计算第 300 辆车的延误时间。

表 2－24　输入输出法调查结果

时间	到达车辆数/辆		离去车辆数/辆		阻塞情况
	到达	累计	离去	累计	
8：00—8：15	80	80	80	80	无阻塞
8：15—8：30	100	180	90	170	阻塞开始
8：30—8：45	120	300	90	260	阻塞
8：45—9：00	90	390	90	350	阻塞
9：00—9：15	70	460	90	440	阻塞开始消散
9：15—9：30	70	530	90	530	阻塞结束

解：

（1）车辆延误情况的分析

从表 2－24 可见，在 8：00 开始的第一个 15 min 内，到达的车辆数小于路段的通行能力，路段上无阻塞。第二个 15 min 内，累计离去的车辆数小于累计到达的车辆数，有 10 辆车通不过去，因此阻塞开始。8：30—8：45 是阻塞高峰，到达车辆数最大。8：45—9：00 到达车辆数开始减少，但是累计到达车辆数仍然超过累计离去车辆数，通行能力仍不能满足要求。这 45 min(8：15—9：00)是排队开始形成、排队长度不断增加直至出现最大长度排队长度的一段时间。9：00 以后到达车辆累计数和离去车辆累计数的差距开始缩小，即表明排队开始消散，直至 9：30 到达车辆累计数等于离去车辆累计数，于是阻塞结束。

（2）第 300 辆车的延误时间的计算

第 300 辆车是在 8：45 到达的，此时离开了 260 辆车，因此它的排队位置在 300－260＝40 辆，即排队中第 40 辆车。由于此路段的通行能力为 90 辆/15 min，因此每辆车通过瓶颈路段的平均时间为 15/90 min。故第 300 辆车通过瓶颈路段所需要时间为：15/90×40＝6.67(min)，由此得知第 300 辆车是在 8：45 加 6.67 min 即 8：51：40 时驶出瓶颈路段的。第 300 辆车的延误时间应为实际行程时间与无阻塞时的自由行驶时间之差，即 6.67－15/90＝6.5(min)。

2.4.3　交叉口延误调查

交叉口是道路或路网的控制点，在总行车延误中，交叉口延误占有较高的比例，一般都在 80%以上，由此可见，交叉口延误的调查尤其重要。

交叉口延误调查方法可分为两类：一类是停车时间法，得到的交叉口延误只包括停车时间，没有计入加速延误和减速延误，分为间断航空摄影法、延误仪测记停车法和点样本法等；第二类方法是行程时间法，测定从交叉口前的某一点至交叉口内或交叉口之后的某一点的行程时间，各车辆的平均行程时间减去这段行程的自由行驶时间就是交叉口的延误，得到的交叉口延误不但包括停车延误，还包括加速延误和减速延误，分为试验车法、牌照法、间断航空摄影法、人工追踪法和抽样法等。

这里主要介绍点样本法，此方法是由美国加里福尼亚大学伯克利分校于 1954 年提出的，方法简便，不需要专门仪器，因此各国都在广泛使用。

(1) 样本容量的计算

点样本法调查交叉口延误必须具有足够的样本数，以保证调查的精度。一般可以应用概率论中的二项分布来确定最小样本数，即

$$N=\frac{(1-p)x^2}{pd^2} \tag{2-16}$$

式中：N 为最小样本数；p 为在交叉口入口引道上停驶车辆的百分率，%；d 为停驶车辆百分率估计值的允许误差，其范围一般为 0.01～0.10，通常采用 0.05 或 0.10；x^2 为在所要求的置信度下的 x^2 值，按照表 2－25 选用，一般情况下置信度可选用 95%，相应的 x^2=3.84。

表 2－25　一定置信度下的 x^2 值

置信度/%	x^2
90.0	2.71
95.0	3.84
97.5	5.02
99.0	6.63
99.5	7.88

这里的样本容量指的是包括停驶车辆和非停驶车辆在内的入口引道车辆数总和。在正式观测之前，为了确定停驶车辆比例，最好进行一次现场试验调查，一般在交叉口入口引道上观测 100 辆车便可以估计出适当的 p 值。在任何情况下，样本数不得小于 50。调查工作结束后，根据实际的样本数计算出停驶车辆百分率 p，然后按照所要求的置信度反算出停驶车辆比例的估计误差 d，若不能满足要求，则需要增加样本数，重新调查。

(2) 观测方法

交叉口每个入口引道处需要设置 3～4 人和 1 块秒表，观测人员和所需秒表总数根据需要调查的引道数确定。每个入口引道处，1 人为报时员，1 人(或 2 人)为观察员，另外 1 人为记录员，观测时间间隔一般取 15 s。表 2－26 为现场记录表示例。

观测开始后，报时员手持秒表，每 15 s 报时 1 次，观察员在报时后立即统计停留在入口引道停车线之后的车辆数，并通知记录员逐项记录。同时记录员(或第二名观察员)还应统计在相应的每分钟内的引道交通量，并按照停驶车辆和非停驶车辆分别统计。停驶车辆指经过停车后通过停车线的车辆，非停驶车辆指不经过停车而直接通过停车线的车辆。

观测时，对于定周期信号交叉口，选择观测的时间间隔应保证不能被周期长度整除，否则统计停车数的时间将是信号周期的某个固定时刻，而失去抽样的随机性。此外调查开始时间应与信号周期的始点错开。对于一个指定的时间间隔，停驶车辆数总是小于或等于停在引道上的车辆总数，这可以帮助判断观测记录的正确与否。

表 2-26 点样本法现场记录

交叉口______ 引道______ 车道______ 调查日期______ 天气______ 观测员______

观测时间	在下列时间内停在引道内的车辆数				引道交通量	
	+0 s	+15 s	+30 s	+45 s	停驶车数	非停驶车数
合计						

(3) 延误调查结果分析

交叉口延误调查可以得到下列调查成果：

总延误＝总停驶车辆数×观测时间间隔(辆·s)

每辆停驶车辆的平均延误＝总延误时间/停驶车辆总数(s)

交叉口入口引道上每辆车的平均延误＝总延误/引道总交通量(s)

停驶车辆百分率＝停驶车辆总数/引道总交通量×100%

停驶车辆百分率的估计误差$=\sqrt{\dfrac{(1-p)x^2}{pN}}$

【例题 2-3】 对交叉口某一引道进行延误调查，观测时间间隔为 15s，对引道上 100 辆车进行初步调查，得知停驶车辆的百分率为 48%，实际调查数据见表 2-27。试计算：

(1) 确定最小样本容量，容许误差 $d=0.10$；

(2) 计算延误指标。

表 2-27 某交叉口延误调查数据

交叉口______ 引道______ 车道______ 调查日期______ 天气______ 观测员______

观测时间	在下列时间内停在引道内的车辆数				引道交通量	
	+0 s	+15 s	+30 s	+45 s	停驶车数	非停驶车数
8：00	0	2	4	10	16	20
8：01	4	0	8	8	19	18
8：02	6	6	12	0	23	24
8：03	2	8	0	10	18	15
8：04	0	10	0	2	10	20
8：05	18	2	4	12	28	21
8：06	6	0	14	0	18	12
8：07	2	4	12	4	16	14
8：08	10	14	10	0	28	22

(续表)

观测时间	在下列时间内停在引道内的车辆数				引道交通量	
	+0 s	+15 s	+30 s	+45 s	停驶车数	非停驶车数
8：09	2	6	0	8	14	30
8：10	6	0	12	10	16	18
小计	56	52	76	64	206	214
合计	248				420	

解：

(1) 计算最小样本容量

取置信度95%，查得 $x^2=3.84$，代入式(2-16)得

$$N=\frac{(1-p)x^2}{pd^2}=\frac{(1-0.48)\times 3.84}{0.48\times 0.10^2}=408\text{ 辆}$$

(2) 计算交叉口延误指标

总延误=总停驶车辆数×观测时间间隔=248×15=3 720 s

每辆停驶车辆的平均延误=总延误时间/停驶车辆总数=3 720/206=18.1 s

交叉口入口引道上每辆车的平均延误=总延误/引道总交通量=3 720/420=8.9 s

停驶车辆百分率=停驶车辆总数/引道总交通量×100%=206/420×100%=49%

停驶车辆百分率的估计误差$=\sqrt{\frac{(1-p)x^2}{pN}}=\sqrt{\frac{(1-0.49)\times 3.84}{0.49\times 420}}=9.8\%$

由于停驶车辆百分率的误差为9.8%，小于容许误差10%，因此说明这次调查满足精度要求。

2.5 交通调查的抽样

2.5.1 交通调查抽样的必要性

自从1895年挪威国家统计局局长凯尔提出“代表性调查”的观点，进而首次引入“抽样”的调查思想以来，抽样调查的理论与方法经过不断的发展，其应用日益广泛。目前，抽样调查的技术已能成熟地应用到社会、经济、自然、技术、医疗卫生等各个领域，并在所应用的领域起着非常重要的作用。

抽样调查是从调查对象的总体中随机抽取一部分进行观察，并且依据所获得的数据对总体的数量特征得出具有一定可靠性的估计判断，从而达到对总体的正确认识。由于抽样调查是针对总体中的一部分进行的，因此与全面调查比较起来具有费用低、速度快的特点，特别是对资料信息的时效性要求高的现象进行调查时，抽样调查方法非常适用。

抽样调查主要应用于以下几个方面：

① 某些总体本身的性质决定不能对其进行全面调查而又要全面了解的情况，如无限总

体(连续生产产品的质量等)。

② 某些总体理论上虽然可以全面调查,但实际上不可能也不必要的情况,如调查城市居民出行情况。

③ 某些总体理论上虽然可以全面调查,但是实际上不可能的,如破坏试验(灯泡寿命、炮弹的杀伤力等)。

④ 某些特殊总体,要求具有相当资格的调查员才能进行,为此只能采用抽样调查,如对科学技术方面总体的调查。

⑤ 为了提高时效,要求在短时间内取得关于总体的情况。

⑥ 利用抽样调查原理还可以对某总体的假设进行检验来判断这种假设的真伪,以决定行动取舍。

在进行交通调查时,对规划区域内所有的调查对象进行全面调查在绝大多数情况下是很困难或是不可能的,例如,在进行居民出行调查时,如果对规划区域内所有的家庭成员——几十万甚至上千万的人口进行调查,将花费大量的人力、财力和时间,在进行道路断面交通量调查时,此总体为无限总体,其本身的性质决定不能对其全面调查而又要全面了解情况。因此在进行交通调查时,有必要根据统计学原理进行抽样调查。

其必要性可以体现在以下几个方面:

① 抽样调查可以减少调查的工作量,调查内容可以求多、求全或求专,可以保证调查对象的完整性。

② 可以从数量上以部分推算总体,利用概率论和数理统计原理,以一定的概率保证推算结果的可靠程度,起到全面调查认识总体的功能,可以保证调查的精度。

③ 因为抽样调查是针对总体中的一部分单位进行的,抽样调查可以大大减少调查费用,提高调查效率。

④ 收集、整理数据、综合样本的速度快,保证调查的时效性。

2.5.2 交通调查抽样的方法

抽样方法有很多种,按照是否遵循随机原则可以分为非概率抽样和概率抽样。非概率抽样是按照调查者的主观判断(即非随机方法)从总体中抽取单元构成样本,是一种便捷、简单、经济的抽样方法。但是,其样本对总体的代表性难以判断,因此,无法根据其样本信息对总体情况进行推断。概率抽样方法则是根据随机原则(排除调查者的主观因素)从总体中抽选单元,构成样本。样本对总体的代表性有可靠保证,因此,可以根据样本信息对总体进行推断。但是与非概率抽样相比,概率抽样比较复杂、耗资大、耗时长、操作起来不够便捷。根据交通调查的需要,为了能够得到有概率保证的样本,能够对总体进行推断,通常采用概率抽样法。

在进行交通调查时常用的概率抽样法有以下几种。

(1) 简单随机抽样法

这是一种最简单的一步抽样法,它是从总体中选择出抽样单位,从总体中抽取的每个可能样本均有同等被抽中的概率。抽样时,处于抽样总体中的抽样单位被编排成 $1\sim n$ 编码,然后利用随机数码表或专用的计算机程序确定处于 $1\sim n$ 间的随机数码,那些在总体中与随机数码吻合的单位便成为随机抽样的样本。

这种抽样方法简单，误差分析较容易，但是需要样本容量较多，适用于各个体之间差异较小的情况。

(2) 系统抽样法

这种方法又称顺序抽样法，是从随机点开始在总体中按照一定的间隔（即“每隔第几”的方式）抽取样本。此法的优点是抽样样本分布比较好，有好的理论，总体估计值容易计算。

(3) 分层抽样法

它是根据某些特定的特征，将总体分为同质、不相互重叠的若干层，再从各层中独立抽取样本，是一种不等概率抽样。分层抽样利用辅助信息分层，各层内应该同质，各层间差异尽可能大。这样的分层抽样能够提高样本的代表性、总体估计值的精度和抽样方案的效率，抽样的操作、管理比较方便。但是抽样框较复杂，费用较高，误差分析也较为复杂。此法适用于母体复杂、个体之间差异较大、数量较多的情况。

(4) 整群抽样法

整群抽样是先将总体单元分群，可以按照自然分群或按照需要分群，在交通调查中可以按照地理特征进行分群，随机选择群体作为抽样样本，调查样本群中的所有单元。整群抽样样本比较集中，可以降低调查费用。例如，在进行居民出行调查中，可以采用这种方法，以住宅区的不同将住户分群，然后随机选择群体为抽取的样本。此法的优点是组织简单，缺点是样本代表性差。

(5) 多阶段抽样法

多阶段抽样是采取两个或多个连续阶段抽取样本的一种不等概率抽样。多阶段抽样的单元是分级的，每个阶段的抽样单元在结构上也不同，多阶段抽样的样本分布集中，能够节省时间和经费。该方法适用于调查的组织复杂、总体估计值的计算复杂等情况。例如，在进行全国旅行动态调查之类的大规模调查时，可以采用这种多阶段抽样法，首先抽出调查对象的市、镇、村，其次从中抽出调查的区，最后再抽出住户。

交通调查的抽样调查流程如图 2-17 所示。

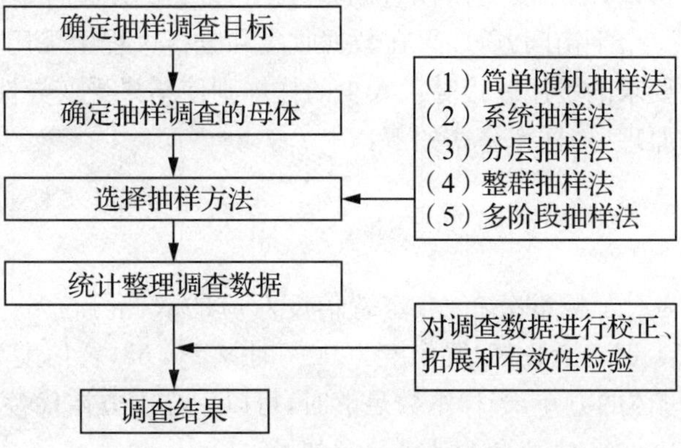

图 2-17　交通调查的抽样调查流程

2.5.3 交通调查抽样与调查精度

抽样调查结果与真实值之间存在的差异称为误差。抽样调查理论的中心任务之一，便是研究抽样调查中的误差。在抽样调查误差理论中将全部误差分解为随机误差和系统误差两部分。随机误差是由于样本与总体之间的随机差异导致的，它存在于所有取样过程中，是无法避免的，这种类型的误差不会影响估计参数的均值，通常所计算的抽样误差就是这部分随机误差。对随机误差的研究，由于有强有力的概率论与数理统计理论和方法的支持，其理论已非常成熟，只要能设计出样本估计量，就能给出相应估计量的随机误差公式。但是对抽样调查中的系统误差，由于导致系统性误差的原因很多，而且多属非随机性因素，主要受主观因素的影响，致使系统性误差的出现是无规律的。

构成系统误差的因素有多种，大致可归纳为以下四种类型。

① 设计误差(Error in Design)，是指因在抽样调查方案设计过程中的错误而导致的系统性误差。在抽样方案的设计中，涉及抽样框的编制、目标量和估计量的设计，样本容量的确定和抽样方式的选择等，抽样方案的设计还直接关系到在样本的抽取过程中是否严格地遵循随机性原则，若破坏了随机性原则，则必然会产生系统性误差。

② 估计量的偏误(Bias of Estimator)，是指所选择的估计量(实则是估计方法)破坏了估计的优良标准之一——无偏性，致使产生统计性误差。

③ 调查误差(Error in Survey)，是指在取得样本数据资料过程中产生的误差。这部分误差通常与调查者、回答者、资料搜集方式和问卷等因素有关，它们会形成在调查过程中出现无回答和回答出现偏误等情况，进而形成系统性误差。

④ 编辑误差(Processing in Error)，是指在取得样本资料之后，在整理、汇总、归类、计算、录入等过程形成的误差。

因此，为了提高调查精度，一方面可以采取完善抽样调查方案、合理选择抽样方法、提高抽样调查数据的准确性、减少编辑误差和调查误差等手段，即减少系统误差；另一方面要合理确定样本量的大小，即减少随机误差。

通过对误差分析可知，如果要提高调查的精度，一个重要方面就是确定合理的样本量。样本量大小的确定是一个平衡问题，如果在数据收集和分析过程中采用大的样本容量，达到给定研究目标和精度要求的费用就很高。太少的样本则使结果受变异性的影响。

根据数理统计的原理，抽样率公式如下：

$$\gamma = \frac{\lambda^2\sigma^2}{\Delta^2 N + \lambda^2\sigma^2} \tag{2-17}$$

式中：γ 为抽样率；λ 为对于标准分布，一定置信度对应的双侧分位数，当置信度为 68.3%时，$\lambda=1$，置信度为 75%时，$\lambda=1.15$，置信度为 90%时，$\lambda=1.65$，置信度为 95%时，$\lambda=1.96$；N 为母体容量；σ^2 为母体的方差，当样本数足够时，可以用样本方差代替。

控制误差指标的容许绝对误差 Δ 计算公式如下：

$$\Delta = E\overline{X}$$

式中：$\overline{X}$ 为相对误差；E 为样本均值。

【例题 2-4】 在某次居民出行 OD 调查中，要求调查结果的绝对误差不超过 10 次，置信水平取 95%，假设已知总体标准差 S 的估计值为 80，调查总体为 4 330 人，求必要的调查抽样率。

解：

由题意知，$\lambda=1.96$，$\sigma=S=80$，$\Delta=10$，$N=4\,330$。

$$\gamma=\frac{\lambda^2\sigma^2}{\Delta^2 N+\lambda^2\sigma^2}=\frac{1.96^2\times 80^2}{10^2\times 4\,330+1.96^2\times 80^2}=5.37\%$$

则调查的必要抽样率为 5.37%，才能满足要求。

在居民出行 OD 调查中，样本量的大小取决于城市规模和要求统计的精度两个方面。北京市 1986 年进行的第一次居民出行调查，调查区域内总户数为 150 万，人口约为 582 万人，调查抽样以户为单位，抽样率为 5%，共抽得样本为 7.5 万户，26 万人。

英国专家认为，百万人口以上的大城市的抽样率为 0.5%～1% 即可找出城市交通的规律和特性。美国交通部规定，在不同人口的城市进行家庭访问的推荐样本率和最小样本率见表 2-28。

表 2-28 美国交通部推荐的居民出行 OD 调查抽样率

调查范围人口规模/万人	抽样率最小值/%	抽样率标准值/%
<5	10	20
5～15	5	12.5
15～30	3	10
30～50	2	6.5
50～100	1.5	5
>100	1	4

2.5.4 抽样调查结果的拓展

由于抽样调查是通过抽取有限的样本来推断总体特性的方法，因此有必要对其结果进行校正和拓展，使其代表实际情况。每个小区分别进行，将抽样调查结果乘以拓展系数，即得到代表整个调查区的出行数据。其中，拓展系数＝母群总数/样本数(抽样率倒数)。对于每个分区而言计算公式如下：

$$\alpha=\frac{A-A(C+D)/B}{B-C-D} \tag{2-18}$$

式中：α 为拓展系数；A 为初始人口表上家庭的总数；B 为初始选定的样本数；C 为实际调查中不合格的样本数；D 为样本中无回收的数。

2.6 交通调查新技术

2.6.1 道路交通流的自动调查技术

交通工程学的发展为交通调查提供了多种自动调查技术，目前国内外已广泛采用各种自动调查技术进行交通流调查。

交通量自动调查机械装置一般由车辆检测器和计数装置两部分组成。检测器有雷达检测器、光电检测器、超声波检测器等。

(1) 雷达检测器

雷达检测器一般分为连续雷达检测器和导向雷达检测器两种。前者的原理是利用悬挂在车道上方一定距离的检测器，向下方车辆发射已知频率的无线电波并接受反射波，通过反射波与接受波频率差异来检测车辆的通过。后者的原理是把无线电波以一定的频率输送到埋置在车道下的传送线里，由于汽车通过，而使检测器测出其变化并计数。这两种检测器都很精确可靠，并且不受行车作用产生磨损消耗。但是初始费用较高，并需要专门人员维修保养，因此限制了这种检测器的广泛使用。

远程交通微波传感器(RTMS)是一种用雷达监测微波传输形式检测交通数据的探测器，具有技术先进、成本低、使用方便的特点。它可在线地实时提供道路上的交通信息，这些信息有多达 8 个车道的车流量、道路使用率、车辆速度及方向和车型等信息。更重要的是它借助于公网传输检测数据，避免了传输线路铺设的作业，减少了工程量。2002 年，北京市在二、三环路的 133 个断面安装了这种装置，目前已经投入试运行。

图 2－18 为 RTMS 的安装和数据传数示意，检测的数据利用 Z-card 300 和电报局公网(如 CDPD 网)传输到控制中心的计算机进行实时数据处理。

图 2－19 和图 2－20 为 RTMS 的安装和系统部件组成。图 2－21 为 RTMS 检测的密度-速度散布(终端计算机处理结果)。

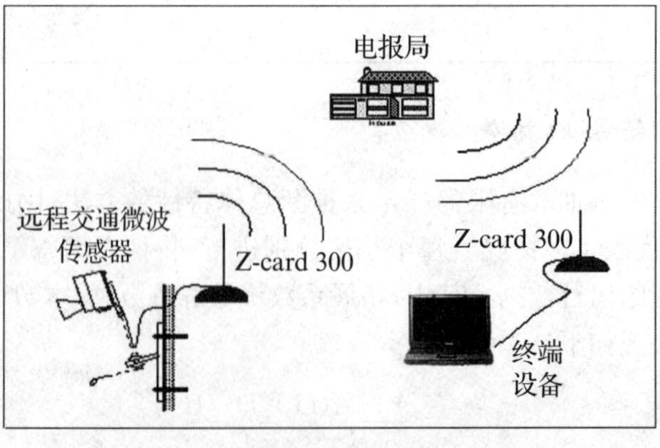

图 2－18 RTMS 的安装和数据传数示意

图 2-19 RTMS 的安装

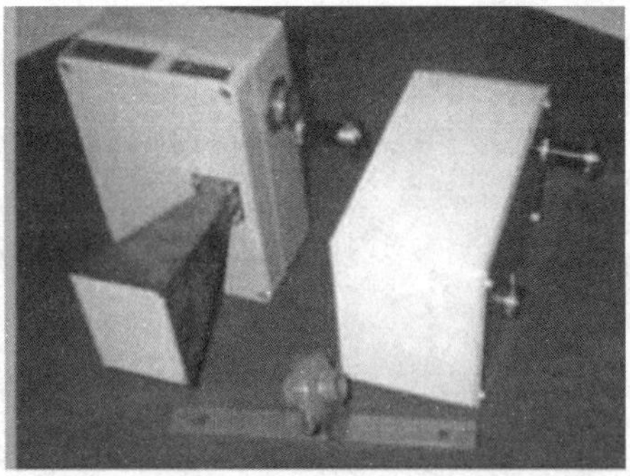

图 2-20 RTMS 的系统部件组成

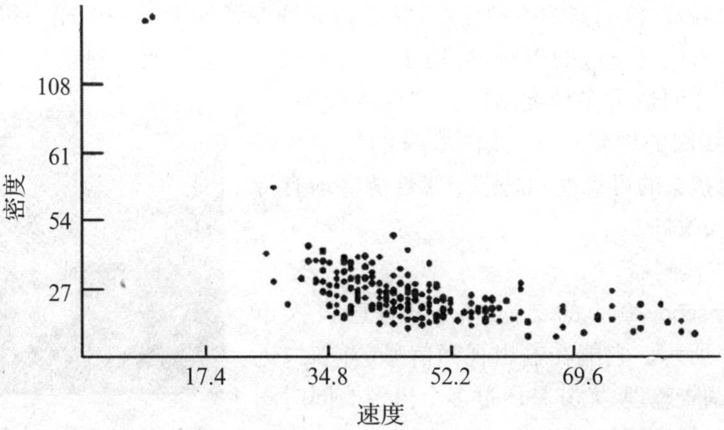

图 2-21 RTMS 检测的密度-速度散布(北京交通大学西门高梁桥路断面)

(2) 光电检测器

光电检测器一般分为光束切断型和光束反射型两种。前者的原理是发出一道光束传过行车道,射到光敏管上,汽车行驶通过时切断光束,光敏管测出后激发计数器计数。后者的原理是一道光束从路面反射到光敏管上,汽车行驶过时使光束从汽车上反射,这种特殊的光反射到光敏管上被测出后,激发计数器计数。

光电式检测器对于每小时交通量超过 1 000 辆的双车道或多车道道路不太适用,它无法区别出同时通过光束的两辆车,使得计数产生误差。

图 2-22 为日本 20 世纪 90 年代研制的一种新型光信标检测器。它除具有交通量检测功能外,还兼有双向短程通信功能,正在日本 ITS 中发挥着重要作用。

图 2-22 新型光信标检测器

(3) 超声波检测器

超声波检测器主要有脉冲波、谐振波和连续波三种。

① 脉冲波型检测器。悬挂在车道上方,向车道下方发射超声波能的脉冲,并接收回波,当有车辆从下面通过时,从车顶反射回波而不是从路面反射回波,缩短了回波的路程,使接收回波的时间缩短,从而检测出车辆

图 2-23　超声波式检测器的安装示例

的到达。图 2-23 为超声波式检测器的安装示例。

② 谐振波型检测器。在车道两边分别安装相向对立的发射器和接收器,从发射器发射的谐振波横越车道,被对面的接收器接收,当车辆通过时截断了波束,从而检测出车辆。

③ 连续波型检测器。其原理和连续波型雷达检测器的原理相同,当发射一个连续超声波能的波束射向驶近的车辆时,由于多普勒效应,引起来车反射能频率发生变化,于是就能检测出车辆的存在。

(4) 感应线圈检测器

这种装置是磁性检测器的一种变形,它是依靠埋在路面下的一个或一组感应线圈产生的电感应变化,来检测通过的车辆,适用于交通量较大的道路上。目前这种检测器应用广泛,我国也引进并制造了多种类型的感应线圈检测器。但是对于感应线圈的埋置深度、线圈本身的性能和寿命、线圈与导线接头的可靠性和防潮绝缘性能等均有待于进一步完善和改进。

(5) 视频式检测器

最近,Autoscope2004 的交通调查设备已投入市场,如图 2-24 所示。它能在输出视频信号的同时,进行交通流数据调查整理,尤其是通过多个摄像头同时测量交叉口各方向的流量。

图 2-24　Autoscope2004 实装情况
(美国洛杉矶长滩旁道路)

另外,还有红外线检测器、磁性检测器、电接触检测器等。

2.6.2　基于移动体通信的交通调查技术

在交通调查研究领域,随着科学技术的发展,特别是计算机科学、通信技术、传感器技术、网络等先进技术的发展,交通调查手段和方法发生很大变化,数据采集也由过去的单纯人工记录方式向自动化、实时化、动态化方向迈进。其中,基于移动体通信的交通调查技术就是重要的发展方向。

随着 PHS 手机的普及,实时、动态地把握人们出行的时间和空间信息技术成为可能,因此最近几年已经开始采用 PHS 手机进行交通调查的研究,并且成为很有发展前途的交通调查方法。其优点是:

① 不需要维修管理费用。

② 数据获取容易。

③ 可以收集包括动态位置、径路等的无缝数据。

④ 位置精度高。

⑤ 普及率高、容易抽样。

另外,利用全球定位系统(Global Positioning System, GPS)也可以获得出行者的时间和空间信息。GPS是基于卫星的无线导航系统，是一种实用、价廉的在全球范围内确定位置、速度和时间的工具。GPS系统包括三个部分：空间部分(卫星)、用户部分(接收机)和控制部分(管理和控制)。从定位和导航的观点看，人们只对前两部分感兴趣。在使用时至少同时需要4颗卫星，确定接收机的三维坐标及接收机与GPS间的时间偏移，三维坐标采用笛卡尔坐标系或大地坐标系，利用变换公式，可确定在大地坐标系或映射平面内计算装配GPS设备的车辆的位置。

利用GPS可以确定车辆位置和速度，因此在机动车OD调查方面将发挥重要作用。利用GPS技术进行交通调查具有的优点如下：

① 不需要维持管理费用。

② 调查结果容易数据化。

③ 调查位置的精度较高。

这种调查方法存在的缺点是：

① 存在调查的盲区。

② 全样调查困难。

③ 难以普及。

复习思考题

1. 交通调查的目的和作用是什么？在制定交通规划过程中需要进行哪些调查？

2. 结合我国交通调查实况，分析我国居民出行OD调查方面有哪些需要完善的地方。

3. 交通量调查计数方法有哪几种？各有何特点？

4. 地点车速和区间车速调查各有哪几种方法？

5. 如何调查交叉口和路段的停车延误？

6. 交通密度调查有哪些方法？

7. 交通调查的抽样方法有哪几种？抽样调查的误差有哪几种？如何提高抽样调查的精度？如何确定抽样率？

8. 某道路全长2.0 km，用浮动车法测量交通量和车速。试验车在路线上往返6次，测量后数据整理结果见表2-29，试计算该路段交通量、平均行程时间、平均行程车速。

9. 在某郊区一条两车道长100 m的道路上测定地点车速，希望得到平均车速的容许误差在2.1 km/h以内，并具有95%的置信度，问至少需要多少样本？

10. 对交叉口某一引道进行车辆延误调查，观测时间间隔为15 s，观测时间为5 min。对引道上100辆车进行初步调查，得知停驶车辆的百分率为45%，实际调查数据见表2-30。计算：

(1) 确定最小样本容量，容许误差$d=0.10$，取置信度为95%；

(2) 计算延误指标。

表 2-29　浮动车法测量数据整理结果

行车方向	观测次数	行程时间/min	逆向交会车辆数 X_a	同向超越测试车的车辆数 N_{a-b}	同向被测试车超越的车辆数 M_{a-b}
$A \to B$	1	3.08	70	0	2
	2	3.25	72	1	0
	3	3.10	72	2	1
	4	3.23	74	1	3
	5	3.41	79	3	0
	6	3.33	77	0	2
$B \to A$	1	2.95	86	1	2
	2	3.22	90	2	0
	3	2.95	89	0	2
	4	3.18	79	0	1
	5	3.25	88	3	0
	6	3.30	92	1	2

表 2-30　某交叉口延误调查现场记录

观测时间	在下列时间内停在引道内的车辆数				引道交通量	
	+0 s	+15 s	+30 s	+45 s	停驶车数	非停驶车数
8：00	0	2	7	9	11	6
8：01	4	0	0	3	6	14
8：02	9	16	14	6	18	0
8：03	1	4	9	13	17	0
8：04	5	0	0	2	4	17
小计	19	22	30	33	56	37

3 交通与土地利用

交通与土地利用互为因果关系，交通设施的建设拉动沿线的土地利用，相反土地利用变化带来人们出行活动的变化，从而诱发交通的生成，促进交通设施的建设。本章作为交通规划的基础，主要讲述交通与土地利用之间的关系、预测交通小区住宅开发户数的汉森模型、预测交通小区土地利用模式所需的住户及就业者的分布模型——劳瑞模型，以及最优化城市开发模型等。

3.1 交通与土地利用的关系

3.1.1 交通与土地利用的互动机理

交通与土地利用相互联系，相互影响，相互促进。从交通规划的角度来说，不同的土地利用形态决定交通发生量、交通吸引量和交通分布形态，在一定程度上决定交通结构。土地利用形态不合理或者土地开发强度过高，将产生交通容量无法满足交通需求的状况。从土地利用的角度来说，发达的交通系统改变城市结构和土地利用形态，使城市中心区的过密人口向城市周围疏散，城市商业中心更加集中、规模加大，土地利用的功能划分更加清楚。同时，交通的规划和建设对土地利用和城市发展具有导向作用，通常，交通设施沿线的土地开发利用异常活跃，各种社会基础设施大多集中在地铁和干道周围。因此，公共交通导向型发展模式(Transit Oriented Development，TOD)在当前国内外城市规划、建设中得到快速并广泛应用，它作为一种从全局规划的土地利用模式，为城市建设提供一种交通建设与土地利用有机结合的新型发展模式，其特点在于以公共交通车站为中心，利用公共交通为前提，集工作、商业、文化、教育、居住等为一体，进行高密度的商业、办公、住宅等综合体的复合和混合用途的集约化、高效率开发。基于公共交通导向的城市空间拓展及土地开发是一个不断反馈的循环过程，如图 3-1 所示。

从宏观上讲，城市交通与土地利用之间的复杂互动关系可以被表示为一种“源流”关系，如图 3-2 所示。土地是城市社会活动的载体，各种性质的土地利用在空间上的分离引发交通流，各类土地之间的交通流构成复杂的城市交通网络。

“源”和“流”之间相互影响、相互作用。其中，土地利用是产生城市交通的源泉，决定城市交通的发生、吸引与选择，从宏观上规定城市交通需求及其结构模式。因此，各项经济指标、人口和土地利用是交通需求预测的始点，也就是说，上述指标是最基本的输入数据，城市综合交通规划是以这些数据为基础构造模型，进行需求预测并制定交通规划方案的。

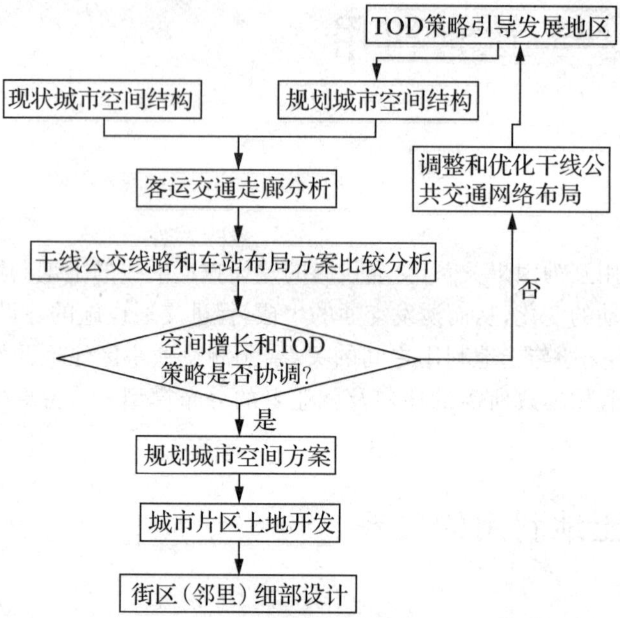

图 3-1　基于 TOD 策略的城市空间拓展及土地开发规划

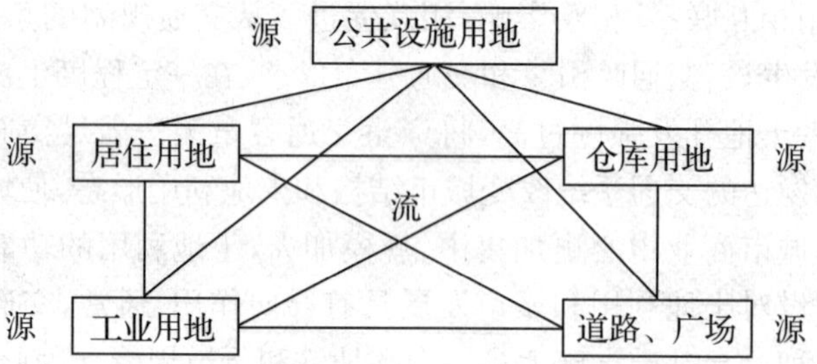

图 3-2　城市土地与土地利用"源流"关系

3.1.2　交通模式与土地利用模式

(1) 城市土地利用模式的类型

现代城市规划理论将土地利用模式划分为高密度集中模式和低密度分散模式两大类。

高密度集中模式是指土地利用综合化、多元化，开发率高，城市布局集中的城市土地利用模式。以高密度土地利用为特征的城市，通常拥有一个集中且繁华的市中心，土地利用集约化程度高，除少数商业中心区、工业区、高级住宅区外，城市土地一般为多用途层叠使用，从而有利于节约土地，缩短出行距离，防止城市无限制蔓延。

低密度分散模式则是指城市土地利用用途单一、开发密度低、城市布局分散的用地模式。以低密度分散土地利用为特征的城市通常具有多个中心，住宅区、工作区、购物区等各自分离，整个城市向郊区蔓延，用地分散，甚至形成跳跃性开发，土地浪费现象严重。

(2) 不同土地利用模式下的城市交通模式

以高密度集中土地利用为特征的城市土地开发强度大、密度高且城市布局集中，将引发大量集中分布的交通需求，必然要求具有高运载能力的公共交通模式与之相适应。另外，集聚带来低价的上升，促使停车费的高涨，在一定程度上遏制私人小汽车交通的发展，从而形成支持公共交通发展的良性循环。

以低密度分散土地利用为特征的城市，单位土地面积产生的交通需求量小且分散，公共交通不易组织，适合发展运量小、自由分散的私人小汽车交通。低密度分散式的城市形态容易陷入"分散—公交系统难以维持—进一步分散"的恶性循环，居民出行距离不断增大，出行方式愈来愈依赖于小汽车，从而导致城市建设成本增加、土地资源浪费、环境污染加剧，不利于城市的可持续发展。表 3-1 是三个不同开发密度的代表城市中居民日常通勤交通出行方式构成(2003 年)。

表 3-1　不同开发密度下的城市通勤交通出行方式构成　　%

城市	所在地	开发密度	步行、自行车	摩托车	公共交通	小汽车	其他
莫里斯	美洲	低	1.4	0.9	3.9	92.2	1.6
伦敦	欧洲	中	11.5	1.9	17.0	70.6	—
香港	亚洲	高	2.9	3.8	84.8	6.3	2.2

从表 3-1 可以看出，随着开发密度的增加，公共交通出行比例大幅度增加，私家小汽车比例则大幅下降。例如，低密度开发的莫里斯，公共交通承担率仅为 3.9%，小汽车承担率则高达 92.2%，其城市交通模式以小汽车交通为主；高密度开发的香港，公共交通承担率高达 84.8%，小汽车的承担率仅为 6.3%，其城市交通模式以公共交通为主。

(3) 不同交通模式决定的市区范围

在人们可以容忍的出行时间范围内，由市中心出发的径向交通距离，通常决定城市建成区的用地半径。吉普生在《新城设计》中给出不同出行目的可容忍的出行时间，见表 3-2。

表 3-2　可容忍的出行时间　　min

出行目的	理想的出行时间	可接受的出行时间	能容忍的接受时间
工作	10	25	45
购物	10	30	35
游憩	10	30	85

我国对大城市居民的出行时耗无明确目标值，但根据我国的城市规模、居民出行调查统计以及居民在市内的平均出行时耗，有些学者建议我国不同规模的城市居民出行时耗的最大限度见表 3-3。

表 3-3　我国城市居民出行时耗最大限度值

城市人口/万人	>100	100～50	50～20	20～5	<5
出行时间/min	50	50～40	40～30	30～20	20

如果规定大城市最大出行时耗为 45 min，那么根据运营车速，便可算得各种交通工具所能到达的距离。若假定市区为同心圆构造，建成区扩展不受地理条件限制，市区各方向的通

达性情况相同，其距离范围即为建成区面积的当量半径，则可算得各种交通方式所决定的最大建成区面积，见表 3－4。

表 3－4　不同交通方式按 0.5 h 行程计算的市区面积

	步行	自行车	公交车	地铁	快速轨道	小汽车
速度范围/(km/h)	4～5	8～15	10～25	20～35	30～40	35～45
速度取值/(km/h)	5	10	20	30	35	40
0.5 h 行程距离/km	2.5	5	10	15	17	20
以 0.5 h 行程为半径求得建成区面积/km^2	20	80	320	710	910	1 300

3.2　城市土地利用的分类

土地利用这一术语来自农业经济学，最初用来描述一块土地以及它的经济学用途（牧场、农田和采石场等），后来被用于城市规划中（Chapin，1976）。“城市土地利用”的一般意义是城市功能范畴（如居民区、工业、商业区、零售区、政府机关空间及休闲区）中的空间分布或地理类型。传统上，土地利用是指对地面空间的利用（或建筑物内部的空间利用）。

3.2.1　我国城市土地的用途分类

我国住房和城乡建设部修订原国家标准《城市用地分类与规划建设用地标准》（GB 137—1990），并于 2012 年 1 月 1 日颁布实施新的国家标准《城市用地分类与规划建设用地标准》（GB 50137—2011）。新标准将用地分为城乡用地、城市建设用地两部分，每部分仍采用大类、中类和小类的三级分类体系。其中城乡用地共分为 2 个大类、8 个中类、17 个小类，城市建设用地分为 8 个大类、35 个中类、44 个小类。表 3－5 表示城市建设用地的大类，每一大类又分为若干中类，例如，居住用地分为 3 个中类。

① 一类居住用地：设施齐全、环境良好，以低层住宅为主的用地。

② 二类居住用地：设施较齐全、环境良好，以多、中、高层住宅为主的用地。

③ 三类居住用地：设施较欠缺、环境较差，以需要加以改造的简陋住宅为主的用地，包括危房、棚户区、临时住宅等地。

多数中类又分为若干小类，例如，居住用地大类下的一类居住用地中类，又分为住宅用地及服务设施用地 2 个小类。详细情况可参考上述国家标准。

表 3－5　城市建设用地的大类

代码	用地名称	内容	说明
R	居住用地	住宅和相应服务设施的用地	将住宅和相应服务配套设施看作一个整体，按设施水平、环境质量和建筑层数等综合因素分为 3 个中类

（续表）

代码	用地名称	内容	说明
A	公共管理与公共服务用地	行政、文化、教育、卫生等机构和设施的用地，不包括居住用地中的服务设施用地	政府控制以保障基础民生需求的服务设施，一般为非盈利的公益性设施用地，分为9个中类
B	商业服务业设施用地	各类商业、商务、娱乐康体等设施用地，不包括居住用地中的服务设施用地以及公共管理与公共服务用地内的事业单位用地	通过市场配置的服务设施，包括政府独资或合资建设的设施（如剧院、音乐厅等）用地，分为5个中类
M	工业用地	工矿企业的生产车间、库房及其附属设施用地，包括专用铁路、码头和附属道路、停车场等用地，不包括露天矿用地	包括为工矿企业服务的办公室、仓库、食堂等附属设施用地，分为3个中类
W	物流仓储用地	物资储备、中转、配送、批发、交易等用地，包括大型批发市场以及货运公司车队站场（不包括加工）等用地	按其对居住和公共环境的干扰污染程度分为3个中类
S	交通设施用地	城市道路、交通设施等用地	城市道路、轨道交通线路、综合交通枢纽、交通场站和其他交通设施用地，共5个中类
U	公共设施用地	供应、环境、安全等设施用地	供应水/电/热和燃气等设施、邮政设施、广播电视与通信设施用地
G	绿地	公共绿地、防护绿地等公共开放空间用地，不包括住区、单位内部配件的绿地	包括公园、防护、广场用地3个中类

3.2.2 国外城市土地用途分类

每个国家均根据具体情况的不同制定自己国家的城市土地用途分类标准。日本的《城市规划法》规定了居住类、商业类和工业类3个大类、12个小类土地用途，见表3-6。同时，图3-3给出12类土地用途在城市中的布置情况。

表3-6 日本城市土地利用分类

用地大类	细分类	说　明
居住类	1. 第一类低层居住专用地	保证良好的低层居住环境的土地
	2. 第二类低层居住专用地	以保证良好的低层居住环境为主的土地
	3. 第一类中、高层居住专用地	保护良好的中、高层居住环境的土地
	4. 第二类中、高层居住专用地	以保护良好的中、高层居住环境为主的土地
	5. 第一类居住专用地	以保护居住环境的土地
	6. 第二类居住专用地	以保护居住环境为主的土地
	7. 准居住地	作为道路的沿道、谋求提高与所在地特性相吻合的业务的方便，同时保护与之相协调的居住环境的土地

（续表）

用地大类	细分类	说　明
商业类	8. 近邻商业用地	以对附近居民提供日用品为主要业务、供商业和其他业务用途的土地
	9. 商业用地	供以商业为主的业务用途的土地
工业类	10. 准工业用地	供对环境没有恶化影响的工业为主用途的土地
	11. 工业用地	供工业用途为主的用地
	12. 工业专用地	主要供工业用途的用地

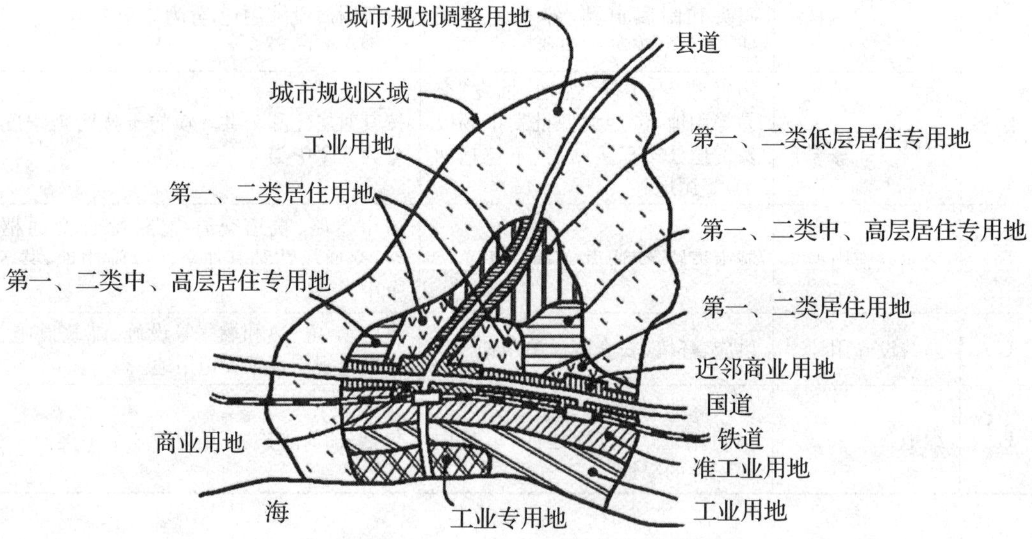

图 3－3　12 类土地用途在城市中的布置情况

美国的《出行生成率手册》中，按照土地利用性质的不同，把用地类型分为 10 个大类，见表 3－7。

表 3－7　美国城市土地利用分类

用地大类	土地使用代码	说　明
枢纽及港口 Port and Terminal	000～099	包括水运港口、商业机场等 6 种用地类型
工业及农业 Industrial/Agricultural	100～199	包括一般轻工业、一般重工业、制造业等 8 类用地类型
居住　Residential	200～299	包括家庭单独式住宅、普通公寓、底层公寓、高层公寓、中层公寓等 18 种用地类型
寄宿　Lodging	300～399	包括旅馆、汽车旅馆等 5 种用地类型
娱乐　Recreational	400～499	包括城市公园、县公园、海滩、高尔夫球场等 34 种用地类型

(续表)

用地大类	土地使用代码	说　明
公共事业　Institutional	500～599	包括军事基地、各种学校、教堂、图书馆等 15 种用地类型
医疗　Medical	600～699	包括医院、护理中心和诊所等 3 种用地类型
办公　Office	700～799	包括普通办公建筑、机构总部建筑、医疗办公建筑、办公建筑广场和商务广场等 11 种用地类型
零售　Retail	800～899	包括建材及木材市场、专业化零售中心、独立类折扣商店和购物广场等 34 种用地类型
服务　Service	900～999	包括各类银行、各类餐厅、酒吧、各类汽车服务店和各类加油站等 16 类用地类型

德国的福兰克夫于 1891 年、柏林于 1892 年分别将城市土地分成了居住用地和工业用地两大类。

3.3　土地利用模型

土地利用带来人口和产业的变化，从而诱发出行和交通。土地利用模型是描述地区内部经济活动的选址行为及其作用结果的土地利用空间分布的数学模型。至今，人们分别从用地的可达性(汉森模型)、不同性质用地的配置(劳瑞模型)及交通和用地一体化(ITLUP 模型和 TOPAZ 模型)，以及不同用地的出行等方面进行研究。

3.3.1　汉森模型

此模型的目的是预测城市地域内各交通小区的住宅选址户数。汉森模型中有两个变量，即可达性(Accessibility)和开发可能的土地面积。

可达性定义为某小区所具有的与其他分区相互作用机会可能性的大小，可以用式(3-1)表示。

$$A_{ij} = S_j / T_{ij}^{\gamma} \tag{3-1}$$

式中：A_{ij} 为 i 小区对 j 小区的某一类活动主体的相对可达性值；S_j 为 j 小区内某活动主体的规模，如就业人口等；T_{ij}^{γ} 为 i 小区与 j 小区之间的时间距离；γ 为参数。

因此，i 小区的总可达性可以表示为

$$A_i = \sum_{j,j\neq i} A_{ij} = \sum_{j,j\neq i} S_j / T_{ij}^{\gamma} \tag{3-2}$$

这样，汉森模型研究城市中某小区作为住宅开发时，所具有的可达性对住户数的影响。它将任意时点的两小区之间的住宅开发可能比作为各小区具有的住宅地，定义为利用可能的土地面积比。于是，认为从所在时点到达经过某一期间的时点，因市总人口的增加所需要的住宅数用该比进行分配。因此，实际分配的小区之间的住宅开发现状比以及由此产生的差异由各小区所具有的可达性来说明。即

$$住宅开发率\ D_i = 住宅开发现状比 / 住宅开发可能比 \tag{3-3}$$

例如，雇用的可达性与住宅开发率 D_i 的关系：

$$D_i = K \cdot A_{ij}^{2.7} \tag{3-4}$$

式中：K 为系数。

假设，每户的居住面积一定，那么，住宅开发现状比将可能预测。

$$\frac{P_i}{P_t} = \frac{D_i O_i}{\sum_j D_i O_j} = \frac{A_i^{2.7} O_i}{\sum_j A_j^{2.7} O_j} \tag{3-5}$$

式中：P_i 为小区 i 的新增住户数；P_t 为全市 t 时点的新增户数；O_i 为小区 i 的新增住户可能比；O_j 为小区 j 的新增住户可能比。

汉森模型的特征如下：

① 小区的可达性不考虑该小区自身。

② 时间、距离不明确。

③ 适用于短期预测。

3.3.2 劳瑞模型

1）概述

劳瑞模型是 I. S. Lowry 于 1964 年提出的，它研究封闭城市区域(对象区域与外界不存在人员流动)的前提下，定量描述各土地利用之间的相互作用，是确定住户数和就业人数的分布模型。

在作为模型对象的城市区域内，该模型将具有一定目的的土地利用者称为土地利用的活动主体，大致分为三种。

① 基础产业部门(Basic Sector)，包括工业、大型贸易公司、中央政府直属机关、大学等，它们作为模型的已知条件给出，而非由对象城市区域的社会、经济规模决定。

② 非基础产业部门(Retail Sector)，包括商业、服务业、地方政府机关、中小学等与居民生活密切相关的部分。这些部门吸引顾客到市内，其规模即就业人数等依赖于城市区域的人口、经济状况，其选址亦应考虑居民的出行方便，由模型内部计算确定。

③ 住户部门(Employment 或 Population)，是指就业于基础和非基础产业部门的住户和人口。

上述活动主体在城市区域内需要获得用地而从事活动，作为其前提，这里采用“单方向作用”的假设，即基础产业部门的就业人数及其配置对非基础产业部门和住户的就业人数及配置产生影响；相反，非基础产业部门和住户对基础产业部门则不产生任何影响。于是，城市区域内的交通系统、土地利用制度作为已知条件给出，用该模型进行将来预测时，需要假设没有大的政策变革和技术革新。

模型的流程示意如图 3-4 所示。一个城市区域可视为区域及国家社会经济体系的子系统。在这样的总系统确定的基础产业部门规模中的就业人数和面积，将根据经验事先分配给城市区域内的几个交通小区。基础产业一旦配置在各交通小区，其从业者的家庭就会相应地分布在基础产业工作单位的周边，以提供劳动力。住户的分布又需要设置日常用品商店、百货店、中小学等维持生活的企业设施，非基础产业部门的就业人员相应于家庭配置在区域内。住户的总量及分布形态因该附加性家庭的分布而发生变化，据此重新分配非基础产业部门的就业人员。

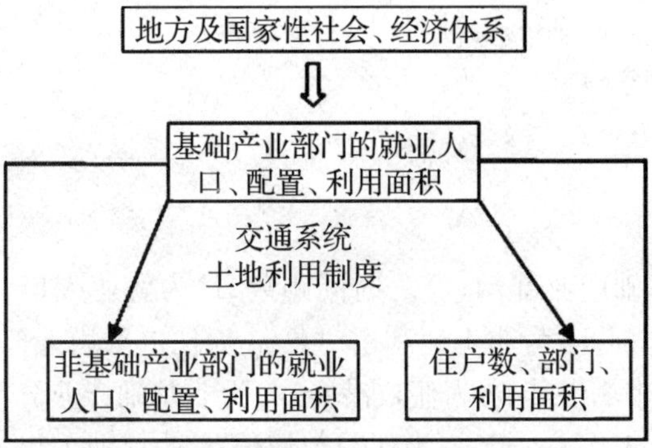

图 3-4　劳瑞模型示意

按如此顺序重复计算下去，直到非基础产业部门就业人数和分布状态以及住户数量和分布状态相互稳定为止。

2) 模型结构

劳瑞模型由以下 14 个联立方程式构成：

面积：

$$A_i = \sum_{j, j \neq i} A_{ij} = \sum_{j, j \neq i} S_j / T_{ij}^{\gamma} \tag{3-6}$$

非基础产业部门：

$$E^k = \alpha^k N \tag{3-7}$$

$$\varphi_j^k = b^k \left[\sum_{i=1}^{n} \left(x^k \frac{N_i}{D_{ij}^{ak}} \right) + y^k E_j \right] \tag{3-8}$$

$$\sum_{j=1}^{n} \varphi_j^k = 1 \tag{3-9}$$

$$E_j^k = \varphi_j^k E^k \tag{3-10}$$

$$E_j = E_j^B + \sum_{k=1}^{m} E_j^k \tag{3-11}$$

$$A_j^R = \sum_{k=1}^{m} e^k E_j^k \tag{3-12}$$

住户部门：

$$N = f \sum_{j=1}^{n} E_j \tag{3-13}$$

$$\psi = g \sum_{i=1}^{n} E_i / D_{ij}^B \tag{3-14}$$

$$\sum_{j=1}^{n} \psi_j = 1 \tag{3-15}$$

$$N_j = \psi_j N \tag{3-16}$$

约束条件：

$$E_j^k \geqslant Z_j^k, \text{or } E_j^k = 0 \tag{3-17}$$

$$N_j \leqslant Z_j^H A_j^H \tag{3-18}$$

$$A_j^R \leqslant A_j - A_j^U - A_j^B \tag{3-19}$$

式中：A 为面积；B 为基础产业部门；D 为时间距离；F 为就业人口；H 为住户部门；N 为住户数；R 为非基础产业部门；U 为非土地利用对象；α 为住户平均人口；k 为组；b 为修正系数；e 为人均土地面积；φ 为市场潜能；ψ 为住户潜能；m 为非基础产业分组总数($k=1,2,\cdots,m$)；n 为交通小区总数($i,j=1,2,\cdots,n$)；x 为住户数权值；y 为就业人口权值。

式(3-6)表示交通小区 j 的面积 A_j，它由不可使用面积 A_j^U，基础产业部门利用面积 A_j^B，非基础产业部门利用面积 A_j^R 和住户利用面积 A_j^H 组成。

式(3-7)表示非基础产业部门第 k 组的就业人数 E^k，可以表达为维持一个家庭的必要人数 α^k(人/户)与总户数 N 的乘积。

式(3-8)表示小区 j 的非基础产业部门中 k 组的市场潜能，是表示“作为市场的可能性强弱”的指标。

式(3-8)中的 b^k 是为使潜能满足式(3-9)而引入的修正系数。小区 i 对小区 j 市场潜能的影响由小区 i 的住户数 N_i，在小区 i 工作的就业人数 E_i，小区 i,j 之间的时间距离 E_{ij} 决定。x^k 和 y^k 分别为与住户数和总就业人数的相对权重，对所有小区为一定值。

式(3-10)表示第 j 小区的非基础产业部门中 k 的就业人数 E_j^k 按与此市场潜能成正比的比例分配。

式(3-11)表示小区 j 的总就业人数可以表示为基础产业部门与非基础产业部门之和。

式(3-12)表示假设非基础产业部门中 k 的人均土地面积为 e^k 时，小区 j 中非基础产业部门的面积 A_j^R 为各组面积的总和。

式(3-13)表示总住户数 N 可表达为总就业人数的 f 倍。

式(3-14)和式(3-15)表示为将总住户数 N 分配到各小区时的潜能户数。小区 j 的潜能住户数随小区 j 中可供住宅开发用面积的增多而增高，小区 i 对小区 j 的潜在住户的影响取决于小区 i 的总就业人数 E_i，以及 i,j 间的时间距离。式(3-14)中的 g 是为使潜能满足式(3-15)引入的修正系数。式(3-14)成立的前提是住户选址由户主的工作地点决定。

式(3-16)表示住户依据此潜能大小向各小区分配。

根据上述式(3-6)至式(3-16)，可将非基础产业部门的就业人数和住户数分配到各小区，分配时设定如下约束条件。

首先，当分配给某小区 j 的非基础产业部门 k 的就业人数比事先确定的人数 Z_j^k 还少时，则不必给该小区分配 k 组的就业人数。式(3-17)表达出这一约束条件，这里的 Z_j^k 表示最小可能经营规模或土地利用制度等。

对于住户部门的配置，为防止在企事业单位较多的小区，如在中心商务区 CBD 及其周围，即工作出行很方便的小区内发生住宅过密的问题，将允许住户密度设定为住户密度的上限，式(3-18)表示该约束条件。

式(3-19)为小区 j 的面积约束条件，控制计算值不超过实际面积。该约束式中不存在住宅地面积 A_j^H 的原因是：其一，面积 A_j^H 的非负约束；其二，非基础产业部门的选址优先于住户部门。其理由是非基础产业部门与家庭部门在用地获得能力的差异。另外，由于非基础产业部门就业人数的约束条件式(3-17)中不存在最多就业人数的限制约束，因此即使对于受面积条件约束的小区而言，就业人数也采用与潜能市场相应的人数值。这可以考虑为，因小区就业者人均用地面积 e^k 变小而欠妥，这种现象可解释为该小区内有高层建筑物的存在。

对上述联立方程式和不等式组进行迭代计算求解的过程如图 3-5 所示。

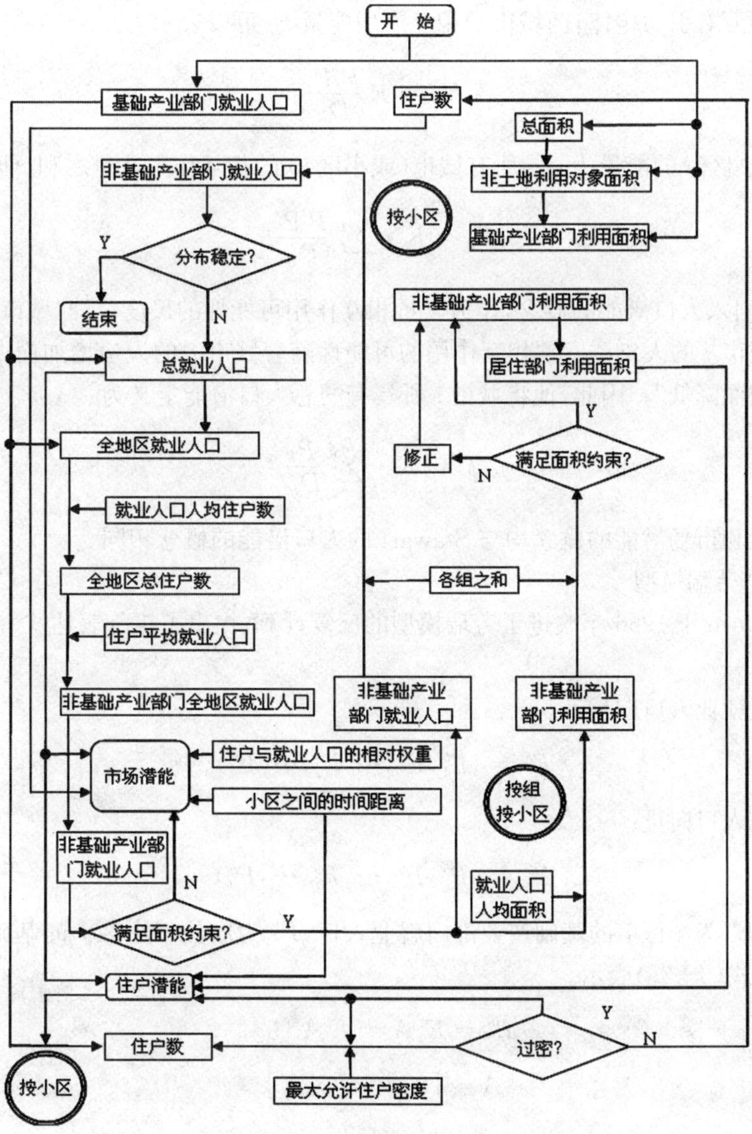

图 3-5　劳瑞模型的计算流程

3）劳瑞模型的拓展

由上述劳瑞模型的计算流程框图可知，其计算过程比较复杂。为使劳瑞模型迭代计算更方便，嘎琳(R. A. Garin)提出劳瑞模型的矩阵形式。在讲述嘎琳-劳瑞模型之前，先学习潜能的概念。

（1）潜能的概念

1940年，J. Q. Stawart 和 G. K. Zipf 提出了“连接两城市中心线相互作用力的大小与两城市人口的乘积成正比，与距离的平方成反比”。用式(3-20)表示：

$$F_{ij} = K\frac{P_iP_j}{D_{ij}^2} \tag{3-20}$$

式中：P_i，P_j 分别为城市 i，j 的人口；D_{ij} 为城市 i，j 间的距离；F_{ij} 为相互作用力；K 为系数。

模仿牛顿万有引力定律，两城市的相互作用能量 E_{ij} 可以表示为

$$E_{ij} = K\frac{P_iP_j}{D_{ij}} \tag{3-21}$$

城市（或小区）i 的能量为 i 与所有城市（或小区）n 的相互作用能量之和，即

$$E_i = K\cdot\sum_{j=1}^{n}\frac{P_iP_j}{D_{ij}} \tag{3-22}$$

Stawart 引入人口潜能的概念，作为度量相互作用可能性的尺度。即“城市（或小区）i 中的1个人因城市 j 的人口诱发的相互作用的可能性随着城市 j 的人口增加而增高，随着 i，j 间距离的增加而降低”。因此，他将城市 i 所具有的总人口潜能定义为

$$\phi_i = K\cdot\sum_{j=1}^{n}\frac{P_j}{D_{ij}} \tag{3-23}$$

居住潜能和市场潜能的概念均与 Stawart 的人口潜能的概念相同。

（2）嘎琳-劳瑞模型

R. A. Garin 于1966年改进了劳瑞模型的反复计算，提出了矩阵表达式，被人们称为嘎琳-劳瑞模型。

基础产业就业人口向量：

$$E^b = (E_1^b, E_2^b, \cdots, E_j^b, \cdots, P_n^b) \tag{3-24}$$

基础产业人口向量：

$$P^b = (P_1^b, P_2^b, \cdots, P_j^b, \cdots, P_n^b) \tag{3-25}$$

这里，设 E_j^b 为小区 j 的基础产业部门就业人口，P_j^b 为居住于小区 j 的基础产业部门人口，P^b 可以由式(3-26)表示。

$$P^b = E^b A = E^b A'[\alpha] \tag{3-26}$$

$$A = [a_{ij}] = [a'_{ij}\alpha_j] \tag{3-27}$$

$$A' = [a'_{ij}] \tag{3-28}$$

$$\alpha = \begin{bmatrix} \alpha_1 & 0 & 0 & 0 & 0 & 0 \\ 0 & \alpha_2 & 0 & 0 & 0 & 0 \\ 0 & 0 & \ddots & 0 & 0 & 0 \\ 0 & 0 & 0 & \alpha_j & 0 & 0 \\ 0 & 0 & 0 & 0 & \ddots & 0 \\ 0 & 0 & 0 & 0 & 0 & \alpha_n \end{bmatrix} \tag{3-29}$$

α_{ij} 为在 i 区工作被分布到 j 区的函数，α_j 为居住在小区 j 的基础产业部门人口(为基础产业部门的劳动贡献率)。

其次，非基础产业部门就业人口向量用下式表示：

$$E^{(1)} = P^b[\beta]B' \tag{3-30}$$

式中：$B'=[b'_{ij}]$，为非基础产业部门的交通分布结构。

$$\beta = \begin{bmatrix} \beta_1 & 0 & 0 & 0 & 0 & 0 \\ 0 & \beta_2 & 0 & 0 & 0 & 0 \\ 0 & 0 & \ddots & 0 & 0 & 0 \\ 0 & 0 & 0 & \beta_j & 0 & 0 \\ 0 & 0 & 0 & 0 & \ddots & 0 \\ 0 & 0 & 0 & 0 & 0 & \beta_n \end{bmatrix} \tag{3-31}$$

β_i 为小区 i 的人均就业人口。

由式(3-26)和式(3-30)可得

$$E^{(1)} = P^b B = E^b(AB) \tag{3-32}$$

因此，有

$$P^{(1)} = E^{(1)}A = E^b(AB)A \tag{3-33}$$

$$E^{(2)} = P^{(1)}B = E^{(1)}(AB) = E^b(AB)(AB) = E^b(AB)^2 \tag{3-34}$$

最终，就业人口和总人口可以用下式求得

$$\begin{aligned} E &= E^b + E^{(1)} + E^{(2)} + \cdots \\ &= E^b[I + AB + (AB)^2 + \cdots] \end{aligned} \tag{3-35}$$

$$\begin{aligned} P &= P^b + P^{(1)} + P^{(2)} + \cdots \\ &= E^b[I + AB + (AB)^2 + \cdots] \end{aligned} \tag{3-36}$$

式(3-35)和式(3-36)可以转换为以下简单的逆矩阵形式。

$$E = E^b(I - AB)^{-1} \tag{3-37}$$

$$P = E^b(I - AB)^{-1}A = EA \tag{3-38}$$

这里，与劳瑞模型中潜能对应的分布函数设定为

$$a'_{ij}=b'_{ij}=\frac{e^{-0.1t_{ij}}}{\sum_j e^{-0.1t_{ij}}} \tag{3-39}$$

进而，对于从工作单位赴非基础产业部门的出行，同样可以重新引入矩阵 C。

$$C'=[\gamma]C'=\begin{bmatrix}\gamma_1 & 0 & 0 & 0\\ 0 & \gamma_2 & 0 & 0\\ 0 & 0 & \ddots & 0\\ 0 & 0 & 0 & \gamma_n\end{bmatrix}[C'_{ij}] \tag{3-40}$$

式(3-37)和式(3-38)可以分别改写成下式：

$$E=E^b[I-(AB+C)]^{-1} \tag{3-41}$$

$$P=E^b[I-(AB+C)]^{-1}A=EA \tag{3-42}$$

嘎琳-劳瑞模型形式简单，能够明确描述交通与土地利用之间的关系。

3.3.3 ITLUP 模型

ITLUP(一体化交通与土地利用软件包)是 Putman 提出的，它由非集计居住分配模型(DRAM)和就业分配模型(EMPAL)组成，这两个模型都是 Lowry 模型的修正形式。

DRAM 采用小区吸引力和一个小区的工作人员到其他小区的就业岗位的可达性来评价各小区家庭分配的主要因素。

EMPAL 根据前一时间的就业和小区的吸引力来分配就业。例如，假定家庭选择在对雇员最有吸引力的地点，而非过去的最吸引雇员的地点。就业岗位将在家庭最易接近的地点，而非过去的最易接近家庭的地点。

(1) DRAM

最初的 DRAM 与 EMPAL 已经经过一些变化，主要是由于数据差异引起的。在目前的应用中，家庭被分配到小区的模型是

$$\hat{N}_{i,t}=\sum_j E_{j,t}\gamma_t\left[\frac{W_{i,t}e^{\beta_P c^P_{ji,t}+\beta_{oP}c^{oP}_{ji,t}}}{\sum_k W_{k,t}e^{\beta_P c^P_{ji,t}+\beta_{oP}c^{oP}_{ji,t}}}\right] \tag{3-43}$$

式中：$\hat{N}_{i,t}$ 为小区 i 在时间 t 的家庭估计数；$W_{i,t}$ 为小区 i 在时间 t 的吸引力测度；$c^P_{ji,t}$ 为小区 j 到 i 之间高峰期出行时间；$c^{oP}_{ji,t}$ 为小区 j 到 i 之间非高峰期出行时间；γ_t 为全区域范围内时间 t 时家庭与雇员之比值；β_{oP} 与 β_P 为经验衍生参数。

小区本阶段吸引力计算模型如下：

$$W_{i,t}=(L_{i,t})^{\theta}\prod_{k=1}^{4}\left(1+\frac{N^k_{i,t}}{\sum_{k=1}^{4}N^k_{i,t}}\right) \tag{3-44}$$

式中：$L_{i,t}$ 为小区 i 在时间 t 的总土地面积；$N^k_{i,t}$ 为小区 i 在时间 t 中收入为 k 级的居民数量；θ 与 $\gamma_1\cdots\gamma_4$ 为经验参数。家庭按年收入分四类，因此上述两个公式共有四个版本；而这种一

体化的模型中 *DRAM* 部分就有 28 个参数。

(2) EMPAL

EMPAL 方程中，将就业分配到小区的模型为

$$E_{j,t}=\left(\frac{e^{\sigma}}{1+e^{\sigma}}\right)\gamma_t^h\sum_i H_{i,t-1}\left[\frac{W_{j,t-1}e^{\beta_P c_{ki,t}+\beta_{oP}t_{ki,t}}}{\sum_k W_{k,t-1}e^{\beta_P c_{ki,t}+\beta_{oP}t_{ki,t}}}\right]+\left(\frac{1}{1+e^{\sigma}}\right)\gamma_t^e E_{j,t-1} \tag{3-45}$$

式中：E_{jt} 为小区 j 在时间 t 相关部分(基本的、零售的与服务的)的就业人口；$H_{i,t-1}$ 为小区 i 在时间 t 的家庭数量；$W_{j,t-1}$ 为小区 j 在时间 $t-1$ 的吸引力函数；γ_t^h 为全区域范围内时间 t 的就业与时间 $t-1$ 的家庭的比率；γ_t^e 为全区域范围内时间 t 的就业与时间 $t-1$ 的就业的比率；δ 为经验参数。

小区上一阶段吸引力计算模型为

$$W_{j,t-1}=(E_{j,t-1})^{\delta_1}\times(L_j)^{\delta_2} \tag{3-46}$$

式中：L_j 为小区 j 的总图例面积；δ_1 与 δ_2 为经验参数。

DRAM 的参数用 1997 年美国德克萨斯州奥斯汀地区家庭及就业数据标定过。当时，家庭根据收入估计被分为 4 类，即年收入 3 万美元以下、3 万～4.25 万美元、4.25 万～5.5万美元以及 5.5 万美元以上者。

EMPAL 的参数用 1997 年的家庭数据及 2007 年的预测就业数据标定过。这些研究中隐含的假定是工作地点第一(先于就业和家庭分配)、家庭第二(相对目前就业分配)。就业分为三类：基本就业(5 200 个就业岗位)、零售业就业(800 个就业岗位)和服务业就业(3 800个就业岗位)。

标准的 ITLUP 模型有几个局限性，最重要的是它没有考虑土地利用密度的约束。ITLUP 模型将就业岗位分配到小区，即使它们没有足够的容纳就业岗位和家庭的能力。目前对这一局限的处理是对小区的这些过量分配实行再分配，使其分到那些有容纳能力的地区。在美国，每公顷居住土地的最大家庭容纳能力一般在 25 户左右，每公顷商用土地的最大岗位容纳能力一般在 100 个位置左右。从 EMPAL 和 DRAM 得到的家庭与工作岗位分配结果首先用来满足小区中的商业和居住面积，如果不够，按比例再分配一些空余土地，如果一个小区不能容纳更多的发展，则该小区就不再发展，将就业与家庭移到其他小区。

ITLUP 模型的第二个局限是 DRAM 与 EMPAL 只能顺序使用，忽视了就业岗位与家庭之间作用的相互性与同时性。此外，ITLUP 模型在分配就业岗位与家庭数时没有考虑土地价格与货物流，因此它也很难考虑规划者、政策制定者和公众有兴趣关心的一些重要关系及变量。不过，它的相对简便特性使得可以对其中的不确定性进行比较透明的分析。相对而言，UrbanSim 就需要 1 000 余个参数和上万个输入数据，这些要求只有很小的区域才能做到。

除上述模型之外，以劳瑞模型为基础还扩展其他几种形式，由于篇幅所限，本书不作叙述。

3.3.4 最优化模型

以上分别讲述了活动分布和相互作用模型。这里介绍将两者同时考虑、更加一般化的一体化优化模型。该类模型中，最著名的是澳大利亚 Brotchie 和 Sharpe 于 1975 年开发的小区活动最优配置手法 TOPAZ(Technique for the Optimal Placement of Activities in Zone)模型。

TOPAZ 模型在划分为 n 个小区的区域、以 m 种土地利用活动为对象，决定寻求区域整体的新开发费用和交通之和最小的活动分布 X_{ij} 为目的，其目标函数由下式表示。

$$\min \quad Z = \text{开发费用} + \text{交通费用} = \sum_{k=1}^{m}\sum_{j=1}^{n} V_{kj}X_{kj} + \sum_{i=1}^{n}\sum_{j=1}^{n} c_{ij}q_{ij} \qquad (3-47)$$

式中：V_{kj} 为在小区 j 中开发的土地利用活动 k 的单位费用；X_{kj} 为在小区 j 中开发的土地利用活动 k 的新开发量；c_{ij} 为小区 i，j 之间的交通费用；q_{ij} 为小区 i，j 之间的日出行数。

为了在区域中获得更加现实的出行分布，可以利用将在第 6 章中讲述的单约束或双约束重力模型计算出行分布量 q_{ij}。

表 3－8 中总结部分交通与土地利用的一体化模型。

表 3－8　部分交通与土地利用一体化模型

模型	参考文献	应用案例城市
AMERSFOORT	Floor and de Jong(1981)	荷兰阿姆斯福特、英国利兹
CALUTAS	Nakamura, et al(1983)	日本东京、名古屋、冈山
CATLAS/NYSIM/METROSIM	Anas(1983b), Anas & Duann(1986)	美国芝加哥、纽约
DORTMUND	Wegener(1982a,b;1986,1995a)	德国多特蒙德
KIM	Kim(1989)	美国芝加哥
ITLUP	Putman(1983,1991)	美国旧金山、洛杉矶、达拉斯、休斯敦、波特兰等城市
LILT	Mackett(1983,1990a,1991a,b)	英国利兹、德国多特蒙德、日本东京
MASTER	Mackett(1990b,1990c)	英国利兹
MEPLAN	Echenique, et al(1985)	西班牙毕尔巴鄂、巴西圣保罗
	Hunt & Simmonds(1993)	智利圣地亚哥、意大利那不勒斯
OSAKA	Amano, et al(1985)	日本大阪
POLIS	Prastacos(1986a,b)	美国旧金山港湾区
PSCOG	Watterson(1993)	美国华盛顿
TRANSLOC	Boyce & Lundqvist(1987)	瑞典斯德哥尔摩

（续表）

模型	参考文献	应用案例城市
TOPAZ	Brotchie，et al(1980)	澳大利亚墨尔本、达尔文
	Dickey and Leiner(1983)	美国维吉尼亚威廉王子郡
	Sharpe(1978,1980,1982)	其他
HAMILTON	Anderson,et al(1994)	加拿大汉密尔顿
TRANUS	de la Barra(1989)	委内瑞拉加拉加斯

3.3.5 出行生成率模型

1）基本概念

城市交通与土地利用间的互动关系决定不同土地利用布局形态和强度会产生不同类型和强度的社会活动，从而决定不同区域的交通集散量和分布情况。相应地，交通系统功能效率的高低也直接影响周边地价、地租和人气，影响周边土地功能的实现充分与否。因此，在进行交通规划中需要深入研究城市土地利用与交通的相互关系，交通出行生成率是直观反映这种相互关系的重要指标之一。

出行生成率是指单位指标在单位时间内所生成的交通需求。将整个对象区域，按照对出行起决定作用的指标（如建筑面积、住宅户数、座位数、人数等）划分为若干类型。同一类型由于主要出行因素相同，出行次数基本相同，将单位时间内的出行次数称作“出行生成率”。如果知道整个对象区域或者分区的决定指标，与其对应的出行生成率相乘，则很容易得到整个对象区域或者分区的交通需求。出行生成率可直接用于交通影响分析项目中，用于确定项目出行生成。

在一些发达国家如美国，对交通生成率的指标研究起步较早，美国交通工程师协会(Institute of Transportation Engineers，ITE)机构出版公布多版 *Trip Generation*（《出行生成率手册》），供全国交通工程师和相关专业人员参考。2005 年开始，北京市开始交通出行生成率指标的研究，并在此基础上编写了《交通出行率手册》，涉及了多类建筑性质近千个建筑的交通出性生成率调查，经过大量数据分析和处理工作，根据各类别建筑特征和交通特性的分析，给出了相关性较高的出行生成率指标，主要内容包括住宅、办公、综合性商业、专营店、金融、酒店、文化娱乐、医院、学校、图书展览馆、政法机关、仓库和综合类建筑等，有利于开展各项交通定量分析和评价工作。

出行生成率模型需要进行出行生成率调查，也就是确定出行生成量和其自身属性之间的关系，例如对于办公建筑，影响出行生成的自身属性很多，如占地面积、建筑面积、实用面积、员工总人数、停车位总数、建筑功能和区域特性等。为了定量分析出行生成量与自身属性之间的关系，仅选择具有可度量性的属性指标，如建筑面积进行分析。若某办公建筑其建筑面积为 2 万 m^2，则可以在其出入口计数，测出每天进出该建筑的车辆数或者人数，对研究对象的车流、人流出行生成率的计算如下。

$$\text{机动车出行生成率}=\frac{\text{机动车出行总量}}{2\text{万 m}^2}$$

$$人流出行生成率=\frac{总出行人流量}{2\text{ 万 m}^2}$$

其中,总出行人流量=机动车上人数+非机动车上人数+行人数。

如果对调查的若干建筑的出行生成率进行平均,就得到了各类办公建筑的基于建筑面积的平均出行生成率。交通的出行生成率调查见表 3-9。具体调查地点选择、调查内容制定及调查的实施和结果处理,可参考"交通调查与分析"部分。

表 3-9　交通出行生成率调查

			年				月			日			地点				星期				方向			
时间	大货车				小货车				大客车				小客车				出租车				摩托车			
	车数		车内人数		车数		车内人数		车数		车内人数		车数		车内人数		车数		车内人数		车数		车内人数	
	到达	出发	到达	出发	到达	出发	到达	出发	到达	出发	到达	出发	到达	出发	到达	出发	到达	出发	到达	出发	到达	出发	到达	出发
7：00—7：15																								
7：15—7：30																								
⋮																								
总计																								

2）出行生成率模型

出行生成率模型是描述每种土地利用出行生成量变化的决定指标与其生成量之间的关系,可能是数学模型,也可能是图标,都能直接描述研究对象自身属性与交通生成量之间的量化规律。

美国的 *Trip Generation* 已经升级到第八版,土地性质增加到 162 类。它提供大量关于机动车出行生成与项目特性之间关系的数据,其分类比较详细且具有针对性,按照土地利用性质的不同,把用地类型分为 10 大类,分别是港口和枢纽、工业及农业、居住、寄宿、娱乐、公共事业、医疗、办公、零售、服务。以公共事业为例,又分为 15 类,分类越详细,出行生成预测的精度就越高。

Trip Generation 中某购物中心机动车出行生成预测如图 3-6 所示,分析时段为工作日晚高峰,调查样本为 42 个,平均总建筑规模约为 5 202 m^2,方向分布 51%为进入项目,49%为离开项目,平均生成率约为 11.25 pcu/100 m^2,标准差为 4.97。拟合的曲线方程为

$$\ln(T)=-0.79\ln(X)+0.32\qquad R^2=0.75$$

式中：T 为平均机动车出行量,pcu;X 为总建筑面积,万 m^2。

如图 3-6 所示,给出出行生成量预测的拟合曲线及模型,可以利用它对不同规模的购

物中心进行出行生成量预测。例如，总建筑面积约为 10 000 m^2 的购物中心，其工作日晚高峰机动车出行量为 1 005 pcu。

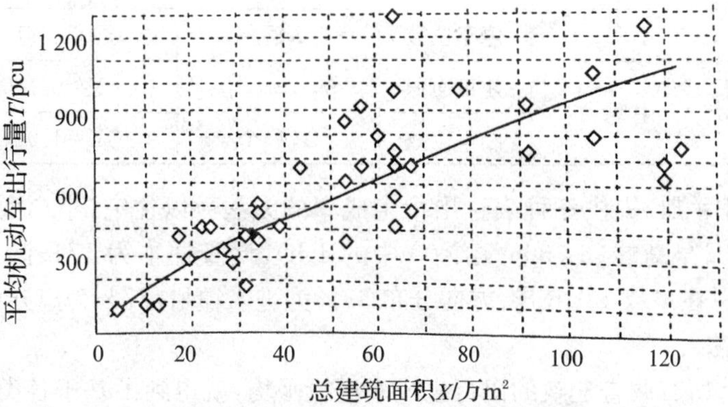

图 3-6 某购物中心机动车出行生成预测

北京市的《交通出行率手册》根据用地类型、建筑物使用性质和交通出行特征，主要研究住宅、商业、综合性商业、专营店、金融、酒店、文化娱乐、医院、学校、图书展览馆、政法机关、仓库和综合类建筑等 13 个大类、36 个小类的出行规律，即不同建筑性质早晚高峰人流量、车流量与其相对应的出行决定指标的关系，也就是各类型建筑的出行率。以住宅、办公和商业为例，其晚高峰车流量与决定指标之间的关系，见表 3-10，Y 代表晚高峰车流量；X 代表决定指标，可能是建筑面积、户数、停车位数、员工数等。

表 3-10 晚高峰各类型建筑的出行生成率指标

建筑性质		决定指标	平均生成率	出行生成率模型
住宅	小户型	建筑面积	17.6 辆/万 m^2	$Y=0.0015 \cdot X+12.032$
		户数	12.7 辆/百户	$Y=0.0971 \cdot X+23.537$
	中户型	建筑面积	13.5 辆/万 m^2	$Y=0.0014 \cdot X-10.052$
		户数	15.2 辆/百户	$Y=0.1687 \cdot X-24.91$
	大户型	建筑面积	12.3 辆/万 m^2	$Y=0.0011 \cdot X+20.605$
		户数	23 辆/百户	$Y=0.1828 \cdot X+21.224$
办公	政府	建筑面积	101.5 人/万 m^2	$Y=0.0054 \cdot X+31.09$
		员工	0.6 个/人	$Y=0.3024 \cdot X+44.06$
		停车位数	2 人/个	$Y=1.641 \cdot X+18.726$
	科研设计	建筑面积	50.4 辆/万 m^2	$Y=0.0018 \cdot X+49.462$
		员工	0.2 辆/人	$Y=0.069 \cdot X+61.022$
		停车位数	1.4 辆/个	$Y=0.6917 \cdot X+39.5$
	租用办公	建筑面积	96.0 辆/万 m^2	$Y=0.0041 \cdot X+58.119$
		停车位数	2.1 辆/个	$Y=1.2904 \cdot X+22.787$

(续表)

建筑性质		决定指标	平均生成率	出行生成率模型
商业	小型	停车位数	2.7 辆/个	$Y=1.5716\cdot X-2.3218$
	中型	建筑面积	89.7 辆/个	$Y=0.116\cdot X-60.715$
		停车位数	2 辆/个	$Y=1.045\cdot X+46.865$

《交通出行率手册》提供三种表达出行生成率的方法。以住宅(小户型)出行规律为例，分析时段为工作日早高峰(6：30—10：00 中的 1 h)，调查样本为 174 个，平均建筑面积为 75 424 m^2，平均总住户数 1 046 户，方向分布 33%为进入项目，67%为离开项目。

(1) 平均值法

通过调查，将所有调查建筑的出行生成率进行平均，就得到了基于各类影响指标因素的平均出行生成率，见表 3-11。

表 3-11 出行生成率

平均生成率	生成率范围	标准偏差
142.8 人/万 m^2	16.7～402.5 人/万 m^2	75.4 人/万 m^2
95.1 人/百户	13.0～282.7 人/百户	50 人/百户

(2) 图表法

将调查点出行生成率数据制作出散点图，工程人员根据研究对象的性质和特征，参考已有调查点进行内插或外插取值，辅以工程经验判断后，估计预测出行量。如图 3-7 所示住宅(小户型)早高峰人流量出行生成，横坐标是建筑面积，纵坐标是早高峰人流量。这种方法直观且准确，尤其是对已有样本类似的小区确定出行率值时，可以借鉴已有样本点数据。但该方法对样本的精确性要求非常高，在积累调查样本不够充足的条件下使用，就很难确定其偏差大小。

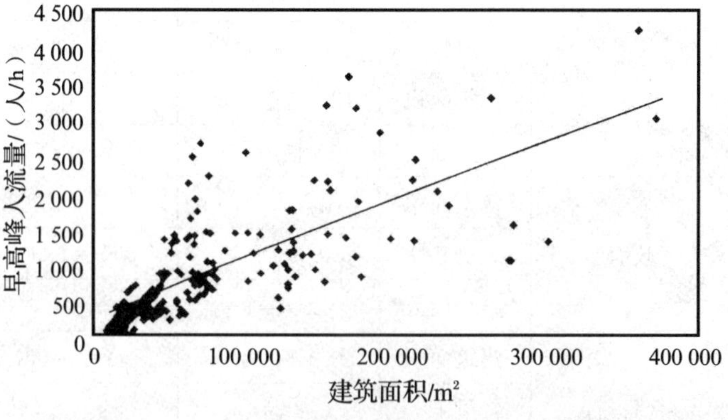

图 3-7 住宅(小户型)早高峰人流量出行生成

(3) 公式法

尽管对于各数据点可以用散点图反映出行生成量和影响指标之间的相关变化趋势，但需要预测未来年的出行量时，利用回归模型是比较合理的。根据调查交通特征和建筑自身特征相关分析，得到两者之间的回归公式，并给出相关系数，其中 R^2 为均方差，公式中各变量采用的单位与图表法相同。

$$早高峰人流量=0.008\times建筑面积+289.17 \qquad R^2=0.513$$

$$早高峰人流量=0.660\,6\times户数+224.82 \qquad R^2=0.544$$

出行生成率模型提供大量关于机动车、人流出行生成与项目特征之间关系的数据，可对开发项目的出行生成量进行合理的预测。

复习思考题

1. 试叙述交通与土地利用研究的主要内容。
2. 试说明汉森模型及其特点。
3. 试说明劳瑞模型的研究背景及其模型的含义。
4. 与本章介绍的其他模型相比，为什么说 TOPAZ 模型是一个一体化的优化模型?
5. 以一封闭的住宅小区或用地单一建筑物为对象，调查其发生与吸引交通量，计算其出行生成率。

4 交通网络布局规划与设计

交通网络的规划与设计是交通规划的基础工作之一。本章首先讲述交通网络布局，包括交通网络的形式、网络布局方法、各种交通方式的网络布局规划流程及交通网络布局的评价方法。然后，讲述交通网络的数学建模知识与技术，包括交通网络构成的基本要素、各种交通网络的表现法，为后续各章的学习奠定基础。

4.1 交通网络结构与布局

交通网络结构，尤其是城市交通网络结构，决定城市的骨架和城市的发展。由于我国目前的城市交通网络中，轨道交通所占的比例甚小。截至2014年7月，上海市轨道交通运营线路长度为567 km。除北京、上海、广州等城市轨道交通开通较早的几个城市外，其他大部分城市的轨道交通所占比例均比较小，因此，城市交通网络结构主要由道路形成。我国道路网络发展的评价指标与国外城市相比还很落后，不能满足城市经济和人们日常生活的需要。城市交通网的建设还需要大力发展，其布局规划就尤其重要。

4.1.1 城市交通网络基本形式

城市交通网络的基本形式大致可以分为方格网式、带状、放射状、环形放射状和自由式等。

(1) 方格网式

方格网式交通网是一种常见的交通网络形式，如图4－1所示。其优点是各部分的可达性、秩序性和方向感较好，易于辨别，网络可靠性较高，有利于城市用地的划分和建筑的布置。其缺点是网络空间形式简单，对角线方向交通的直线系数较小。我国的北京、西安等城市的城区道路网属于这种形式。

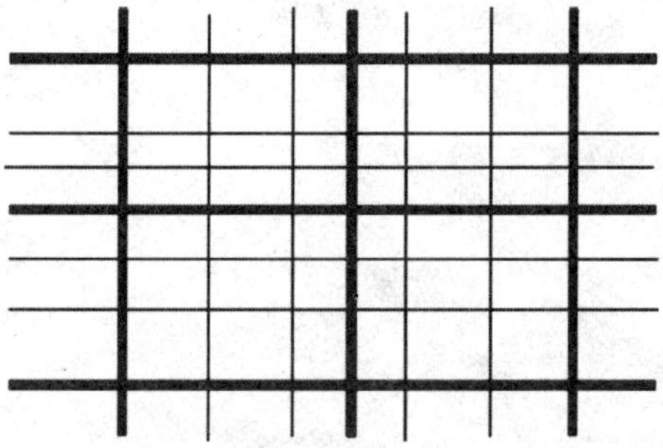

图4－1 方格网式交通网

(2) 带状

带状交通网是由一条或几条主要的交通线路沿带状轴向延伸，并且与一些相垂直的次级交通线路组成类似方格状的交通网，如图4－2所示。这种交通网络形式可使城市的土地利用布局沿着交通轴线方向延伸并接近自然，对地形、水系等条件适应性较好。我国的兰州市的交通网络由于受黄河和南北山脉的影响，其结构属于典型的带状结构。

(3) 放射状

放射状交通网络常被用于连接主城与卫星城，如图4－3所示。

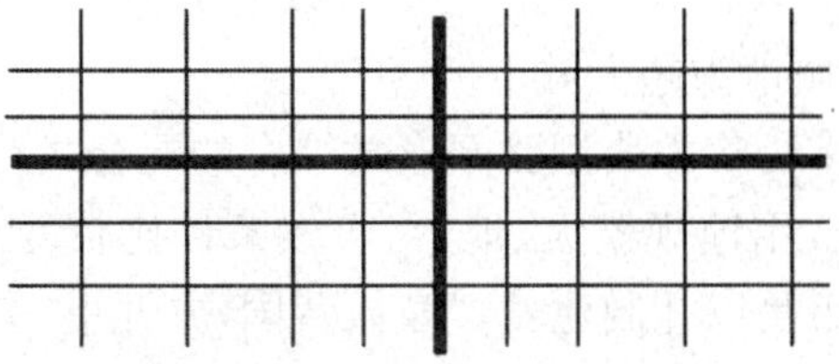

图 4-2 带状交通网络

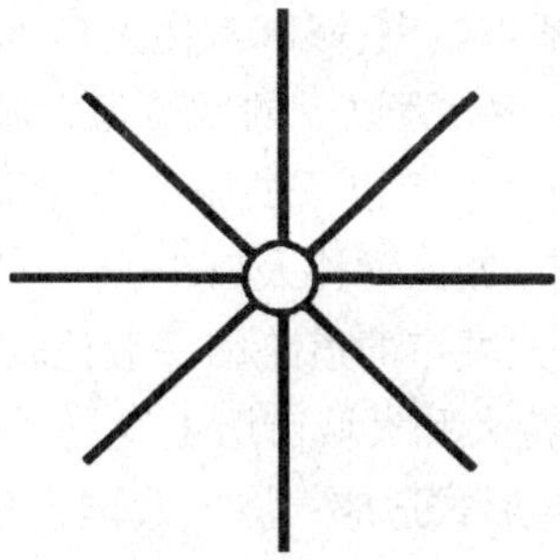

图 4-3 放射状交通网络

(4) 环形放射状

城市骨架交通网络由环形和放射交通线路组合而成，如图 4-4 所示。以放射状交通线路承担内外出行，并连接主城与卫星城；环形交通网承担区与区之间或过境出行，连接卫星城之间，减少卫星城之间的出行穿越主城中心。我国北京市的交通网络为此种形式，道路网络由二环至六环的 5 条城市快速环线和 11 条放射道路组成；铁路网络目前由 1 条环线和 2 条轨道交通线路组成。

(5) 自由式

自由式结构如图 4-5 所示。该形式的路网结构多为因地形、水系或其他条件限制而使道路自由布置，因此其优点是较好地满足地形、水系及其他限制条件；缺点是无秩序、区别性差，同时道路交叉口易形成畸形交叉。该种形式的路网适合于地形条件较复杂及其他限制条件较苛刻的城市。在风景旅游城市或风景旅游区可以采用自由式路网，以便于与自然景观的较好协调。我国上海、天津的道路网属于该种形式。

图 4-4 环形放射状交通网络

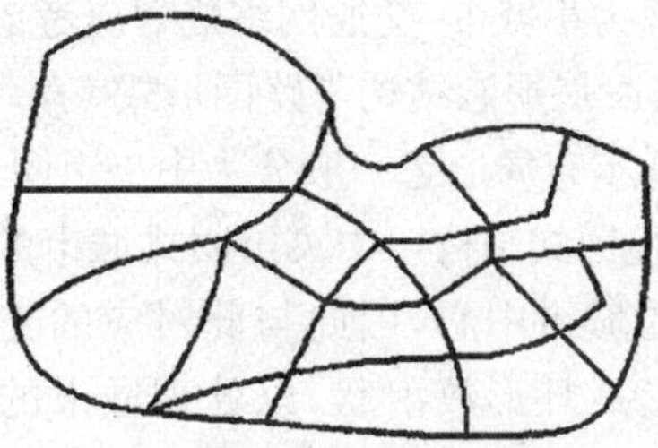

图 4-5 自由式道路网

实际上，在特大城市中，道路网并非严格按照上述形式布置，常常是 2 种或 2 种以上简单路网形式的组合。

4.1.2 城市交通网络形式与城市类型

(1) 城市规模与路网形式

城市的规模通常用城市人口规模来表示，根据 2014 年 10 月 29 日国务院印发《关于调整城市规模划分标准的通知》，我国城市依照城区常住人口规模，分为 5 类 7 档：城区常住人口 50 万以下的城市为小城市，其中 20 万以上 50 万以下的城市为Ⅰ型小城市，20 万以下的城市为Ⅱ型小城市;城区常住人口 50 万以上 100 万以下的城市为中等城市;城区常住人口 100 万以上 500 万以下的城市为大城市,其中 300 万以上 500 万以下的城市为Ⅰ型大城市,100 万以上 300 万以下的城市为Ⅱ型大城市;城区常住人口 500 万以上 1 000 万以下的城市为特大城市;城区常住人口 1 000 万以上的城市为超大城市。

特大、大城市的道路网一般比较复杂,多为集中典型路网形式综合的混合式路网。原因有:其一,特大和大城市历史发展过程较长,用地规模大,地形、自然条件比较复杂,很难以单一的路网形式适应;其二,我国古代的城市是以礼制建城,"匠人营国,方九里,旁三门。国中九经九纬,经涂九轨。左祖右社,面朝后市,市朝一夫"(《周礼·考工记》)。在该思想的支配下,我国的古城,如西安、开封、北京等城市形成了方正的路网布局。中等城市的路网布局相对比较简单,多以一种典型形式为主,在平原地区和限制条件比较少的地区,多以方格网式为主。小城市一般以几条主干街道为主。

(2) 城市性质与路网形式

城市按照其主要的土地利用、经济位置等可分为工业城市、中心城市、交通枢纽城市及特殊功能城市(如旅游城市等)。交通枢纽城市又可以分为铁路枢纽城市、海港城市、河埠城市和水上交通枢纽城市等。例如,郑州市具有我国最大的编组站郑州北站,加上郑州东站(货运)和郑州火车站(客运),形成了具有铁路特色的城市,因此在该种意义上可以说郑州为铁路枢纽城市。但是,该种分类方式与城市道路网的关系不明确。

(3) 城市在区域交通网中的位置与路网形式

按照城市在区域交通网络中的位置和对外交通的组织形式,又可以把城市分为交通枢纽、尽头式和穿越式城市。该种分类与城市交通网布局中外围环线的建设密切关联。对于交通枢纽式城市,外围环线的规划、建设比较重要,以避免不必要的过境交通通过市中心,造成城市中心区的交通拥挤、阻塞。相反,对于尽头式城市,环线的规划、建设则应该慎重;穿越式城市通常为小城市,交通网络规划应考虑城市的发展,引导过境交通偏离中心区。

(4) 城市发展形态结构与路网形式

城市的基本布局形态一般分为中央组团式、分散组团式、带状、棋盘式和自由式。

① 中央组团式结构。中央组团式城市的特点是有一个强大的城市中心,因此与此对应的交通网络应该是放射形或环形放射状,以处理城市的内外交通和过境交通。它适用于平原城市,如我国北京、成都等城市。J. M. Tomson(20 世纪 70 年代中期)研究城市交通与城市布局的关系时,给出了 5 种交通战略结构模式。将如图 4-6 所示方格加环形放射交通网络布局称为限制交通战略模式,并指出其适用于具有强大的市中心,周边设置卫星城,采用分级规划建设,且具有较好的公共交通系统的城市。我国的北京的规划建设接近于该种模式。

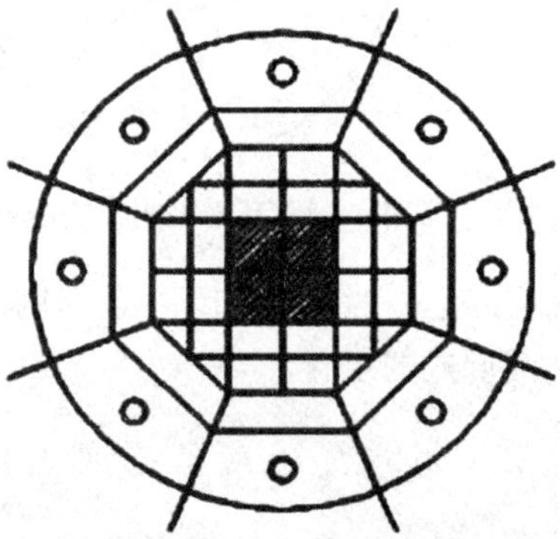

图 4-6　J. M. Tomson 的城市结构模式

② 分散组团式结构。分散组团式城市的特点是城市由几个中心组成,与此对应的交通

网络应该是环形放射状或带状形式。前者对应于一般的分散组团式城市;后者对应于带状分散组团式城市。它适用于地形比较复杂的城市,如我国重庆、包头等城市。

③ 带状结构。带状城市的特点是城市由几个分布于同一带上的组团组成,因此与此对应的交通网为带状形式。它适用于受地形限制的城市,如我国兰州、桂林、深圳等城市。

④ 棋盘式结构。棋盘式城市的特点是城市均匀分布,与此对应的交通网络为方格式交通网。它适用于地形限制较少的平原地区,如我国北京、西安、开封等城市。

⑤ 自由式结构。自由式城市的特点是城市受特定的地形、水系等约束而自由发展,与此对应的交通网络为自由式交通网。它适用于海岸城市或水系比较发达的地区,如我国天津、大连、青岛等城市。

由于我国现状城市化水平和基础设施水平相对较低,城市用地较少,所以绝大部分城市为中央组团式城市。

4.2 交通网络布局规划评价

交通网络是城市或区域的骨架,是保证用地功能发挥和保持拉动经济、保障可持续发展的基础设施,左右着城市或区域的发展方向或规模。因此,交通网络布局的合理性也应作为研究的问题之一。

交通网络布局规划评价主要是对其空间布局合理性和有效性进行综合评价,其内容主要有:评价指标的选择与确定和评价体系。这里,以城市道路网络为例分别介绍。

4.2.1 评价指标

以城市道路网络布局为例,在确定评价时,主要遵循以下原则:

① 静态指标与动态指标相结合。静态指标指道路网密度、道路面积率、各等级路网的比例等。动态指标指对道路网服务的交通流因素的评价指标。

② 科学性定量评价与专家经验判断相结合。

③ 符合我国的经济发展水平,避免过高确定目标。

基于上述原则,城市道路网布局评价指标可以考虑如下:

(1) 道路网密度

道路网密度是指单位城市用地面积内道路的长度,表示区域中道路网的疏密程度,即

道路网密度(km/km^2)=城市建成区内道路总长(km)/城市建成区用地面积(km^2)

道路网密度既体现城市道路网建设数量和水平,又可反映城市道路网布局质量优劣。

我国 2012 年颁布的国家标准《城市用地分类与规划建设用地标准》中,将我国的城市建设用地分为 8 个大类、35 个中类、44 个小类。8 个大类中,第六类为交通设施用地(S)。交通设施用地可分为城市道路用地(S1)、轨道交通线路用地(S2)、综合交通枢纽用地(S3)、交通场站用地(S4)和其他交通设施用地(S9)。其中,交通场站用地(S4)又可分为公共交通设施用地(S41)与社会停车场用地(S42),而城市道路用地(S1)被定义为快速路、主干路、次干路和支路用地,包括其交叉路口用地,不包括居住用地、工业用地等内部配建的道路用地。

表 4-1 和表 4-2 列出国内外主要城市的道路网密度值。

表 4-1 发达国家城市道路用地

指标	城市名称										
	纽约	芝加哥	旧金山	伦敦	米兰	巴黎	巴塞罗那	东京	名古屋	大阪	平均值
道路用地率/%	25.4	23.4	14.9	16.6	8.7	20.0	15.8	14.1	14.4	17.2	17.05
人均道路用地/(m^2/人)	28.3	45.9	25.3	27.11	9.6	—	8.8	10.3	22.8	14.2	21.4
道路网密度/(km/km^2)	13.10	18.60	36.70	8.00	7.14	13.30	18.40	18.40	18.10	18.10	16.21

可见，我国城市道路网密度普遍偏低。原因在于：一是我国经济基础薄弱、资金不足和政策导向等，致使城市基础设施条件非常薄弱，建设水平低；二是从城市结构布局看，我国的城市多为用地紧凑、人口高度密集型城市，道路用地也受到很大程度的限制。因此，对于我国的城市，在进行城市中心区改造时，应该考虑加强交通基础设施的建设，增加道路网的密度，有条件的城市考虑增加轨道网（地铁或轻轨）的密度；对于规划区或新开发区，为了适应现代化城市的需要，应该参考发达国家的道路网密度值确定。

表 4-2 我国主要城市道路用地

城市名称	指标		
	道路用地率/%	人均道路用地/(m^2/人)	道路网密度/(km/km^2)
上海	9.43	3.2	9.07
北京	6.11	4.8	5.98
天津	9.59	7.1	9.29
沈阳	9.19	4.7	9.16
武汉	5.72	3.6	6.06
广州	6.66	4.5	6.66
哈尔滨	8.74	5.3	10.4
重庆	8.92	4.0	11.46
南京	7.07	4.8	6.98
西安	7.64	5.5	7.59
成都	8.40	4.2	7.74
大连	6.34	7.0	4.28
长春	7.75	5.0	6.60
太原	6.26	6.6	6.96
济南	13.65	10.4	11.09
兰州	3.19	4.2	3.09

(续表)

城市名称	指标		
	道路用地率/%	人均道路用地/(m^2/人)	道路网密度/(km/km^2)
昆明	3.57	2.9	3.38
郑州	5.83	5.0	4.90
长沙	4.96	4.3	6.61
杭州	6.33	5.0	8.19
南昌	5.09	2.9	9.37
石家庄	7.53	6.0	7.27
乌鲁木齐	7.99	4.8	7.34
深圳	8.04	7.4	3.65
平均			6.55

(2) 干道网间距

干道网间距即两条干道之间的间隔,对道路网密度起到决定作用。我国没有规定城市干道的间隔,国际上各国采用的标准也不一致。荷兰规定干道间隔为 800～1 000 m;美国为 1/2～2 英里(1 英里=1.609 343 997 55 km);丹麦哥本哈根为 700 m;德国慕尼黑为 700～1 000 m;英国道路多采用区域自动化控制,道路间距以 250～700 m 为宜;日本没有规定干道间隔的具体数值。

根据国外城市道路网规划建设经验,确定道路网布局应该考虑以下内容:

① 交通流的连续性。道路间隔过密,交叉口数量增加,从而增加车辆在交叉口等候和频繁加减速,使得车辆行驶延误增加,降低交通流的连续性和道路的通行能力。因此,为了保持车辆行驶效率、提高道路的通行能力,以次干道间距不小于 300 m,主干道间距不小于 600 m 为宜。

② 城市用地。对于特大城市和大城市,中心区一般为商务区,出行率高,客流较为集中,干道间距过稀不利于居民出行;另外,居民小区一般规模较大,而小区内部不能行驶过境交通和公共交通。因此,以次干道间距为 300～400 m,主干道间距为 600～800 m 为宜。对于城市工业区及城市边缘地区,由于交通量较小,干道间距可以适当增大,以次干道间距为 500～600 m,主干道间距为 1 000～1 200 m 为宜。

(3) 路网结构

路网结构是指城市快速路、主干道、次干道、支路在长度上的比例,衡量道路网的结构合理性。根据城市道路功能的分类和保证交通流的畅通,道路的交通结构应该为“塔”字型,即城市快速路的比例最小,按照城市快速路、主干道、次干道、支路的顺序比例逐渐增高。其比例值分别被推荐为≤5%,27%～30%,32%和 33%～36%。

根据《北京市交通发展年度报告 2011》可知,截至 2010 年底,北京市城区道路总里程为 6 355 km,其中城市快速路 263 km,城市主干路 874 km,城市次干路 652 km,城市支路及街坊路 4 566 km,道路总面积达 9 395 万 m^2,道路网密度达到 4.8 m^2/人。北京市不同等级道路的比重见表 4-3。

表 4-3　北京市不同道路等级城市道路的比重　%

道路等级	快速路	主干路	次干路	支路
比重	4	14	10	72

由表 4-3 可知，北京市路网结构与理想的“塔”字结构还有一定距离。

(4) 道路面积率

道路面积率 p 即道路用地面积占城市建设用地面积的比例，用式(4-1)计算。

$$p=\frac{\sum S}{\sum M} \tag{4-1}$$

式中：$\sum S$ 为建成区道路用地总面积，km^2；$\sum M$ 为城市建成区用地总面积，km^2。

我国国家标准《城市用地分类与规划建设用地标准》中，要求道路面积率为 10%～30%，参照表 4-4 所示部分发达国家城市道路的面积率可知，发达国家城市的道路面积率普遍较高，这与城市用地结构有关。西方发达国家的道路间距较小，由城市道路网形成的用地单元一般用于布置单体建筑，因此城市路网密度较大，道路面积率也随之提高；而我国大中城市内用地单元多为机关、学校或其他建筑群，道路间距较大，因此道路面积率较小。

表 4-4　部分发达国家城市的道路面积率　%

城市	道路面积率	城市	道路面积率	城市	道路面积率
东京	15.3	纽约	35	柏林	26
横滨	10.1	芝加哥	23.4	伦敦	23
大阪	17.2	洛杉矶	50	巴黎	25
名古屋	17.6	旧金山	14.9	巴塞罗那	15.8
华盛顿	43	维也纳	15		

(5) 人均道路面积

人均道路面积 a(m^2/人)是指城市居民人均占有的道路面积，计算如式(4-2)所示。

$$a=\frac{\sum S}{\sum P} \tag{4-2}$$

式中：$\sum S$ 为建成区道路用地总面积，km^2；$\sum P$ 为城市总人口，人。

我国国家标准《城市用地分类与规划建设用地标准》中，规定规划人均交通设施用地面积不小于 12.0 m^2/人，这一指标是与上述 10%～30%的交通设施用地率相对应。另外，考虑到 200 万人口以上的特大城市轨道交通等建设的需要，其人均交通设施用地规模底限应在 12.0 m^2/人的基础上酌情提高。

(6) 道路网的可达性

道路网的可达性(Accessibility)是指所有交通小区中心到达道路网最短距离的平均值。该指标值越小,说明其可达性越好,路网密度越大,即

$$\overline{L_a} = \frac{1}{N_z}\sum_{i=1}^{N_z} L_i \tag{4-3}$$

式中:N_z 为交通小区数;L_i 为交通小区 i 到道路网的最短距离。

(7) 道路网连接度

道路网连接度是指道路网中路段之间的连接程度 J,用式(4-4)表示:

$$J = \frac{2M}{N} \tag{4-4}$$

式中:M 为道路网中路段数;N 为道路网的节点数。

道路网连接度反映了道路网络的成熟程度。其值越高,表明道路网中断头路越少,成网成环率越高,反之则表示成网成环率较低。按照式(4-4)计算的简单道路网布局的连接度值见表 4-5。

表 4-5 简单道路网布局的连接度值

网络布局形式	节点数	网络总边数	连接度值
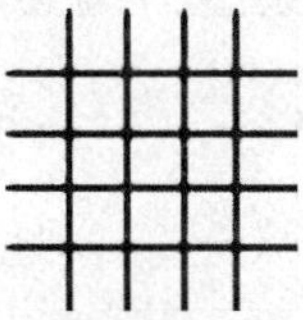	32	40	2.5
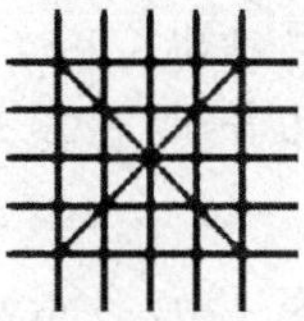	45	68	3.0
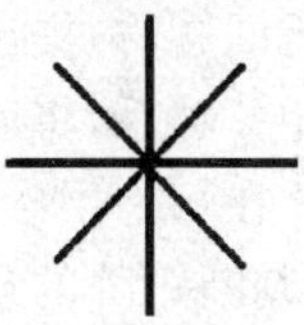	9	8	1.8
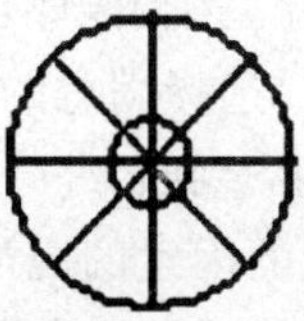	17	32	3.8

可以看出,方格加环形放射式路网的连接度较方格式路网高,连接性能好;环形放射式路网比单纯放射式路网的连接度高。这说明城市道路网成环成网的状况越好,其连接度

越好。

我国大部分城市路网布局形式为方格网形。对于方格网形路网，其连接度指数随着节点数增加而增加，见表 4－6。

表 4－6　方格网形路网节点数与连接度指数的关系

节点数(N)	49	81	121	144	225	289	400	900
连接度(J)	3.43	3.56	3.63	3.67	3.73	3.76	3.8	3.87

(8) 非直线系数

非直线系数是指交通网络中两节点间实际道路长度与直线距离之比。整个路网的非直线系数称为路网综合非直线系数。因此，i，j 两节点间的非直线系数可表达为

$$R_{ij}=\frac{\text{两节点间道路长度}}{\text{两节点间直线距离}} \tag{4-5}$$

在进行城市道路网络规划时，应注意控制非直线系数。公共交通线路非直线系数不应大于 1.4，整个路网的非直线系数宜为 1.15～1.2。

另外，对于公交线网布局规划的评价，可分为公交客流分布与分配的评价和公交线网质量的评价。对于线网质量评价，主要考虑的指标包括公交线网密度、线网重复系数、公交线网非直线系数、站点覆盖率等。

对于轨道交通线网，其评价指标有线网总长度、网络直达率、对常规公交的疏散效果等。

4.2.2　评价体系

上述各种指标对于评价城市道路网络布局都是重要的，但是为了综合、科学地评价，需要使用理论评价方法。

利用类似上述多因素进行综合分析评价的方法主要有层次分析法、聚类分析法、主成分分析法和模糊综合评价等。这里介绍利用层次分析法进行综合评价的方法，其余方法请参考相关书籍。

层次分析法(Analytic Hierarchy Process，AHP)是美国运筹学家 T. L. Saaty 于 1973 年在针对将现代管理中存在的复杂且模糊的相关关系转化为定量分析问题时，提出的一种层次权重评价决策分析方法。它通过分析复杂问题所包含的因素及相关关系，将问题分解为不同的要素，并将这些要素归并为不同层次，从而形成各层次结构。在每一层次，可以按照某一规定规则，对该层要素进行两两比较，建立判断矩阵，通过计算判断矩阵的最大特征值以及对应的正交特征向量，得出该层要素对于该层准则的权重。在此基础上，计算出各层次要素对于总体的组合权重，从而得出不同方案的权重，为人们的决策(选择满意的方案)提供依据。这种方法体现了运用已有的知识和经验，对客观事物进行分解、判断、综合，并据此对系统进行辨识、评价和决策。对于牵涉到社会因素、政治因素乃至人的因素的混沌状态的复杂问题的辨识和评价，层次分析法是一种有效的方法。目前，层次分析法的应用范围极为广泛，在资源分配、方案评比、预测、规划等方面都有应用。

运用层次分析法进行系统评价时，大致经过以下四个步骤：

① 明确问题，建立层次结构模型。

② 构造判断矩阵。

③ 计算单一准则下各要素的相对权重。

④ 计算各层要素的组合权重。

明确问题是层次分析法的出发点，为了对某种复杂的管理问题进行评价和决策，首先必须弄清楚对象的性质、范围、包含哪些因素以及它们之间的支配关系等。

建立层次结构模型是在明确问题的基础上，把复杂问题条理化和层次化，构造一个层次结构模型，按照属性的不同把构成要素或组成部分分成若干组，每一组构成一个层次，层次之间的要素互不相交。同一层次的元素作为准则对下一层的全部或部分要素起着支配作用，同时它又受到上一层元素的支配。这些层次可以分成以下三类：

① 目标层。只有一个要素，一般是分析问题的预定目标或理想结果。

② 中间层。包括为实现目标所涉及的中间环节，它可以由若干层次组成，包括所需要考虑的准则、子准则，因此也称为准则层。

③ 方案层。方案层是整个层次结构中的最低层，表示为实现目标可供选择的各种措施、决策方案等。

层次结构模型中的层次数与问题的复杂程度及需要分析的详尽程度有关，一般可以不受限制。

针对城市道路网布局规划的评价，可以建立如图 4-7 所示层次结构模型。

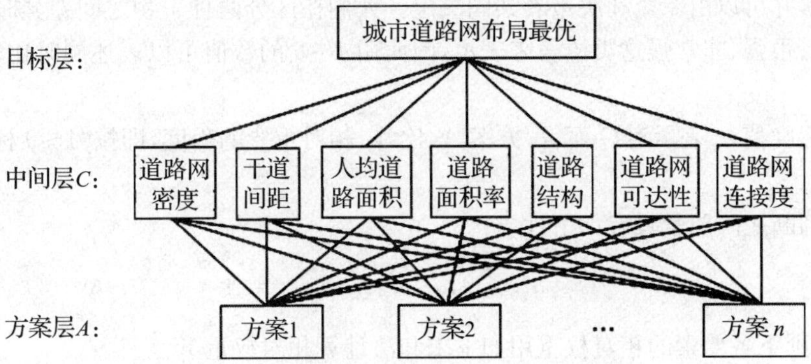

图 4-7 城市道路网布局规划层次结构模型

在建立层次结构模型之后，就可以对要素进行两两比较，比较判断按照表 4-7 所示标度及其描述进行，比较结构用表 4-8 判断矩阵表示。

表 4-7 要素比较标度及其描述

标度值 a_{ij}	两指标间的关系（C_i 与 C_j）	两方案之间的关系（A_i 与 A_j）
1	C_i 与 C_j 同等重要	A_i 与 A_j 同样优
3	C_i 比 C_j 稍微重要	A_i 比 A_j 稍微优
5	C_i 比 C_j 明显重要	A_i 比 A_j 明显优

（续表）

标度值 a_{ij}	两指标间的关系(C_i 与 C_j)	两方案之间的关系(A_i 与 A_j)
7	C_i 比 C_j 非常重要	A_i 比 A_j 非常优
9	C_i 比 C_j 极为重要	A_i 比 A_j 极为优
2,4,6,8	表示上述相邻判断的中间值	
倒数	若 C_i 比 C_j 的重要性程度为1,则 C_i 比 C_j 的重要性程度为 a_{ij},即 $a_{ji}=1/a_{ij}$	

表 4-8　判断矩阵 A

	A_1	A_2	…	A_n
A_1	a_{11}	a_{12}	…	a_{1n}
A_2	a_{21}	a_{22}	…	a_{2n}
⋮	⋮	⋮	⋮	⋮
A_n	a_{n1}	a_{n2}	…	a_{nn}

在进行两两比较判断时,把要素的重要性程度赋予 1～9 数值,是将思维判断数量化的一种好方法,并可以由专家和决策者共同决定。人们在区分两种事物之间差异时,总是用相同、较强、强、很强、非常强这类语言来表示,因而用 1～9 的数值可以表述同时比较某种属性差异。

其中,标度值 a_{ij} 表示对 C 而言,方案 A_i 比 A_j 相对重要的程度,即按"1～9 标度"对重要程度的赋值。

显然,判断矩阵要素具有如下性质:

$$1 \leqslant a_{ij} \leqslant 9, a_{ij} = 1/a_{ji}, a_{ij} = 1$$

单一准则下各要素的相对权重用如下求和法计算相对权重 W_i。

$$W_i = \frac{\overline{W}_i}{\sum_{k=1}^{n} \overline{W}_i}, (i = 1,2,\cdots,n) \tag{4-6}$$

$$\overline{W}_i = \sum_{j=1}^{n} a_{ij}, (i = 1,2,\cdots,n) \tag{4-7}$$

各层次要素的组合权重是层次分析法的最终目的。通过组合权重找到层次结构中的方案层的每一个要素(方案)对目标层的相对重要性,即权重。为了达到此目的,需要在层次单一准则下各要素相对权重的基础上,计算针对上一层次而言本层次所有要素重要性的权值,这样依次下去,最终得到每一个层次所有要素相对于总目标的相对权重,并用表 4-9表示。

表 4-9 组合权值计算

指标 C 方案 A 判断矩阵	C_1	C_2	…	C_7	组合权值
	b_1	b_2	…	b_7	
A_1	a_{11}	a_{12}	…	a_{1n}	$W_1=\sum_{i=1}^{7} b_i \cdot W_{1i}$
A_2	a_{21}	a_{22}	…	a_{2n}	$W_2=\sum_{i=1}^{7} b_i \cdot W_{2i}$
⋮	⋮	⋮	⋮	⋮	⋮
A_n	a_{n1}	a_{n2}	…	a_{nn}	$W_n=\sum_{i=1}^{7} b_i \cdot W_{ni}$

表中，$b_j(j=1,2,\cdots,m)$为指标 C 层对目标层 D 的权重，计算方法与方案 A 对指标层 C 的权重计算相同。

按照上述步骤计算出方案 A 对目标层 D 的组合权重后，方案的优劣顺序即可按照组合权重大小排列，其中组合权重最大的方案即为满意方案。

4.3 交通网络的拓扑建模

为了预测交通网络的交通量，将实际或规划的交通网模型化是一件极其重要的工作，以利于进行科学计算和直观显示。网络可以描述道路和交叉口、铁路和车站、电话线和电话局等物理性构造，以及各种信息流与其节点之间的概念性结构。然而，无论哪种结构，网络都是由点（道路交叉口、铁路车站和电话局等）集和与此连接的线（道路、铁路和电话线等）组成，并将点的集合称为节点（Node）集，用 N 表示；将连接节点的线段的集合称为路段（Link or Arc）集，用 A 表示。因此，网络可以用由点和线段组成的有向图 $G(N,A)$ 进行数学描述。在交通网络中，节点集 N 由发生节点集 R，吸引节点集 S（Centroid）和交叉口之类的交汇节点等组成。一般，用正整数 n 表示和识别。对于将交通小区内诸指标进行集计处理的交通需求预测方法，发生、吸引节点表示交通小区人口密集或政府行政机关的集中的地点。将这些发生、吸引节点对与 r,s 对应，并称之为 OD 对。

另外，路段集合 A 对应着实际道路路段或由几条道路区间合并成一条假想的道路路段，有时代表为了计算高速公路收费的假想路段，有时在公共交通网络中表示换乘或等待时间的假想路段。一般情况下，路段集 A 的要素 a 用正整数表示。

以道路为例，对于交通网络、节点、路段，通常采用以下建模方法。

4.3.1 网络及其拓扑表现

图 4-8 表示了道路交通网络示意，用由点和线组成的有向图表示。图中，单向箭头表示单向通行道路，其余路段表示双向通行（也可以用双向箭头或代表流向分离的单向箭头表示）；虚线代表高速公路匝道或假想路段；○代表节点；◎代表发生、吸引点。

对于图 4-9 所示轨道和道路共存的实际交通网络，可以用图 4-10 所示网络拓扑模型表示。可知，铁路车站和道路交叉口用网络节点表示，节点之间的路段用线段表示。例如，本例中，数字 1 和 2 表示铁路车站；数字 3～24 表示道路交叉口；轨道交通线路与道路网之间在车站处用虚线连接(路段 2—3)，以实现换乘功能。对于道路网络，可以建立表 4-10 所示网络拓扑关系和属性数据库，以供径路搜索和交通流分配用。表中的属性数据包括道路长度、车道数、断面通行能力、单向通行与否、收费与否等。

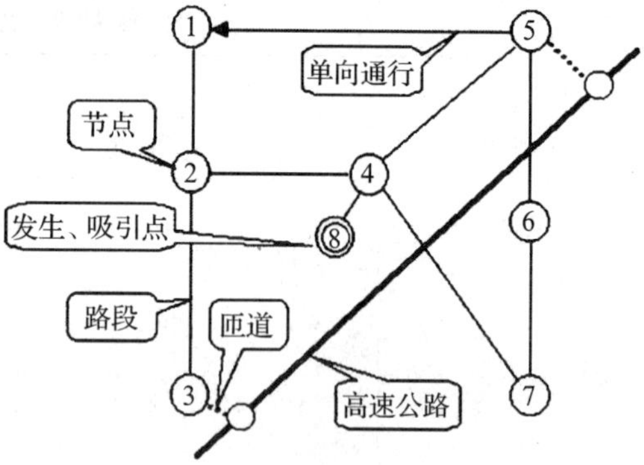

图 4-8　路网的拓扑表现示意

图 4-9　实际交通网络

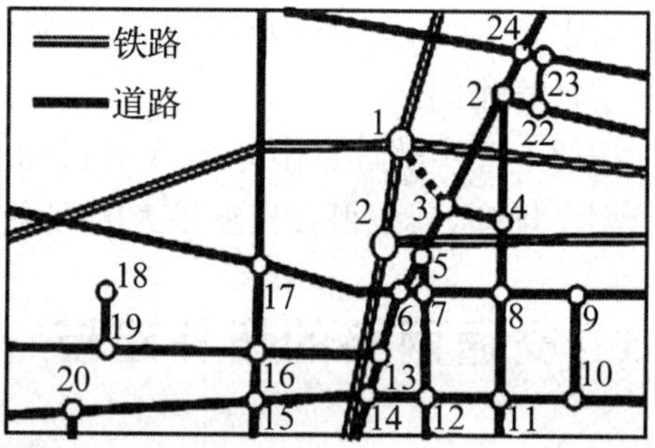

图 4-10　网络拓扑模型

表 4-10　道路网络的拓扑关系及属性数据

路段号	起点	终点	长度/km	车道数	…	道路名
1	3	5	0.20	4	…	胜利南街
2	5	6	0.15	4	…	胜利南街
3	6	13	0.22	4	…	胜利南街
4	13	14	0.11	4	…	胜利南街
5	3	21	0.40	4	…	胜利南街
6	21	24	0.18	4	…	胜利南街
7	9	8	0.25	4	…	和平东路
8	8	7	0.25	4	…	和平东路
9	7	6	0.08	4	…	和平东路
10	6	17	0.50	4	…	和平西路
⋮	⋮	⋮	⋮	⋮	⋮	⋮

路段径路连接矩阵 $\delta^{rs}_{a,k}$ 是交通需求预测中表示网络流拓扑关系的重要概念。当径路 k 通过路段 a 时，$\delta^{rs}_{a,k}=1$；相反，$\delta^{rs}_{a,k}=0$。如图 4-11 所示路网简图由 3 个节点、3 条路段($a=1,2,3$)组成的道路网为例，就 OD 对 1(r)—3(s)而言，有 2 条径路($k=1,2$)连接矩阵如下。

4.3.2 邻接矩阵法

邻接矩阵 l 是一个 n 阶方阵(n 是网络中节点的数量)。其中的元素 l_{ij} 表示网络中节点的邻接关系,定义如下。

$$l_{ij}=\begin{cases}1,\text{节点 } i,\text{节点 } j \text{ 有边相连}\\0,\text{否则}\end{cases}$$

假设有一交通网络,其各节点的连接关系如图 4-12 所示,该网络的邻接矩阵见表 4-11。

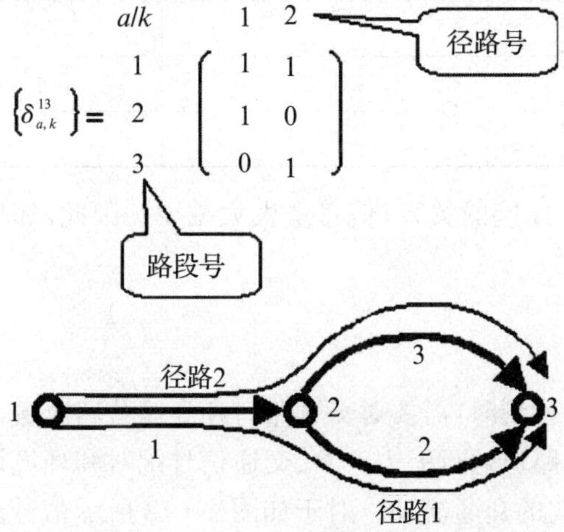

图 4-11　路网简图

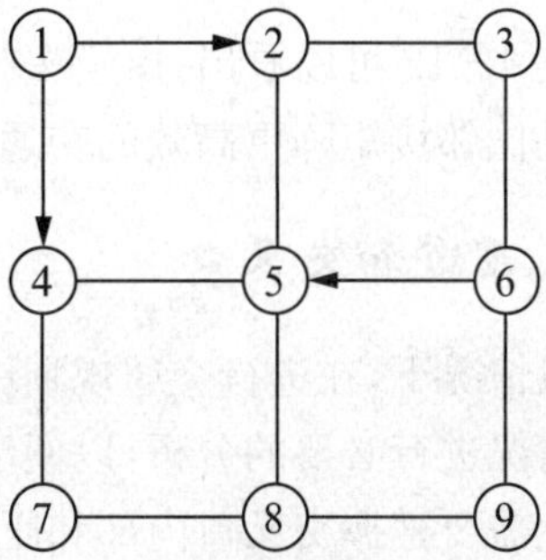

图 4-12　交通网络各节点连接示意

表 4-11　与图 4-12 对应的邻接矩阵

j	i								
	1	2	3	4	5	6	7	8	9
1	0	1	0	1	0	0	0	0	0
2	1	0	1	0	1	0	0	0	0
3	0	1	0	0	0	1	0	0	0
4	0	0	0	0	1	0	1	0	0
5	0	1	0	1	0	0	0	1	0
6	0	0	1	0	1	0	0	0	1
7	0	0	0	1	0	0	0	1	0
8	0	0	0	0	1	0	1	0	1
9	0	0	0	0	0	1	0	1	0

对于单向边(i,j),则线路方向上的连接值 $l_{ij}=1$,而另一个方向 $l_{ij}=0$。

4.3.3 邻接目录表法

与邻接矩阵法相似的方法是邻接目录表法。邻接目录表法采用两组数表示网络的邻接关系。一组为一维数组 $R(i)$，表示与第 i 个节点相连的边数；另一组为二维数组 $V(i,j)$，表示与 i 个节点相连的第 j 个节点的节点号。见表 4－12，用邻接目录表法反映交通网络图 4－12的邻接关系。

表 4－12　与图 4－12 对应的邻接目录

节点 i	$R(i)$	$V(i,j)$	节点 i	$R(i)$	$V(i,j)$
1	2	2 4	6	3	3 5 9
2	3	1 3 5	7	2	4 8
3	2	2 6	8	3	5 7 9
4	3	1 5 7	9	2	6 8
5	4	2 4 6 8			

由表 4－12 可以看出，由于去掉网络中无连接的关系，信息量大大减少。因此，邻接目录表法是比邻接矩阵更高效的交通网络模型。

4.3.4　匝道和交叉口

一般情况下，在进行交通规划中交通需求预测时，需要对交叉路口和高速公路匝道的交通流动情况进行必要的分析，以便于进行交叉路口通行能力计算、交通信号配时和环境评价等。因此需要把握交叉口内部和匝道内各方向的交通流动。对于如图 4－13 所示信号交叉口，在交通需求预测阶段，一般采用如图 4－14 所示表现形式可以满足要求。然而，如果是研究对应交叉口的信号控制方案及其效果，则必须进一步详细表达成如图 4－15 所示模型。

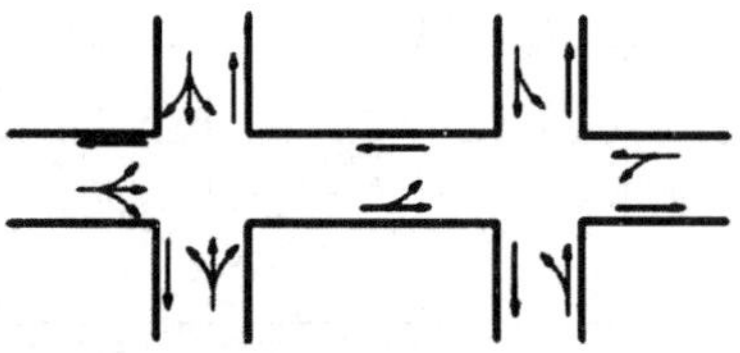

图 4－13　信号交叉口的交通流动

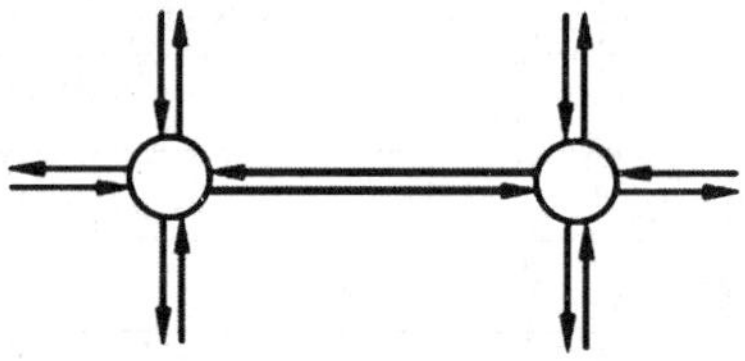

图 4－14　信号交叉口拓扑模型

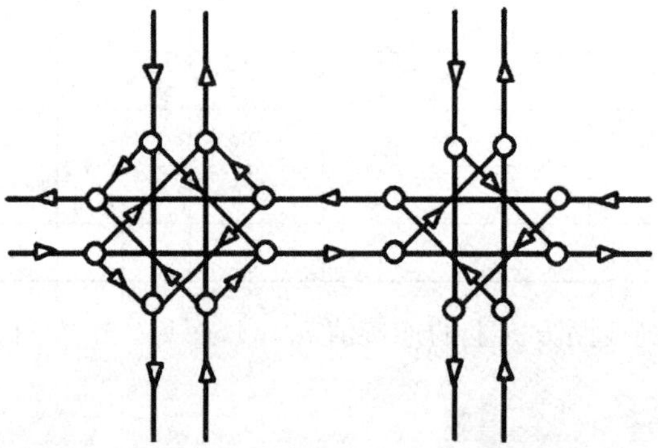

图 4－15　信号交叉口交通信号控制用拓扑模型

在交通设计课程里，可以学习到高速公路立体交叉有三路交叉、四路交叉和多路交叉三种类型。各种类型中又可分为全互通和部分互通等形式。如图 4－16 所示为四路全互通式立体交叉，可以用图 4－17 的拓扑模型表示。对于其他类型的立体交叉形式可以根据其具体的交通流动组织情况类推。

图 4－16 四路全互通式立体交叉

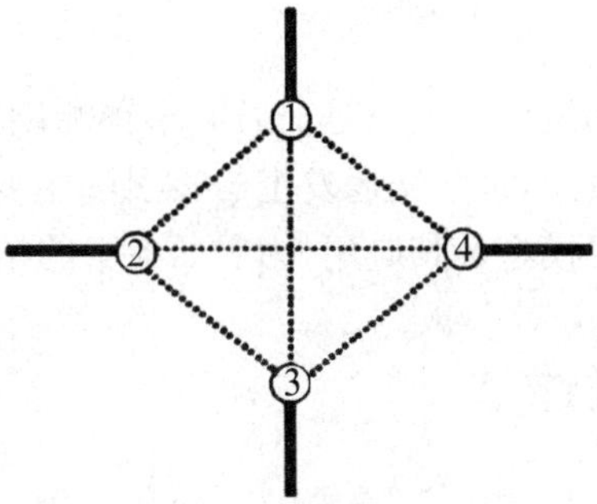

图 4－17 四路全互通式立体交叉拓扑模型

复习思考题

1. 试选择周围一小区域的交通网络或一座立交桥，做出其交通网络拓扑模型，给出节点和路段。

2. 试给出如图 4－18 所示交通网络的路段连接矩阵和路段径路连接矩阵。

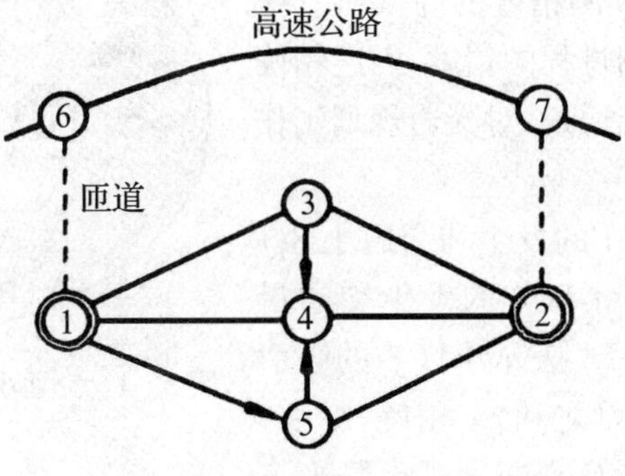

图 4－18 道路交通网络示意

3. 试叙述城市交通网络的基本结构及其主要特点。

5 交通的发生与吸引

交通的发生与吸引是交通需求预测四阶段预测中的第一阶段。通过本章的学习，要理解出行的概念，理解交通发生与吸引的主要影响因素，掌握出行生成预测、出行发生和吸引预测的主要模型及其应用，为后面各章的学习奠定基础。

5.1 概述

发生与吸引交通量的预测是交通需求预测四阶段预测中的第一阶段，是交通需求分析工作中最基本的部分之一。本阶段的任务是求出对象地区的交通需求总量，即生成(Trip Production)交通量。然后，在此量的约束下，求出各个交通小区的发生与吸引交通量。

根据研究对象地区的特性直接求得生成交通量的步骤被称为交通量的生成。生成交通量是对象区域交通的总量，它与土地利用没有直接关系。生成交通量通常作为总控制量，用来预测和校核各个交通小区的发生(Trip Generation)与吸引(Trip Attraction)交通量。而出行的发生与吸引是指研究对象区域内各交通小区的交通发生与吸引量，它们与土地利用和设施有着密切的关系。发生与吸引交通量预测精度的高低将直接影响以后阶段乃至整个预测过程的精度，因此精确地预测出行的发生与吸引交通量，对交通规划工作是非常必要和重要的。

图 5-1 表示交通小区 i 的发生和交通小区 j 的吸引交通量。O_i 表示由小区 i 的发生交通量(到各小区的交通量之和)，D_j 表示小区 j 的吸引交通量(来各小区 j 的交通量之和)。相反，小区 i 的吸引交通量和小区 j 的发生交通量以此类推。

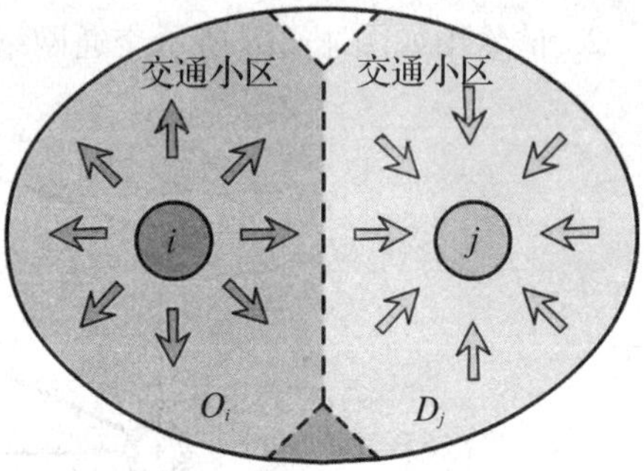

图 5-1　交通小区的发生与吸引交通量示意

5.2 发生与吸引交通量的影响因素

(1) 土地利用

交通与土地利用(Land Use)有着不可分割的关系，是影响交通产生的主要因素之一。按照我国国家标准《城市用地分类与规划建设用地标准》规定，城市土地利用分 8 个大类，分别为：居住用地；公共管理与公共服务用地；商业服务业设施用地；工业用地；物流仓储用地；交通设施用地；公共设施用地；绿地。

① 住宅用地是交通的主要发生源和居民出行的主要起讫点。该用地的发生与吸引交通量通常用居住面积、住户数、人口、住户平均人数等指标表示。与住宅用地相关的出行有上班、上学、自由(购物、娱乐)、回家。

② 公共设施用地包括行政办公用地、商业金融业用地、文化娱乐用地、体育用地、医疗卫生用地、教育科研设计用地、文物古迹用地等。当然,也是交通的主要发生源之一。该用地的发生与吸引交通量通常用办公、营业面积及从业人口等指标表示。与公共设施用地相关的出行有上班、上学、自由(娱乐)、业务、回家。

③ 工业用地是工作日上班交通的主要发生源。该用地的发生与吸引交通量通常用从业人口、产值等指标表示。与工业用地相关的出行有上班、业务和回家。

④ 仓储用地是货物的主要集散点,因此是货物交通的主要发生源。该用地发生与吸引交通量通常用仓库面积、货物吞吐量等指标表示。与仓储用地相关的出行有上班、业务、回家。

可以说,土地利用与交通互为因果关系。人们活动的活跃(交通的发展)拉动土地利用的发展,相反,土地利用的发展(城市建设)又会诱发人们的生活和出行。对于该方面的研究见第三章内容。

(2) 家庭规模和人员的构成

家庭是构成人们出行的基础,上班、自由(走亲访友、购物等私人出行)多以家庭为出发点。

家庭规模和成员构成是影响家庭出行的主要因素。随着家庭规模的增大,人均出行次数减少,如购物可由一人代替。有老人和幼儿家庭的看病出行(自由)多,年轻夫妇的购物、娱乐(自由)和上班等出行多。

(3) 年龄、性别

由于性别和年龄的不同,人们的出行次数和内容也不相同。一般而言,受体力、工作性质等影响,男性以 20～45 岁之间的平均出行次数多,女性 20～40 岁平均出行次数多。通常,用居民出行调查中不同性别和年龄的平均出行次数评价和预测出行的发生与吸引交通量。图 5-2 是根据 1986 年 6 月在北京进行的居民出行调查做的统计。

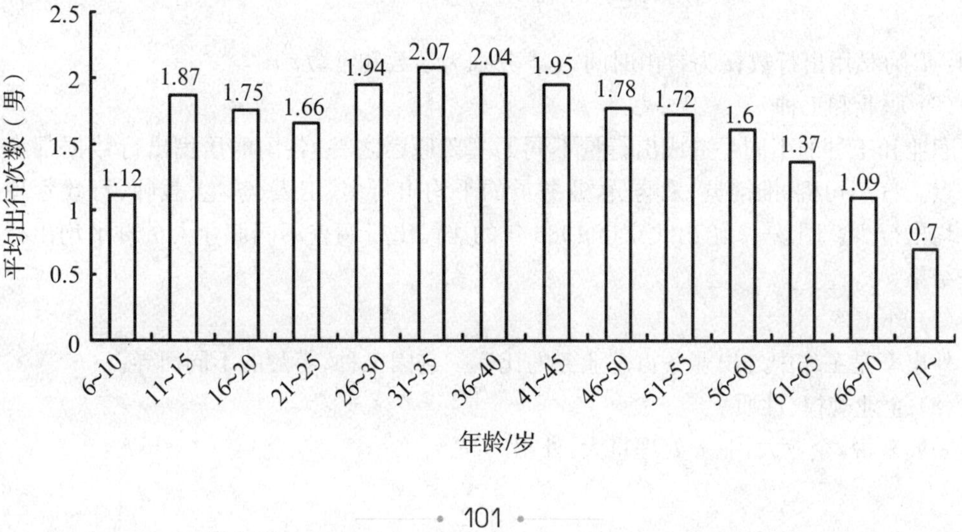

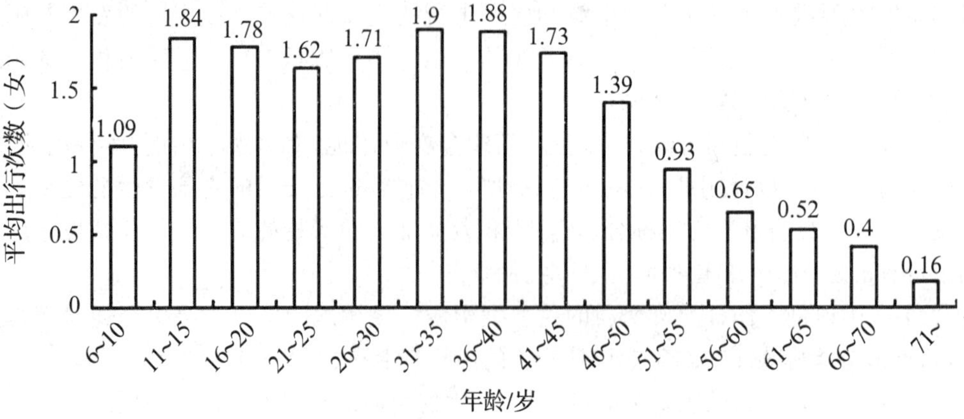

图 5-2　不同性别不同年龄日人均出行次数

由图 5-2 可以看出，几乎在所有年龄层中，男性的出行次数都比女性要多，而且比较各年龄层的出行特征可以发现，不管男女，出行次数随年龄层变化而变化的规律几乎是一致的。

(4) 汽车保有率

汽车保有率增加，人口出行数增加，其原因有：

① 出行需求高的人购买车辆，出行次数多；

② 购买车辆以后更容易诱发出行。

通常，用汽车保有量或户均汽车保有量指标表示和评价。随着我国城镇居民生活水平的不断提高和加入国际贸易组织(WTO)，对汽车的购买力的上升和汽车价格的不断下调，私人汽车保有量将逐渐成为影响城市道路交通的主要因素之一。

(5) 自由时间

这里将自由时间定义为从一天的 24 h 中除去睡眠、饮食等生活必需时间和工作、学习等约束时间的剩余值。显然，自由时间增加后，用于出行时间增加，出行也会增加。研究表明，私用出行数与自由时间可以用以下线性方程表示，即

$$T = at + b \tag{5-1}$$

式中：T 为私用出行数；t 为自由时间；a，b 分别为系数和常数。

(6) 职业和工种

职业和工种的不同是造成出行量不同的主要原因之一，各国的居民出行数据都表明了这一点。汽车司机、推销员、采购员、业务员的平均出行多，工人、学生、教师、行政管理人员的平均出行少。图 5-3 给出北京市 1986 年的居民出行调查不同职业人员日平均出行次数调查结果。

(7) 外出率

外出率是工作中外出业务占总业务的比率。它因工种、年龄的不同而异。

(8) 企业规模、性质

一般来说，企业大，业务处理量大，外出率高。

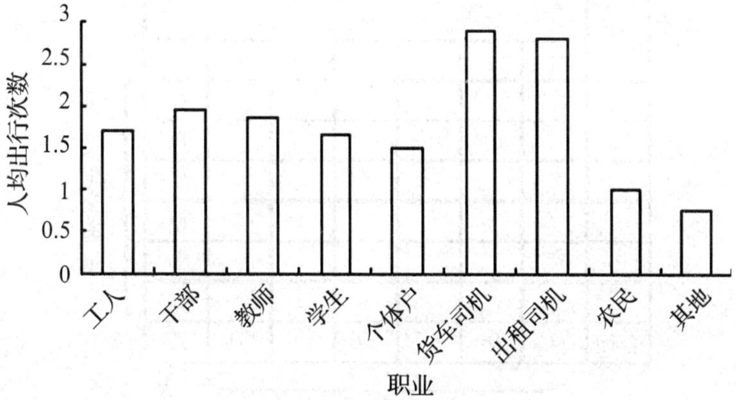

图 5-3 不同职业人员日平均出行次数

(9) 家庭收入

家庭收入也是影响出行，尤其是自由出行的主要因素之一。高收入家庭，汽车购买率高，购物、娱乐等需求也高，平均出行次数多。

(10) 其他

天气、工作日、休息日和季节等的不同也影响人们的出行。雨雪天气人们出行不便，出行量小；周一至周五工作日出行量大且时间集中，周六、周日等休息日出行量小且分散；炎热的夏天和寒冷的冬天出行量小，春秋天气候宜人出行多。

5.3 生成交通量的预测

5.3.1 概述

所谓出行生成，就是从土地利用到出行这一过程中的一种过渡产物。如用地建造住宅或商场等，就会有出行生成，接着也就会有出行的开始。

出行可分为由家出行与非由家出行。前者又可分为上班与非上班。如按出行目的细分，则又有上班、上学、自由(购物、社交)、业务等出行之别。出行生成有两种单位：一种是以车为单位；另一种是以人为单位。在大城市中，交通工具复杂，一般都用人的出行次数为单位，小城市交通工具较为简单，英、美等国家就以小汽车为单位。车辆出行与人的出行之间可以互相换算。

出行生成包括出行产生与出行吸引。由于两者的影响因素不同，前者以住户的社会经济特性为主，后者以土地利用的形态为主，因此有些方法需将出行产生和出行吸引分别进行预测，以求其精确，也利于开展下一阶段出行分布的工作。当住户的社会经济特性和土地利用形态发生改变时，也可用来预测交通需求的变化。而出行生成交通量通常作为总控制量，用来预测和校核各个交通小区的发生和吸引交通量。图 5-4 列出 OD 表中发生交通量、吸引交通量和生成交通量三者之间的关系。下面首先介绍出行生成的预测方法。

O	D						
	1	2	…	j	…	n	合计
1							O_1
2							O_2
⋮							⋮
i							O_i
⋮							⋮
m							O_m
合计	D_1	D_2	…	D_j	…	D_n	T

发生交通量（O_1…O_m）

吸引交通量（D_1…D_n）

生成交通量（T）

图 5-4　发生交通量与吸引交通量、生成交通量示意

5.3.2　生成交通量的预测方法

生成交通量的预测方法主要有原单位法、增长率法、聚类分析法和函数法。除此之外，还有利用研究地区过去的交通量或经济指标等的趋势法和回归分析等方法。

1）原单位法

原单位的求得原则通常有两种：一种是用居住人口或就业人口每人平均的交通生成量来进行推算的个人原单位法；另一种就是以不同用途的土地面积或单位办公面积平均发生的交通量来预测的面积原单位法。不同方法对应的选取的原单位指标也不同，主要有两种。

① 根据人口属性以不同出行目的的单位出行次数为原单位进行预测。

② 以土地利用或经济指标为基准的原单位，即以单位用地面积或单位经济指标为基准对原单位进行预测。

在居民出行预测中经常采用的是以单位出行次数作为原单位，预测未来的居民出行量的方法，所以也称为单位出行次数预测法。单位出行次数为人均或家庭平均每天的出行次数，它由居民出行调查结果统计得出。因为人口单位出行次数比较稳定，所以人口单位出行次数预测法是进行生成交通量预测时最常用的方法之一。日本、美国多使用该方法。在日本，人日均单位出行次数约为 2.7。不同出行目的有着不同的单位出行次数，如图 5-5 所示就是根据 1986 年北京市调查得到的不同出行目的的人均出行次数。

预测不同出行目的生成交通量可以采用如下方法：

$$T = \sum T^k \qquad T^k = \sum_l a_l^k N_E \tag{5-2}$$

式中：a_l^k 为某出行目的和人口属性的平均出行生成量；N_E 为属性的人口；T^k 为出行目的为 k 时的生成交通量；T 为研究对象地区总的生成交通量；l 为人口属性（常住人口、就业人口、工作人口、流动人口）；k 为出行目的。

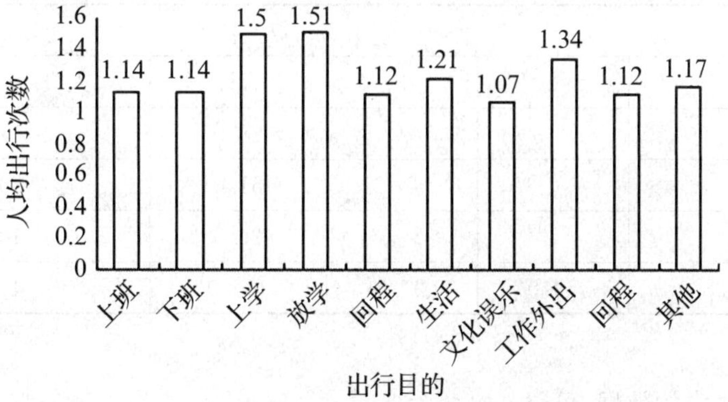

图 5-5 不同出行目的的人均出行原单位

原单位法预测的出行生成量除由人口属性按出行目的的不同预测外，还可以以土地利用或经济指标为基准预测。从调查中得出单位用地面积或单位经济指标的发生与吸引交通量，若假定其是稳定的，则可根据规划期限内各交通区的用地面积(人口量或经济指标等)进行交通生成预测。

根据交通调查可得到交通预测所需的原单位指标值，但像北京、上海、广州、南京等这样的大城市，大规模的居民调查几年甚至十几年才能进行一次，小城市这方面的数据就更是匮乏，这种情况容易造成预测所需要的数据比较缺乏或陈旧。在数据资料不足的情况下，也可以采用下述简易方法对研究区域进行数据采集或标定。若有一个 1 000 户的分区，则可以在其唯一的出入口放置一两个计数器或人工计数器，测出每天进出该区的车辆数或人数，然后除以 1 000 户，就是每天产生的出行次数。如果知道住户数或土地利用的建筑面积，将其与相应的原单位相乘及将分区所有的项目相加，则可求得该区总的出行生成量。

对于预测生成交通量来说，怎样决定生成原单位的将来值是一个重要的课题。根据以往的研究成果，通常有以下三种做法：

① 直接使用现状调查中得到的原单位数据。

② 将现状调查得到的原单位乘以其他指标的增长率来推算，即增长率法。

③ 最常用的也是最主要的为函数法。通常按照不同的出行目的预测不同出行目的的原单位。其中，函数的影响因素(或称自变量)多采用性别、年龄等指标。

【例题 5-1】 如图 5-6 所示是分有三个交通小区的某对象区域，表 5-1 是各小区现状的出行发生量和吸引量，在常住人口平均出行次数不变的情况下，采用单位出行次数法预测其将来的出行生成量。

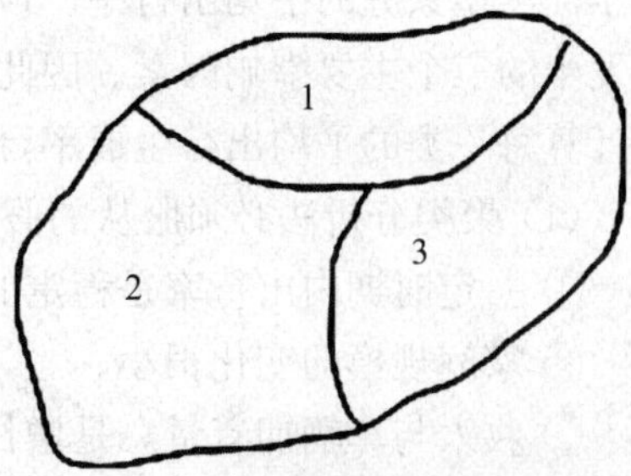

图 5-6 某对象区域小区划分示意

表 5-1　各区现在的出行发生量和吸引量　　万次/日

O	D				
	1	2	3	合计	人口/万人(现在/将来)
1				28.0	11.0/15.0
2				51.0	20.0/36.0
3				26.0	10.0/14.0
合计	28.0	50.0	27.0	105.0	41.0/65.0

解:

根据表 5-1 中的数据,可得

现状出行生成量 $T=28.0+51.0+26.0=28.0+27.0+50.0=105.0$ 万次

现状常住人口 $N=11.0+20.0+10.0=41.0$ 万人

将来常住人口 $M=15.0+36.0+14.0=65.0$ 万人

人均单位出行次数 $T/N=105.0/41.0=2.561$ 次/(日·人)

因此,将来的生成交通量 $X=M\times(T/N)=65.0\times2.561=166.5$ 万次/日

由于人们在对象区域内的出行不受区域内小区划分的影响,因此生成交通量的单位出行次数与发生/吸引的单位出行次数比较,具有时序列安定的特点。

如上所述,将单位出行次数视为不随时间变动的量,而直接使用居民出行调查结果。然而,单位出行次数因交通参与者的个人属性(年龄、性别、职业、汽车拥有与否等)不同而变动。

2) 聚类分析法

聚类分析(Cross-Classification or Category Analysis)是出行生成预测的另一个可选用的模型,英国人称其为类型(别)分析,美国人则称其为交叉分类方法,它突出以家庭作为基本单元,用将来的出行发生率求得将来的出行量。它与原单位法有很多相似之处,但又存在很大不同。

20 世纪 70 年代后,出行生成分析产生了从应用交通分区统计资料的回归分析转移到个体(非集计)资料的聚类分析的趋势。聚类分析首先在美国的普吉湾(Puget Sound)区域交通调查中,是一个基于土地利用的出行生成模型。其基本思想是把家庭按类型分类,从而求得不同类型家庭的平均出行率。该研究认为小汽车拥有量、家庭规模和家庭收入是决定交通发生的三个主要影响因素。因此,根据这些变量把家庭横向分类,并且由家庭访问调查资料计算每一类的平均出行生成率,预测时以将来同类型家庭的预测值乘以相应的出行率。

(1) 聚类分析法必须服从的假设

① 一定时期内出行率是稳定的。

② 家庭规模的变化很小。

③ 收入与车辆拥有量总是增长的。

④ 每种类型内的家庭数量,可用相应于该家庭收入、车辆拥有量和家庭结构等资料所导出的数学分布方法来估计。

(2) 构造聚类分析模型的步骤

① 有关家庭的横向分类。澳大利亚根据其中西部的交通调查,规定家庭大小、家庭收

入各分为 6 类，家庭拥有小汽车数分为 3 类。我国家庭中自行车使用比较广泛，可以考虑作为分类的项目，上海曾以住宅类型、家庭人口及自行车拥有量作为分类项目研究出行发生模型。

② 把每个家庭定位到横向类别。就是对家庭访问调查资料进行分类，把每个家庭归入其所属类别。

③ 对其所分的每一类，计算其平均出行率。用调查的每类出行发生量除以每类的家庭总数，则可分别得出每类家庭的平均出行率。

④ 计算各分区的出行发生。把分区每一类的家庭数乘以该类的出行发生率，并将分区中所有类别的家庭出行量加起来，得到出行总量。

$$\hat{P}_i = \sum_{c=1}^{n} \overline{Q}_c N_{ci} \tag{5-3}$$

式中：$\hat{P}_i$ 为 i 区出行产生数的计算值；$\overline{Q}_c$ 为 C 类家庭的平均出行率；N_{ci} 为 i 区内的 C 类家庭数。

【例题 5-2】 澳大利亚城市类别产生率。根据家庭规模、收入及家庭拥有小汽车数可将研究对象内的家庭分成不同的类别，表 5-2 给出的就是根据调查得到的不同类别家庭的平均出行率。已知：低收入、无小汽车、每户 3 人 100 户；低收入、无小汽车、每户 4 人 200 户；中等收入、有 1 小汽车、每户 4 人 300 户；高收入、有 2 小汽车、每户 5 人 50 户。

表 5-2 不同类别家庭的平均出行率

类别 / 小汽车拥有量	收入					
	低收入		中等收入		高收入	
	1～3 人	4 人及以上	1～3 人	4 人及以上	1～3 人	4 人及以上
无	3.4	4.9	3.7	5.0	3.8	5.1
1 辆	5.2	6.9	7.3	8.3	8.0	10.2
2 辆及以上	5.8	7.2	8.1	11.8	10.0	12.9

解：

100×3.4＋200×4.9＋300×8.3＋50×12.9＝4 455 人次/日

在 20 世纪 60 年代伦敦进行的交通规划中，采用的就是聚类分析法，按照地理条件和家庭属性，分了 108 个类型。根据调查求得各类型的平均出行率。用这些平均出行率和各类型家庭数的将来预测值，分别按 3 种不同交通方式（驾车者、坐车者、利用公共交通系统者）和 6 个不同出行目的（上班、业务、上下学、购物、社交活动、非以家为出发地的出行）进行了预测。

根据聚类分析法来预测居民的出行生成的方法，在 FHWA（美国联邦公路管理局）的出行预测模型中已被采用。该模型由连续的四个子模型组成，其应用程序可从美国交通部城市交通规划的计算机程序中查到。

就聚类分析法而言，说明变量在统计学意义上的检验方法的欠缺是一个主要问题。当然如何正确地预测 108 个类型的户数的将来值也是一个不可忽视的问题。

(3) 聚类分析的优缺点

该方法的主要优点有：

① 直观、容易了解。人们容易接受出行发生与住户特性关系的观念，不像回归分析那样必须了解相关性、参数值等因素。

② 资料的有效利用。从现有的 OD 调查中就可获得完整的资料，即使没有，也可通过小规模调查得到。

③ 容易检验与更新。出行发生率很容易通过小规模抽样调查与小区的特性分析而校核其正确性。

④ 可以适用于各种研究范围。由于出行发生基于住户的特性，出行吸引基于土地利用特性，因此，其出行生成、吸引率可以用于各种范围研究，如区域规划、运输通道规划和新发展区。

该方法的缺点有：

① 每一横向分类的小格中，住户彼此之间的差异性被忽略。

② 因各小格样本数的不同，得到的出行率用于预测时，会失去其一致的精确性。

③ 同一类变量类别等级的确定是凭个人主观，失之客观。

④ 当本方法用于预测时，每一小格规划年的资料预测将是一项繁杂工作。

综上所述，聚类分析法以估计给定出行目的每户家庭的出行产生量为基础，建立以家庭属性为变量的函数。并且突出家庭规模、收入、拥有小汽车数分类调查统计得出相应的出行产生率，由现状产生率得到现状出行量，由未来产生率得到未来出行量。

3) 个人分类方法

个人分类方法(Person-Category Approach)是对基于家庭的分类模型的一种替代方法。如果令 t_j 表示出行率，即在某一段时间内 j 类人中平均每人的出行次数；T_i 表示 i 小区各类居民的总出行数；N_i 为 i 小区的居民总数；a_{ji} 为 i 小区的 j 类居民的百分率。从而可得到 i 地区的出行发生量为

$$T_i = N_i \sum_j a_{ji} t_j \tag{5-4}$$

它与前述的基于家庭的类别分析法相比具有如下优点：

① 个人出行产生模型同经典的交通需求模型的其他部分完全兼容，它们都是基于出行者而不是基于家庭。

② 也可采用交叉分类方法。

③ 建立个人分类模型所需要的样本数比基于家庭模型少数倍。

④ 很容易考虑人口统计的变化。如在基于家庭的模型中无法兼顾某些关键的人口变量(如年龄)。

⑤ 个人分类较家庭分类预测起来更容易，因为后者需要预测家庭构成、大小等。

个人分类模型的主要限制是很难兼顾家庭间的相互影响、家庭的花费和预算。

5.4 发生与吸引交通量的预测

与生成交通量的预测方法相同,发生与吸引交通量的预测方法也分原单位法、增长率法、聚类分析法和函数法。

5.4.1 原单位法

利用原单位法预测发生与吸引交通量时,首先需要分别计算发生原单位和吸引原单位,然后根据发生原单位和吸引原单位与人口、面积等属性的乘积预测得到发生与吸引交通量的值,分别可用下式表示。

$$O_i = bx_i \qquad D_j = cx_j \tag{5-5}$$

式中:i,j 为交通小区;x 为常住人口、白天人口,从业人口、土地利用类别、面积等属性变量;b 为某出行目的的单位出行发生次数,次/(日・人);c 为某出行目的的单位出行吸引,次/(日・人);O_i 为小区 i 的发生交通量;D_j 为小区 j 的吸引交通量。

一般情况下,在交通需求预测时,要求各小区的发生交通量之和与吸引交通量之和相等,并且各小区的发生交通量或吸引交通量之和均等于生成交通量。如果它们之间不满足上述关系,则可以采用如下方法进行调整。

(1) 总量控制法

在实际计算中,各交通小区的推算量的误差是不可避免的,从而造成其总和的误差量。为此,我们应当用研究区域的生成交通量对推算得到的各个小区的发生量进行校正。

假设生成交通量 T 是由全人口 P 与生成原单位 p 而得到的,则

$$T = p \cdot P \tag{5-6}$$

如果生成交通量 T 与总发生交通量 $O = \sum_{i=1}^{n} O_i$ 有明显的误差,则可以将 O_i 修正为

$$O_i' = \frac{T}{O} \cdot O_i \qquad (i = 1,2,\cdots,n) \tag{5-7}$$

为了保证 T 与总吸引交通量 $D = \sum_{j=1}^{n} D_j$ 也相等,这样发生交通量之和、吸引交通量之和以及生成交通量之和三者才能全部相等,为此需将 D_j 修正为

$$D_j' = \frac{T}{D} \cdot D_j \qquad (j = 1,2,\cdots,n) \tag{5-8}$$

这种方法叫总量控制。

(2) 调整系数法

在出行生成阶段,要求满足所有小区出行发生总量要等于出行吸引总量。当上述条件不满足时,一般认为所有小区出行发生总量($O = \sum_{i=1}^{n} O_i$) 可靠些。从而,可将吸引总量乘以

一个调整系数 f。这样可以确保出行吸引总量等于出行发生总量。

$$f=\sum_{i=1}^{n}O_i/\sum_{j=1}^{n}D_j \tag{5-9}$$

【例题 5－3】 假设各小区的发生与吸引原单位不变,试用【例题 5－1】的数据求出将来的发生与吸引交通量。

解:

(1) 求出现状发生与吸引的原单位

小区 1 的发生原单位:28.0/11.0=2.545 次/(日·人)

小区 1 的吸引原单位:28.0/11.0=2.545 次/(日·人)

同理,可以计算其他交通小区的原单位,结果见表 5－3。

表 5－3 现状各区发生与吸引的原单位 次/(日·人)

O	D			
	1	2	3	合计
1				2.545
2				2.550
3				2.600
合计	2.545	2.500	2.700	

(2) 计算各交通小区的将来发生与吸引交通量

小区 1 的发生交通量:15.0×2.545=38.175 万次/日

小区 1 的吸引交通量:15.0×2.545=38.175 万次/日

同理,小区 2 和小区 3 的发生与吸引交通量计算结果见表 5－4。

表 5－4 各区未来的出行发生与吸引交通量 万次/日

O	D			
	1	2	3	合计
1				38.175
2				91.800
3				36.400
合计	38.175	90.000	37.800	

(3) 调整计算

可知,各小区发生交通量之和不等于其吸引交通量之和,所以,需要进行调整计算。调整的目标是使得上述两者相等,即满足下式:

$$\sum_j D_j=\sum_i O_i$$

调整方法可以采用总量控制法(Total Control Method),即使得各小区发生交通量之和

等于其吸引交通量之和，且都等于将来的生成交通量 166.5。根据总量控制法的公式(5－7)和(5－8)可推导得

$$O_i' = O_i \times T / \sum_i O_i^N \qquad D_j' = D_j \times T / \sum_j D_j^N$$

按上式的计算结果如下：

O_1'=38.175×166.5/166.375=38.204　　D_1'=38.175×166.5/165.975=38.296

O_2'=91.800×166.5/166.375=91.869　　D_2'=90.000×166.5/165.975=90.285

O_3'=36.400×166.5/166.375=36.427　　D_3'=37.800×166.5/165.975=37.920

调整后的结果见表 5－5。

表 5－5　各区未来的出行发生与吸引交通量　　万次/日

O	D			
	1	2	3	合计
1				38.204
2				91.869
3				36.427
合计	38.296	90.285	37.920	166.5

由上可以看出，调整以后，各小区的发生与吸引交通量之和相等，均等于交通生成量 166.5 万次/日。

一般而言，在交通需求预测时，要求发生交通量与吸引交通量相等。对于【例题 5－3】，调整后的同一小区的发生与吸引交通量不相等的情况，还可以继续调整。调整方法是取同一小区发生与吸引交通量的平均值，这里省略此步骤。

在用原单位法按不同出行目的分类预测时，以下方法比较实用。即上班出行交通量使用常住人口；上学出行交通量使用常住人口；自由出行交通量使用常住人口和就业人口；业务出行交通量使用就业人口；回家交通量利用上班和上学交通量的返回乘以一个系数，该系数从居民出行调查数据统计得出，一般为接近于 1.0 的值。

【例题 5－4】　某交通小区有 172 家独户住宅，287 家集体住宅，550 家公寓房屋，其产生率分别为 2.38，2.38，2.31 车次/户；另有 40 000 m^2 商业中心，平均每 1 000 m^2 有 2.2 个雇员，其吸引率为 1.82 车次/雇员。用原单位法计算该小区的出行发生量与吸引量。

解：

出行发生量：O_1=2.38×(172+287)+2.31×550=2 363 车次/日

出行吸引量：D_1=2.2×(40 000/1 000)×1.82=160 车次/日

对于有多个小区时：如果 $\sum_i O_i \neq \sum_j D_j$

根据公式(5－9)，可令调整系数 f 为

$$f = \sum_i O_i / \sum_j D_j$$

可得

$$O_i' = O_i \times f$$

$$D'_j = D_j \times f$$

并依此进行调整。

5.4.2 增长率法

增长率法考虑了原单位随时间变动的情况，它是用其他指标的增长率乘以原单位求出将来生成交通量的方法。

$$O_i^N = F_i \cdot O_i \tag{5-10}$$

式中：F_i 为发生与吸引交通量的增长率，例如

$$F_i = \alpha_i \cdot \beta_i$$

其中：$\alpha_i = \dfrac{\text{目标年度小区 } i \text{ 的预测人口}}{\text{基准年度小区 } i \text{ 的人口}}$；$\beta_i = \dfrac{\text{目标年度小区 } i \text{ 的人均车辆拥有率}}{\text{基准年度小区 } i \text{ 的人均车辆拥有率}}$。

增长率法的特点是可以解决原单位法和函数法难于解决的问题，它通过设定交通小区的增长率，可以反映因土地利用的变化引起的人们出行的变化以及对象区域外的交通小区的发生与吸引交通量。对于前者，前面已经讲述；对于后者，由于原单位法和函数法都是基于实际调查数据的方法，而对象区域外的交通小区没有实际测量数据和预测目标年度的自变量数据，因此选用增长率法。由于具有内外交通，因此增长率法可以预测对象区域外小区的将来交通量。比如，可以设定如下式所示：

$$F_j = R_j \cdot R \tag{5-11}$$

式中：F_j 为对象区域外交通小区 j 的发生、吸引交通量的增长率；R_j 为对象区域外交通小区 j 的常住人口的增长率；R 为对象区域内全体的常住人口的增长率。

【例题 5-5】 设某区域现在共有 500 户家庭，其中 250 户每户拥有 1 辆小汽车，另外 250 户没有小汽车，有汽车家庭出行生成原单位为 6.0 次/日，无汽车家庭为 2.5 次/日。假设未来所有家庭都有 1 辆小汽车，家庭收入和人口数不变，用增长率法求出规划年的出行发生量 T_i。

解：

根据出行生成原单位，易得该区域现在出行量：

$T = 250 \times 2.5 + 250 \times 6 = 2\,125$ 次/日

假设未来所有家庭都有 1 辆小汽车，家庭收入和人口数不变，则增长系数 F_i 为

$$F_i = C_i^d / C_i^c = 1.0/0.5 = 2.0$$

式中：C_i^d 为该区域未来的汽车保有率；C_i^c 为该地区现在的汽车保有率。

因此，得该区域未来出行量为：$T_i = 2 \times 2\,125 = 4\,250$ 次/日

可见，增长系数法比较简单，是早期城市交通规划采用的方法之一。经验得出该方法计算的结果偏大，西方一些规划专家推荐用此方法预测研究区域外部的出行。

5.4.3 聚类分析法

在交通生成预测中，学习了聚类分析法。它不仅可以预测交通生成，本身也是发生与吸

引交通量预测中的一种常用且有效的方法。

【例题 5-6】 假设规划调查区的土地利用特性见表 5-6，以小区 1 为抽样点，在不同小汽车占有的情况下，上班出行 1 h 的原单位计算见表 5-7。以小区 1 为抽样点，得到上班出行 1 h 内，出行吸引量与职位数的关系见表 5-8，计算出行的发生与吸引量。

表 5-6 规划区域的土地利用特征

小区	发生特征 C(小汽车拥有户数)				吸引特征 C(职位数)	
	0	1	2	3	基础工业	服务行业
1	10	30	20	15	400	300
2	25	60	40	30	500	600
3	15	50	50	30	250	350

表 5-7 出行发生情况

小汽车拥有/(辆/户)	上班出行 1 h 发生次数	户数	发生原单位/(次/h)
0	55	10	5.5
1	360	30	12.0
2	310	20	15.5
3	255	15	17.0

表 5-8 出行吸引情况

行业	上班出行 1 h 吸引次数	职位数	吸引原单位 $\overline{Q}_c$
基础工业	900	400	2.25
服务业	525	300	1.75

解：

由于出行生成量是土地利用、社会经济特征的函数，因此正确把握它们之间的关系，便可预测出行生成量。

以聚类分析法为例，由假设条件表 5-6 与表 5-7(可认为它代表整个规划调查区)，应用计算小区出行发生公式可算出该规划调查区内各交通小区上班出行 1 h 的发生量 O_i，见表 5-9。

表 5-9 出行发生量 次/h

小区	0	1	2	3	出行发生量 O_i
	$\overline{Q}_c=5.5$	$\overline{Q}_c=12.0$	$\overline{Q}_c=15.5$	$\overline{Q}_c=17.0$	
1	55	360	310	255	980
2	137.5	720	620	510	1 987.5

（续表）

小区	0	1	2	3	出行发生量 O_i
	$\overline{Q}_c=5.5$	$\overline{Q}_c=12.0$	$\overline{Q}_c=15.5$	$\overline{Q}_c=17.0$	
3	82.5	600	775	510	1 967.5
合计	275	1 680	1 705	1 275	4 935

同样的方法可以算出各交通小区的吸引交通量。此前，先将表 5－8 的吸引率作修正，目的是使该调查区域的发生与吸引的总量相平衡（计算略）。修正后的吸引原单位 $\overline{Q}_c^1=2.324$，$\overline{Q}_c^2=1.81$。于是，最后算出该调查区域内各交通小区上班出行 1 h 的出行吸引量 D_j，见表 5－10。

表 5－10　出行吸引量　　次/h

小区	1	2	出行吸引量 D_j
	$\overline{Q}_c=2.324$	$\overline{Q}_c=1.81$	
1	929.5	543	1 472.5
2	1 162	1 086	2 248
3	581	633.5	1 214.5
合计	2 672.5	2 262.5	4 935

5.4.4　函数法

函数法是利用函数式预测将来不同出行目的的原单位的方法，是发生与吸引交通量预测中最常用的方法之一。函数法中多采用多元回归分析法，所以有时被直接称为多元回归分析法（Regression Analysis），其模型如下：

$$\begin{aligned} O_i^p &= b_0^p + b_1^p x_{1i}^p + b_2^p x_{2i}^p + \cdots \\ D_j^p &= c_0^p + c_1^p x_{1j}^p + c_2^p x_{2j}^p + \cdots \end{aligned} \tag{5-12}$$

式中：b,c 分别为回归系数；p 为出行目的；x 为自变量，常取的变量有交通小区内平均收入、平均汽车保有率、家庭数、人口、就业人数、土地利用面积等。

使用多元回归分析法，一般先用实际调查数据和最小二乘法回归出系数 b,c，然后将各交通小区预测目标年的自变量值代入上式，求出各交通小区的发生与吸引交通量。

这里，假设已经得到的关系式为

$$T_i = -0.59X_{i1} + 0.74X_{i2} + 0.88X_{i3} - 0.39X_{i4} + 112$$

式中：T_i 为交通小区 i 的上下班的出行次数；X_{i1} 为交通小区 i 的家庭数；X_{i2} 为交通小区 i 的就业人口数；X_{i3} 为交通小区 i 的汽车保有量；X_{i4} 为交通小区 i 与市中心的距离。

由此则可根据 $X_{i1}, X_{i2}, X_{i3}, X_{i4}$ 目标年度的预测值求得目标年度的 T_i。

选用多元回归分析法时，应该注意自变量之间的相互独立性。该方法也不能表现因土地利用的变化带来的人们出行行为的变化以及由于交通条件的改善引起人们出行能力的增强。

利用回归分析方法预测发生与吸引交通量在我国已经相当普及。特别是一元线性回归的计算相对简便，多元、非线性回归分析的复杂计算也可以通过计算机完成。回归预测的规范步骤可分为建立模型、检验模型和实际预测三个阶段。

(1) 建立模型阶段

① 准备和整理必要的资料数据，资料应该全面、完整。

② 确定因变量和自变量，尤其是自变量。确定时采用定性和定量相结合的方式，更能体现水平。

③ 根据资料数据作出散点图。直观分析其相关程度，如强弱、正负相关、非线性关系等。

④ 确定模型形式，即选择方程的线性、非线性，一元或多元。

⑤ 求解回归系数，计算估计误差和相关系数。

(2) 检验模型阶段

① 初步经验检验，即考察模型是否符合基本常识和公认的理论，如交通量随经济发展反而下降等，对于此类情况则必须检查原因。

② 统计检验包括离散系数($V=S/Y$，标准差/因变量实际均值一般在10%～15%)、相关系数R(一般大于0.7)检验，以及t检验和F检验；这是从数理统计角度考察已有模型的特征值，并给出评价标准。

③ 判定预测效果。测定模型的预测功效，简易的方法是把非样本期内的因变量实际值与同期的预测值比较，如果误差不大，说明模型的预测功效良好，反之，则需重新修订该模型。

(3) 实际预测阶段

通过上述检验后，进入实际预测，提供有价值的信息。

多元回归分析法是在实际交通规划中使用比较广泛的一种方法，如在顺德城市交通规划中就针对现状分析居民出行量与土地利用的关系，建立回归分析模型，并对未来进行预测。顺德的日出行生成回归分析模型是以出行目的的调查数据为准，在小区划分后，进行多元优化回归。经过多次的分析和比较，得到的多元优化回归的回归系数见表5-11和表5-12。

表5-11 交通发生量的回归方程

出行目的	比例/%	相关系数R^2	回归方程	人口	工业用地	仓储用地	商业金融用地(含体育用地)	文化娱乐用地	行政办公用地(含卫生用地)	市政公用设施	文教用地	交通运输用地
上班	35.87	0.933	$Y=0.415\times$人口$+0.009\times$仓储$+0.002\times$商业$+0.001\times$行政	√		√	√		√			

（续表）

出行目的	比例/%	相关系数 R^2	回归方程	人口	工业用地	仓储用地	商业金融用地（含体育用地）	文化娱乐用地	行政办公用地（含卫生用地）	市政公用设施	文教用地	交通运输用地
上学	3.85	0.689	Y=0.063×人口＋6×工业用地密度＋24.354×仓储用地密度	√	√	√						
回家（包括回单位和学校）	44.41	0.878	Y=0.554×人口＋0.001×工业＋0.011×商业＋0.006×行政＋0.002×交通	√	√		√		√		√	
公务或业务	1.26	0.655	Y=0.010×人口＋1.487×工业用地密度＋3.962×商业用地密度＋32.838×市政用地密度	√	√		√			√		
购物	6.90	0.817	Y=0.125×人口＋0.025×文化娱乐	√				√				
娱乐	2.07	0.702	Y=0.028×人口＋0.001×商业＋0.005×文化娱乐	√			√	√				
访友	1.03	0.671	Y=0.022×人口	√								
其他（包括务农）	4.32	0.839	Y=0.058×人口＋0.001×商业＋0.007×文化娱乐	√			√	√				

表 5-12　交通吸引量的回归方程

出行目的	比例/%	相关系数 R^2	回归方程	人口	工业用地	仓储用地	商业金融用地(含体育用地)	文化娱乐用地	行政办公用地(含卫生用地)	市政公用设施	文教用地	交通运输用地
上班	35.87	0.873	Y=0.272×人口+0.002×工业+0.002×商业+0.001×行政+0.002×交通	√	√		√		√			√
上学	3.85	0.679	Y=0.062×人口+2.655×工业用地密度+1.323×商业用地密度+39.76×文教用地	√	√		√				√	
回家(包括回单位和学校)	44.41	0.943	Y=0.704×人口+0.007×仓储+0.001×商业+0.023×文化娱乐+0.004×行政	√		√	√	√	√			
公务或业务	1.26	0.665	Y=0.009×人口+0.85×工业用地密度+6.965×商业用地密度+5.539×文化娱乐+36.514×市政用地密度+4.726×交通运输	√	√		√	√		√		√
购物	6.90	0.733	Y=0.135×人口+0.001×商业	√			√					
娱乐	2.07	0.742	Y=0.025×人口+0.001×商业+0.011×文化娱乐	√			√	√				
访友	1.30	0.607	Y=0.024×人口	√								

（续表）

出行目的	比例/%	相关系数 R^2	回归方程	人口	工业用地	仓储用地	商业金融用地（含体育用地）	文化娱乐用地	行政办公用地（含卫生用地）	市政公用设施	文教用地	交通运输用地
其他（包括务农）	4.32	0.854	$Y=0.052\times$人口$+0.002\times$商业$+0.010\times$文化娱乐	√			√	√				

交通需求预测还有一些其他的方法，如弹性系数法、时间序列分析等，由于篇幅所限，本章没有讲述。随着交通研究的不断深入，将不断产生新的分析模型和分析方法，如基于出行链的交通需求研究为交通发生与吸引预测提供了新的思路。而基于出行链的分析方法是最近发展起来的，它已成为交通领域比较受关注的研究热点。

复习思考题

1. 常用的出行生成交通量预测方法有哪几种？各有什么特点？
2. 何谓总量控制？如何调整才能使 OD 表中的出行发生量与吸引量相等？
3. 交通发生与吸引的主要影响因素有哪些？
4. 何谓原单位法？在出行生成预测中应如何确定未来的原单位？利用附近城市的居民出行调查数据，求生成原单位。
5. 聚类分析法的分类依据和基本思想是什么？
6. 简述增长系数法和回归分析法在交通预测中的主要优缺点。
7. 试用表 5－13 中的出行发出量 O_i，出行吸引量 D_j 和常住人口（分男女性别），计算将来的出行生成量、出行发生量及出行吸引量。

表 5－13　各小区的现状出行发生量、出行吸引量和常住人口

小区	1	2	3
现状男性的出行发生量/(万次/日)	15.0	27.0	14.0
现状女性的出行发生量/(万次/日)	13.0	24.0	12.0
现状男性的出行吸引量/(万次/日)	15.0	26.0	15.0
现状女性的出行吸引量/(万次/日)	13.0	24.0	12.0
现状男性的常住人口/万人	5.6	10.2	5.0
现状女性的常住人口/万人	4.4	9.8	5.0
将来男性的常住人口/万人	7.9	18.1	7.2
将来女性的常住人口/万人	7.1	17.9	6.8

6 交通的分布

交通的分布预测是交通规划四阶段预测模型的第二步，是把第一步交通的发生与吸引量预测获得的各小区的出行量转换成小区之间的空间 OD 量，即 OD 矩阵。因此，本章讲述交通规划中交通量分布的基本概念、预测模型及其应用，主要包括增长系数法和重力模型的原理、模型结构、算法、参数标定等。

6.1 概述

在第 5 章，学习生成交通量、发生与吸引交通量的概念，掌握对象区域生成交通量及其内部各小区发生与吸引交通量的预测方法，完成了对象区域的出行总量及其各小区出入总量的预测。

本章将利用这些结果，进一步解决小区和小区之间的分布交通量的预测问题，即解决小区之间的交通流关系。如图 6－1 所示为交通小区 i 和交通小区 j 之间交通分布的示意。q_{ij} 表示由小区 i 到小区 j 的交通量，即分布交通量。

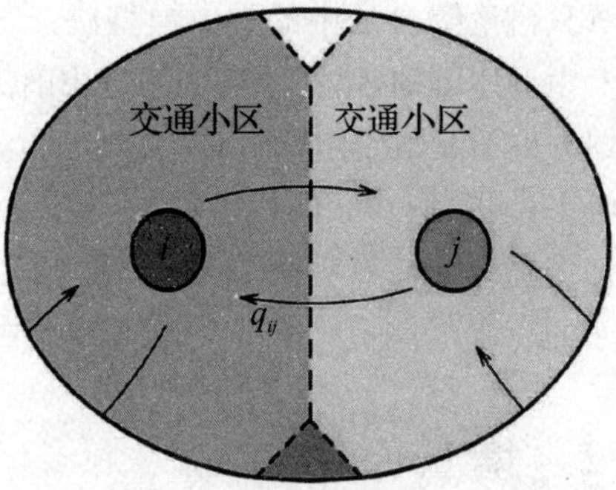

图 6－1　交通分布示意

交通分布中最基本的概念之一是 OD 表，O 表示出发地(Origin)，D 表示目的地(Destination)。交通分布通常用一个二维矩阵表示。一个小区数为 n 的区域的 OD 表，其一般采用的方式见表 6－1。

表 6－1　OD 表

O	D						
	1	2	…	j	…	n	发生量
1	q_{11}	q_{12}	…	q_{1j}	…	q_{1n}	O_1
2	q_{21}	q_{22}	…	q_{2j}	…	q_{2n}	O_2
⋮	⋮	⋮	⋱	⋮	⋮	⋮	⋮
i	q_{i1}	q_{i2}	…	q_{ij}	…	q_{in}	O_i
⋮	⋮	⋮	⋮	⋮	⋱	⋮	⋮
n	q_{n1}	q_{n2}	…	q_{nj}	…	q_{nn}	O_n
吸引量	D_1	D_2	…	D_j	…	D_n	T

表中，q_{ij} 为以小区 i 为起点，小区 j 为终点的交通量；O_i 为小区 i 的发生交通量；D_j 为小区 j 的吸引交通量；T 为研究对象区域的生成交通量。

对此 OD 表，下面各式所示守恒法则成立：

$$\sum_j q_{ij} = O_i, \sum_i q_{ij} = D_j, \sum_i \sum_j q_{ij} = \sum_i O_i = \sum_j D_j = T \tag{6-1}$$

分布交通量预测要解决的问题是，在目标年各交通小区的发生与吸引交通量一定的条件下，求出各交通小区之间将来的 OD 交通量。求得的 OD 交通量也是一个二维 OD 表，也同样要满足式(6-1)的约束条件。

分布交通量的预测方法一般可以分为两类：一类是增长系数法；另一类是综合法。前者假定将来 OD 交通量的分布形式与现有的 OD 表的分布形式相同，在此假定的基础上，用统一的增长系数预测对象区域目标年的 OD 交通量，常用的方法包括常增长系数法、平均增长系数法、底特律(Detroit)法、福莱特(Fratar)法、佛尼斯(Furness)法等；后者从分布交通量的实际分析中，剖析 OD 交通量的分布规律，并将此规律用数学模型表现，然后用实测数据标定模型参数，最后用标定的模型预测分布交通量，其常用方法包括重力模型法、介入机会模型法和最大熵模型法等。由于介入机会模型和最大熵模型在实际应用中很少采用，因此本章只讨论综合法中的重力模型法。

由上述可知，增长系数法的应用前提是要求被预测区域有完整的现状 OD 表，并且将来小区划分也不发生变化。而对于综合法，如果模型已经标定完毕，则不需要现状 OD 表。当然，一般来说，模型参数的标定需要对象区域的实际数据，也就是说 OD 表还是需要的。然而，此种情况即使没有完整的 OD 表也可以进行模型参数的标定。因此，同增长系数法相比，综合法的应用范围更广些。现状 OD 表由“2 交通调查与分析”章节的交通调查获得。

6.2 增长系数法

6.2.1 模型与算法

增长系数法的原理是，假设在现状分布交通量给定的情况下，利用现状值与第 5 章预测获得的将来值之间的增长系数预测将来的分布交通量。

增长系数法的算法步骤如下：

步骤 1：令计算次数 $m=0$。

步骤 2：给定现状 OD 表中 $q_{ij}^m, O_i^m, D_j^m, T^m$ 及将来 OD 表中的 U_i, V_j, X。

步骤 3：求出各小区的发生与吸引交通量的增长率 F_{Oi}^m, F_{Dj}^m。

$$F_{Oi}^m = U_i / O_i^m \tag{6-2}$$

$$F_{Dj}^m = V_j / D_j^m \tag{6-3}$$

步骤 4：求第 $m+1$ 次分布交通量的近似值 q_{ij}^{m+1}。

$$q_{ij}^{m+1} = q_{ij}^m \cdot f(F_{Oi}^m, F_{Dj}^m) \tag{6-4}$$

步骤 5：收敛判别。

$$O_i^{m+1} = \sum_j q_{ij}^{m+1} \tag{6-5}$$

$$D_j^{m+1} = \sum_j q_{ij}^{m+1} \tag{6-6}$$

$$1-\varepsilon <= F_{Oi}^{m+1} = U_i/O_i^{m+1} < 1+\varepsilon \tag{6-7}$$

$$1-\varepsilon <= F_{Dj}^{m+1} = V_j/D_j^{m+1} < 1+\varepsilon \tag{6-8}$$

式中：U_i 为将来 OD 表中的发生交通量；V_j 为将来 OD 表中的吸引交通量；X 为将来 OD 表中的生成交通量；F_{Oi}^m 为 i 小区的第 m 次计算发生增长系数；F_{Dj}^m 为 j 小区的第 m 次计算吸引增长系数；ε 为任意给定的误差常数。

若式(6－7)和式(6－8)满足要求，则停止迭代；否则，令 $m=m+1$，返回步骤 2 继续迭代。

根据函数 $f(F_{Oi}^m, F_{Dj}^m)$ 的种类不同，增长系数法可以分为常增长系数法(Unique Growth Factor Method)、平均增长系数法(Average Growth Factor Method)、底特律法(Detroit Method)、福莱特法(Fratar Method)和佛尼斯法(Furness Method)，下面分别讲述。

6.2.2 常增长系数法

常增长系数法(Unique Growth Factor Method)，假定 q_{ij} 的增长仅与小区 i 的发生量增长率有关，或仅与小区 j 的吸引量增长率有关，或仅与生成量的增长率有关，是一个常量。

增长函数为

$$f_{常}(F_{Oi}, F_{Dj}) = 常量 \tag{6-9}$$

【例题 6－1】 试利用【例题 5－3】中三个小区目标年发生交通量预测值和基础年的出行分布矩阵(表 6－2)，求解目标年的出行分布矩阵。

表 6－2 现状 OD 表和将来各小区的预测值 万次

O	D				
	1	2	3	合计	预测值
1	17.0	7.0	4.0	28.0	38.2
2	7.0	38.0	6.0	51.0	91.9
3	4.0	5.0	17.0	26.0	36.4
合计	28.0	50.0	27.0	105.0	166.5

解：

(1) 求各个小区的发生增长系数

$$F_{O1} = \frac{U_1}{O_1} = \frac{38.2}{28.0} = 1.3643$$

$$F_{O2}=\frac{U_2}{O_2}=\frac{91.9}{51.0}=1.8020$$

$$F_{O3}=\frac{U_3}{O_3}=\frac{36.4}{26.0}=1.4000$$

(2) OD表

以表6-2为基础矩阵，现状OD均乘以发生增长系数，则得到表6-3。

表6-3 常增长系数法计算得到的OD表 万次

O	D				
	1	2	3	合计	目标值
1	23.193	9.550	5.457	38.2	38.2
2	12.614	68.476	10.812	91.9	91.9
3	5.600	7.000	23.800	36.4	36.4
合计	41.407	85.026	40.069	166.5	166.5

表6-3满足发生交通量的约束条件，故为常增长系数法所求将来分布交通量。

常增长系数法只考虑将来的发生量、吸引量或生成量当中的某一个量的增长率对增长函数的影响，忽视了其他变量对增长函数的影响。由于发生量与吸引量的不对称性，因此其预测精度不高，不需要迭代计算，是一种最简单的方法，有时不能保证交通分布的守恒约束条件。

6.2.3 平均增长系数法

平均增长系数法(Average Growth Factor Method)，假设交通小区i,j间的分布交通量q_{ij}的增长系数是小区i出行发生量增长系数和小区j出行吸引量增长系数的平均值，即

$$f_{平}(F_{Oi}^{m},F_{Dj}^{m})=\frac{1}{2}(F_{Oi}^{m}+F_{Dj}^{m}) \tag{6-10}$$

【例题6-2】 试利用【例题5-3】给出的现状分布交通量(表6-4)和将来发生与吸引交通量(表6-5)，用平均增长系数法，求解三个小区将来的分布交通量。设定收敛标准$\varepsilon=3\%$。

表6-4 现状OD表 万次

O	D			
	1	2	3	合计
1	17.0	7.0	4.0	28.0
2	7.0	38.0	6.0	51.0
3	4.0	5.0	17.0	26.0
合计	28.0	50.0	27.0	105.0

表 6-5 将来的发生与吸引交通量

万次

O	D			
	1	2	3	合计
1				38.2
2				91.9
3				36.4
合计	38.3	90.3	37.9	166.5

解：

(1) 求发生交通量增长系数 F_{Oi}^0 和吸引交通量增长系数 F_{Dj}^0

$$F_{O1}^0 = \frac{U_1}{O_1} = \frac{38.2}{28} = 1.3643$$

$$F_{O2}^0 = \frac{U_2}{O_2} = \frac{91.9}{51.0} = 1.8020$$

$$F_{O3}^0 = \frac{U_3}{O_3} = \frac{36.4}{26.0} = 1.4000$$

$$F_{D1}^0 = \frac{V_1}{D_1} = \frac{38.3}{28} = 1.3679$$

$$F_{D2}^0 = \frac{V_2}{D_2} = \frac{90.3}{50} = 1.8060$$

$$F_{D3}^0 = \frac{V_3}{D_3} = \frac{37.9}{27} = 1.4037$$

(2) 第一次近似：$q_{ij}^1 = \dfrac{q_{ij}^0 \times (F_{Oi}^0 + F_{Dj}^0)}{2}$

以表 6-4 为基础，计算后得到第一次迭代计算 OD 表见表 6-6。

表 6-6 第一次迭代计算 OD 表

万次

O	D			
	1	2	3	合计
1	23.224	11.096	5.536	39.856
2	11.095	68.552	9.617	89.264
3	5.536	8.015	23.831	37.382
合计	39.854	87.663	38.985	166.5

(3) 重新计算 F_{Oi}^1 和 F_{Dj}^1

$$F_{O1}^1 = \frac{U_1}{O_1} = \frac{38.2}{39.856} = 0.9585$$

$$F_{O2}^1=\frac{U_2}{O_2}=\frac{91.9}{89.264}=1.0295$$

$$F_{O3}^1=\frac{U_3}{O_3}=\frac{36.4}{37.382}=0.9737$$

$$F_{D1}^1=\frac{V_1}{D_1}=\frac{38.3}{39.854}=0.9610$$

$$F_{D2}^1=\frac{V_2}{D_2}=\frac{90.3}{87.663}=1.0301$$

$$F_{D3}^1=\frac{V_3}{D_3}=\frac{37.9}{38.985}=0.9722$$

(4) 收敛判定

由于 F_{Oi}^1 和 F_{Dj}^1 部分系数大于 3%的误差，因此需要重新进行迭代。

(5) 第二次近似：$q_{ij}^2=\frac{q_{ij}^1\times(F_{Oi}^1+F_{Dj}^1)}{2}$

以表 6－6 为基础，计算后得到第二次迭代计算 OD 表见表 6－7。

表 6－7　第二次迭代计算 OD 表　　万次

O	*D*			
	1	2	3	合计
1	22.289	11.033	5.344	38.666
2	11.042	70.595	9.625	91.262
3	5.355	8.030	23.187	36.572
合计	38.686	89.658	38.156	166.5

(6) 重新计算 F_{Oi}^2 和$_{Dj}^2$

$$F_{O1}^2=\frac{U_1}{O_1}=\frac{38.2}{38.666}=0.9879$$

$$F_{O2}^2=\frac{U_2}{O_2}=\frac{91.9}{91.262}=1.0070$$

$$F_{O3}^2=\frac{U_3}{O_3}=\frac{36.4}{36.572}=0.9953$$

$$F_{D1}^2=\frac{V_1}{D_1}=\frac{38.3}{38.686}=0.9900$$

$$F_{D2}^2=\frac{V_2}{D_2}=\frac{90.3}{89.658}=1.0072$$

$$F_{D3}^2=\frac{V_3}{D_3}=\frac{37.9}{38.156}=0.9933$$

(7) 收敛判定

由于 F_{Oi}^{2} 和 F_{Dj}^{2} 的各项系数误差均小于 3%，因此不需要继续迭代。表 6－7 即为平均增长系数法所求将来分布交通量。

平均增长系数法的优点是公式简明，易于计算；其缺点是收敛慢，迭代次数多，计算精度低。

6.2.4 底特律法

底特律法(Detroit Method)，假设小区 i，j 间分布交通量 q_{ij} 的增长系数与小区 i 的发生量和小区 j 的吸引量增长系数之积成正比，与生成量的增长系数成反比，即

$$f_D(F_{Oi}^{m},F_{Dj}^{m}) = F_{Oi}^{m} \cdot F_{Dj}^{m} \cdot \frac{T^{m}}{X} \tag{6-11}$$

【例题 6－3】 试用底特律法求【例题 6－2】中的将来出行分布交通量。设定收敛标准 $\varepsilon = 3\%$。

解：

(1) 求发生交通量增长系数 F_{Oi}^{0} 和吸引交通量增长系数 F_{Dj}^{0}

$$F_{O1}^{0} = \frac{U_1}{O_1} = \frac{38.2}{28} = 1.3643$$

$$F_{O2}^{0} = \frac{U_2}{O_2} = \frac{91.9}{51.0} = 1.8020$$

$$F_{O3}^{0} = \frac{U_3}{O_3} = \frac{36.4}{26.0} = 1.4000$$

$$F_{D1}^{0} = \frac{V_1}{D_1} = \frac{38.3}{28} = 1.3679$$

$$F_{D2}^{0} = \frac{V_2}{D_2} = \frac{90.3}{50} = 1.8060$$

$$F_{D3}^{0} = \frac{V_3}{D_3} = \frac{37.9}{27} = 1.4037$$

(2) 求生成交通量增长系数的倒数：$G^{0} = T^{0}/X$

$$G^{0} = \frac{T^{0}}{X} = \frac{105.0}{166.5} = 0.6306$$

(3) 第一次近似：$q_{ij}^{1} = q_{ij}^{0} \cdot F_{Oi}^{0} \cdot F_{Dj}^{0} \cdot G^{0}$

以表 6－4 为基础，计算后得到第一次迭代计算 OD 表见表 6－8。

表 6-8　第一次迭代计算 OD 表

万次

O	D			
	1	2	3	合计
1	20.006	10.876	4.831	35.713
2	10.881	77.985	9.570	98.436
3	4.831	7.972	21.067	33.870
合计	35.718	96.833	35.468	168.019

（4）重新计算 F_{Oi}^1 和 F_{Dj}^1

$$F_{O1}^1 = \frac{U_1}{O_1} = \frac{38.2}{35.713} = 1.069\,6$$

$$F_{O2}^1 = \frac{U_2}{O_2} = \frac{91.9}{98.436} = 0.933\,6$$

$$F_{O3}^1 = \frac{U_3}{O_3} = \frac{36.4}{33.870} = 1.074\,7$$

$$F_{D1}^1 = \frac{V_1}{D_1} = \frac{38.3}{35.718} = 1.072\,3$$

$$F_{D2}^1 = \frac{V_2}{D_2} = \frac{90.3}{96.833} = 0.932\,5$$

$$F_{D3}^1 = \frac{V_3}{D_3} = \frac{37.9}{34.468} = 1.099\,6$$

（5）收敛判定

由于 F_{Oi}^1 和 F_{Dj}^1 各项系数均大于 3%的误差，因此需要继续迭代。

（6）求生成交通量增长系数的倒数 G^1

$$G^1 = \frac{T^1}{X} = \frac{168.019}{166.5} = 1.009\,1$$

（7）第二次近似：$q_{ij}^2 = q_{ij}^1 \cdot F_{Oi}^1 \cdot F_{Dj}^1 \cdot G^1$

以表 6-8 为基础，计算后得到第二次迭代计算 OD 表见表 6-9。

表 6-9　第二次迭代计算 OD 表

万次

O	D			
	1	2	3	合计
1	23.155	10.947	5.733	39.835
2	10.992	68.510	9.914	89.416
3	5.617	8.062	25.122	38.802

（续表）

O	D			
	1	2	3	合计
合计	39.764	87.519	40.770	168.053

（8）重新计算 F_{Oi}^2 和 F_{Dj}^2

$$F_{O1}^2 = \frac{U_1}{O_1} = \frac{38.2}{39.835} = 0.9590$$

$$F_{O2}^2 = \frac{U_2}{O_2} = \frac{91.9}{89.416} = 1.0278$$

$$F_{O3}^2 = \frac{U_3}{O_3} = \frac{36.4}{38.802} = 0.9381$$

$$F_{D1}^2 = \frac{V_1}{D_1} = \frac{38.3}{39.764} = 0.9632$$

$$F_{D2}^2 = \frac{V_2}{D_2} = \frac{90.3}{87.519} = 1.0318$$

$$F_{D3}^2 = \frac{V_3}{D_3} = \frac{37.9}{40.770} = 0.9296$$

（9）收敛判定

由于 F_{Oi}^2 和 F_{Dj}^2 部分系数大于3%的误差，因此需要继续迭代。

（10）求生成交通量增长系数的倒数 G^2

$$G^2 = \frac{T^2}{X} = \frac{168.053}{166.5} = 1.0093$$

（11）第三次近似：$q_{ij}^3 = q_{ij}^2 \cdot F_{Oi}^2 \cdot F_{Dj}^2 \cdot G^2$

以表 6－9 为基础，计算后得到第三次迭代计算 OD 表见表 6－10。

表 6－10　第三次迭代计算 OD 表　　万次

O	D			
	1	2	3	合计
1	21.587	10.932	5.159	37.678
2	10.983	73.329	9.561	93.873
3	5.123	7.876	22.112	35.111
合计	37.693	92.138	36.831	166.662

（12）重新计算 F_{Oi}^3 和 F_{Dj}^3

$$F_{O1}^3 = \frac{U_1}{O_1} = \frac{38.2}{37.678} = 1.0139$$

$$F_{O2}^{3}=\frac{U_2}{O_2}=\frac{91.9}{93.873}=0.9790$$

$$F_{O3}^{3}=\frac{U_3}{O_3}=\frac{36.4}{35.111}=1.0267$$

$$F_{D1}^{3}=\frac{V_1}{D_1}=\frac{38.3}{37.693}=1.0161$$

$$F_{D2}^{3}=\frac{V_2}{D_2}=\frac{90.3}{92.138}=0.9801$$

$$F_{D3}^{3}=\frac{V_3}{D_3}=\frac{37.9}{36.831}=1.0290$$

(13) 收敛判定

由于 F_{Oi}^{3} 和 F_{Dj}^{3} 各项系数误差均小于 3%，不需要继续迭代，因此表 6-10 即为底特律法所求将来分布交通量。

底特律法考虑的目标年的出行分布不仅与出行的发生率和吸引率有关，还与出行生成量的增长率有关，考虑的因素较平均增长系数法全面，但同样存在收敛速度慢的问题，需要多次迭代才能求得目标年的分布交通量。

6.2.5 福莱特法

福莱特法(Fratar Method)，假设小区 i，j 间的分布交通量 q_{ij} 的增长系数不仅与小区 i 的发生交通量增长系数和小区 j 的吸引交通量增长系数有关，还与整个规划区域的其他交通小区的增长系数有关。

模型公式为

$$f_F(F_{Oi}^{m},F_{Dj}^{m})=F_{Oi}^{m}\cdot F_{Dj}^{m}\cdot\left(\frac{L_i+L_j}{2}\right) \tag{6-12}$$

$$L_i=\frac{O_i^m}{\sum\limits_j q_{ij}^m\cdot F_{Dj}^m},L_j=\frac{D_j^m}{\sum q_{ij}^m\cdot F_{Oi}^m}$$

式中：L_i 为小区 i 的位置系数；L_j 为小区 j 的位置系数。

【例题 6-4】 试用福莱特法求【例题 6-2】中的将来分布交通量。设定收敛标准 $\varepsilon=3\%$。

解：

(1) 求 F_{Oi}^{0} 和 F_{Dj}^{0}

$$F_{O1}^{0}=\frac{U_1}{O_1}=\frac{38.2}{28}=1.3643$$

$$F_{O2}^{0}=\frac{U_2}{O_2}=\frac{91.9}{51.0}=1.8020$$

$$F_{O3}^0=\frac{U_3}{O_3}=\frac{36.4}{26.0}=1.4000$$

$$F_{D1}^0=\frac{V_1}{D_1}=\frac{38.3}{28}=1.3679$$

$$F_{D2}^0=\frac{V_2}{D_2}=\frac{90.3}{50}=1.8060$$

$$F_{D3}^0=\frac{V_3}{D_3}=\frac{37.9}{27}=1.4037$$

(2) 求 L_i 和 L_j

$$L_{i1}^0=\frac{O_1^0}{\sum_j q_{1j}^0\cdot F_{Dj}^0}=\frac{28.0}{17.0\times1.3679+7.0\times1.8060+4.0\times1.4037}=0.6745$$

$$L_{i2}^0=\frac{O_2^0}{\sum_j q_{2j}^0\cdot F_{Dj}^0}=\frac{51.0}{7.0\times1.3679+38.0\times1.8060+6.0\times1.4037}=0.5887$$

$$L_{i3}^0=\frac{O_3^0}{\sum_j q_{3j}^0\cdot F_{Dj}^0}=\frac{26.0}{4.0\times1.3679+5.0\times1.8060+17.0\times1.4037}=0.6778$$

$$L_{j1}^0=\frac{D_1^0}{\sum_i q_{i1}^0\cdot F_{Oi}^0}=\frac{28.0}{17.0\times1.3643+7.0\times1.8020+4.0\times1.4000}=0.6762$$

$$L_{j2}^0=\frac{D_2^0}{\sum_i q_{i2}^0\cdot F_{Oi}^0}=\frac{50.0}{7.0\times1.3643+38.0\times1.8020+5.0\times1.4000}=0.5881$$

$$L_{j3}^0=\frac{D_3^0}{\sum_i q_{i3}^0\cdot F_{Oi}^0}=\frac{27.0}{4.0\times1.3643+6.0\times1.8020+17.0\times1.4000}=0.6738$$

(3) 求 q_{ij}^1

$$q_{11}^1=\frac{q_{11}^0\times F_{O1}^0\times F_{D1}^0\times(L_{i1}^0+L_{j1}^0)}{2}$$
$$=\frac{17.0\times1.3643\times1.3679\times(0.6745+0.6762)}{2}=21.427$$

$$q_{12}^1=\frac{q_{12}^0\times F_{O1}^0\times F_{D2}^0\times(L_{i1}^0+L_{j2}^0)}{2}$$
$$=\frac{7.0\times1.3643\times1.8060\times(0.6745+0.5881)}{2}=10.888$$

$$q_{13}^1=\frac{q_{13}^0\times F_{O1}^0\times F_{D3}^0\times(L_{i1}^0+L_{j3}^0)}{2}$$
$$=\frac{4.0\times1.3643\times1.4037\times(0.6745+0.6738)}{2}=5.164$$

$$q_{21}^{1}=\frac{q_{21}^{0}\times F_{O2}^{0}\times F_{D1}^{0}\times(L_{i2}^{0}+L_{j1}^{0})}{2}$$

$$=\frac{7.0\times1.8020\times1.3679\times(0.5887+0.6762)}{2}=10.913$$

$$q_{22}^{1}=\frac{q_{22}^{0}\times F_{O2}^{0}\times F_{D2}^{0}\times(L_{i2}^{0}+L_{j2}^{0})}{2}$$

$$=\frac{38.0\times1.8020\times1.8060\times(0.5887+0.5881)}{2}=72.766$$

$$q_{23}^{1}=\frac{q_{23}^{0}\times F_{O2}^{0}\times F_{D3}^{0}\times(L_{i2}^{0}+L_{j3}^{0})}{2}$$

$$=\frac{6.0\times1.8020\times1.4037\times(0.5887+0.6738)}{2}=9.581$$

$$q_{31}^{1}=\frac{q_{31}^{0}\times F_{O3}^{0}\times F_{D1}^{0}\times(L_{i3}^{0}+L_{j1}^{0})}{2}$$

$$=\frac{4.0\times1.4000\times1.3679\times(0.6778+0.6762)}{2}=5.186$$

$$q_{32}^{1}=\frac{q_{32}^{0}\times F_{O3}^{0}\times F_{D2}^{0}\times(L_{i3}^{0}+L_{j2}^{0})}{2}$$

$$=\frac{5.0\times1.4000\times1.8060\times(0.6778+0.5881)}{2}=8.001$$

$$q_{33}^{1}=\frac{q_{33}^{0}\times F_{O3}^{0}\times F_{D3}^{0}\times(L_{i3}^{0}+L_{j3}^{0})}{2}$$

$$=\frac{17.0\times1.4000\times1.4037\times(0.6778+0.6738)}{2}=22.576$$

计算后得表 6-11。

表 6-11　第一次迭代计算 OD 表　　万次

O	D			
	1	2	3	合计
1	21.427	10.888	5.164	37.479
2	10.913	72.766	9.581	93.260
3	5.186	8.001	22.576	35.763
合计	38.598	92.587	38.421	166.502

(4) 重新计算 F_{Oi}^{1} 和 F_{Dj}^{1}

$$F_{O1}^{1}=\frac{U_1}{O_1}=\frac{38.2}{37.479}=1.0192$$

$$F_{O2}^{1}=\frac{U_2}{O_2}=\frac{91.9}{93.260}=0.9854$$

$$F_{O3}^{1}=\frac{U_{3}}{O_{3}}=\frac{36.4}{35.763}=1.0178$$

$$F_{D1}^{1}=\frac{V_{1}}{D_{1}}=\frac{38.3}{38.598}=0.9923$$

$$F_{D2}^{1}=\frac{V_{2}}{D_{2}}=\frac{90.3}{92.587}=0.9753$$

$$F_{D3}^{1}=\frac{V_{3}}{D_{3}}=\frac{37.9}{38.421}=0.9864$$

(5) 收敛判别

由于 F_{Oi}^{1} 和 F_{Dj}^{1} 的误差均在 3%之内，不需要继续迭代计算，因此表 6-11 即为福莱特法所求将来分布交通量。

由于福莱特法较平均增长系数法收敛速度快，在满足相同的精度条件下，迭代次数也少，因此在实际工作中被广泛应用。但其计算过程较复杂，因此一般通过计算机编程实现，或通过专门的交通规划软件计算。

6.2.6 佛尼斯法

佛尼斯法(Furness Method)，假设小区 i，j 间分布交通量 q_{ij} 的增长系数与小区 i 的发生交通量的增长系数和小区 j 的吸引交通量的增长系数都有关系。

模型公式为

$$f_{FN}^{1}(F_{Oi}^{m},F_{Dj}^{m})=F_{Oi}^{m} \tag{6-13}$$

$$f_{FN}^{1}(F_{Oi}^{m},F_{Dj}^{m})=F_{Dj}^{m} \tag{6-14}$$

式中：m 为迭代次数。

此模型的计算，首先令吸引交通量的增长系数为 1，求满足条件的发生交通量的增长系数，接着用调整后的分布交通量重新求满足条件的吸引交通量的增长系数，完成一个循环迭代过程；然后重新计算发生交通量的增长系数，再用调整后的分布交通量求吸引交通量的增长系数，经过多次循环，直到发生和吸引交通量的增长系数均满足设定的收敛标准为止。

【例题 6-5】 试用佛尼斯法求解【例题 6-2】所示分布交通量。设定收敛标准 $\varepsilon=3\%$。

解：

(1) 进行第一次迭代，令所有 $F_{Dj}=1$，求满足约束条件的发生交通量增长系数

$$F_{O1}^{1}=\frac{U_{1}}{O_{1}}=\frac{38.2}{28}=1.3643$$

$$F_{O2}^{1}=\frac{U_{2}}{O_{2}}=\frac{91.9}{51.0}=1.8020$$

$$F_{O3}^{1}=\frac{U_{3}}{O_{3}}=\frac{36.4}{26.0}=1.4000$$

由于不满足收敛判定标准，因此用原分布交通量分别乘以发生交通量的增长系数，得到

新的分布交通量，即第一次迭代计算 OD 表见表 6－12。

表 6－12　第一次迭代计算 OD 表　　万次

O	D			
	1	2	3	合计
1	23.193	9.550	5.457	38.2
2	12.614	68.476	10.812	91.9
3	5.600	7.000	23.800	36.4
合计	41.407	85.026	40.069	166.5

（2）以表 6－12 为基础，进行第二次迭代，先求吸引交通量的增长系数

$$F_{D1}^{2}=\frac{V_1}{D_1}=\frac{38.3}{41.407}=0.9250$$

$$F_{D2}^{2}=\frac{V_2}{D_2}=\frac{90.3}{85.026}=1.0620$$

$$F_{D3}^{2}=\frac{V_3}{D_3}=\frac{37.9}{40.069}=0.9459$$

用表 6－12 所示分布交通量乘以吸引交通量增长系数，得到新的分布交通量，即第二次迭代计算中间 OD 表见表 6－13。

表 6－13　第二次迭代计算中间 OD 表　　万次

O	D			
	1	2	3	合计
1	21.453	10.142 46	5.162	36.757
2	11.667	72.723 35	10.227	94.618
3	5.180	7.434 188	22.512	35.126
合计	38.300	90.300	37.900	166.5

由于不满足收敛判定标准，以表 6－13 为基础，求发生增长系数

$$F_{O1}^{2}=\frac{U_1}{O_1}=\frac{38.2}{36.757}=1.0393$$

$$F_{O2}^{2}=\frac{U_2}{O_2}=\frac{91.9}{94.618}=0.9713$$

$$F_{O3}^{2}=\frac{U_3}{O_3}=\frac{36.4}{35.126}=1.0363$$

用表 6－13 所示分布交通量乘以发生交通量增长系数，得到新的分布交通量，即第二次迭代计算 OD 表见表 6－14。

表 6-14 第二次迭代计算 OD 表

万次

O	D			
	1	2	3	合计
1	22.295	10.541	5.364	38.200
2	11.332	70.635	9.933	91.900
3	5.368	7.704	23.328	36.400
合计	38.995	88.879	38.626	166.5

(3) 以表 6-14 为基础，进行第三次迭代，先求吸引增长系数

$$F_{D1}^{3}=\frac{V_1}{D_1}=\frac{38.3}{38.995}=0.9822$$

$$F_{D2}^{2}=\frac{V_2}{D_2}=\frac{90.3}{88.879}=1.0160$$

$$F_{D3}^{2}=\frac{V_3}{D_3}=\frac{37.9}{38.626}=0.9812$$

用表 6-14 所示分布交通量乘以吸引交通量的增长系数，得到新的分布交通量，即第三次迭代计算中间 OD 表见表 6-15。

表 6-15 第三次迭代计算中间 OD 表

万次

O	D			
	1	2	3	合计
1	21.898	10.709	5.264	37.870
2	11.130	71.764	9.746	92.641
3	5.272	7.827	22.890	35.989
合计	38.300	90.300	37.900	166.5

以表 6-15 为基础，求发生交通量的增长系数

$$F_{O1}^{3}=\frac{U_1}{O_1}=\frac{38.2}{37.870}=1.0087$$

$$F_{O2}^{3}=\frac{U_2}{O_2}=\frac{91.9}{92.641}=0.9920$$

$$F_{O3}^{3}=\frac{U_3}{O_3}=\frac{36.4}{35.989}=1.0114$$

根据判定标准，第三次迭代结束后，发生交通量的增长系数与吸引交通量的增长系数均满足设定的收敛标准 3%，停止迭代，表 6-15 即为佛尼斯法所求将来分布交通量。

佛尼斯法计算相对简单，收敛速度相对较快，也适合编程获得预测结果。

6.2.7 增长系数法的特点

通过上述分析，可以总结出增长系数法的主要特点。

(1) 优点

① 结构简单、实用，不需要测算交通小区之间的距离和出行费用等。

② 适用于土地利用变化较小的对象区域。

③ 该方法除预测日分布交通量外，还可以用于高峰小时分布交通量、各种出行目的的分布交通量，以及轨道站间 OD 和高速公路匝道间 OD 等线路固定情况的预测。

(2) 缺点

① 必须有所有小区的现状 OD 交通量。

② 当对象地区发生大规模变化时，该方法不适用：将来的交通小区分区发生变化（如有新开发区时）；交通小区之间的出行费用变化（如时间缩短）；土地利用发生较大变化。

③ 当交通小区之间的分布交通量值较小时，存在以下问题：若现状交通量为零，则将来预测值也为零；对于可靠性较低的 OD 交通量，将来的预测误差将被扩大。

④ 预测结果因选用方法的不同而异，所以在选择计算方法时，需要先利用过去的 OD 表预测现状 OD 表，比较预测精度。

⑤ 将来分布交通量仅用一个增长系数表示缺乏合理性。

6.3 重力模型法

重力模型法(Gravity Model)是分布交通量预测最常用的模型。该模型根据牛顿的万有引力定律，即两物体间的引力与两物体的质量之积成正比，而与它们之间距离的平方成反比类推而成，即把两个物体类推成两个交通小区，将万有引力类推成分布交通量，将质量类推成人口等社会经济指标或发生与吸引交通量，又将距离类推成时间距离或费用，即交通阻抗。

重力模型预测分布交通量时，可采用三种模型：无约束重力模型、单约束重力模型和双约束重力模型。

6.3.1 无约束重力模型

Casey 在 1955 年提出了如下重力模型，该模型也是最早出现的重力模型：

$$q_{ij} = \alpha \frac{P_i P_j}{d_{ij}^2} \tag{6-15}$$

式中：P_i，P_j 为表示小区 i 和小区 j 的人口；d_{ij} 为小区 i 和小区 j 之间的距离；α 为系数。此模型为无约束重力模型，模型本身不满足交通守恒约束条件式(6-16)和式(6-17)中的任何一个。

$$\sum_j q_{ij} = \alpha P_i \sum_j P_j d_{ij}^{-2} = O_i \tag{6-16}$$

$$\sum_i q_{ij} = \alpha P_j \sum_i P_i d_{ij}^{-2} = D_j \tag{6-17}$$

由于该模型简单地模仿了牛顿的万有引力定律，后来对它进行了许多改进，包括用出行总数代替总人口数，将 d_{ij} 的幂扩展为参数 γ（其值一般在 0.6～3.5）。更一般地，用出行费用函数 $f(c_{ij})$ 来表示交通阻抗，即交通阻抗函数。因此，重力模型可表示为

$$q_{ij} = kO_i^{\alpha} D_j^{\beta} f(c_{ij}) \tag{6-18}$$

常见的交通阻抗函数有以下几种形式：

$$\text{幂函数 } f(c_{ij}) = c_{ij}^{-\gamma} \tag{6-19}$$

$$\text{指数函数 } f(c_{ij}) = e^{-c_{ij}} \tag{6-20}$$

$$\text{组合函数 } f(c_{ij}) = k \cdot c_{ij}^{\gamma} \cdot e^{-c_{ij}} \tag{6-21}$$

式中：k，γ 为参数。

待定系数 k 和 γ 根据第二章交通调查得到的现状 OD 数据，利用最小二乘法确定。此时可将模型式(6-18)取对数，使之线性化来求得，具体参照如下例题。

【例题 6-6】 按【例题 6-2】中表 6-4 和表 6-5 给出的现状 OD 表和将来发生与吸引交通量，以及表 6-16 和表 6-17 给出的现状和将来各小区间的出行时间，试利用重力模型和平均增长系数法，求出将来 OD 表。设定收敛标准 $\varepsilon=1\%$。

表 6-16 现状出行时间 min

c_{ij}	1	2	3
1	7.0	17.0	22.0
2	17.0	15.0	23.0
3	22.0	23.0	7.0

表 6-17 将来出行时间 min

c_{ij}	1	2	3
1	4.0	9.0	11.0
2	9.0	8.0	12.0
3	11.0	12.0	4.0

解：

(1) 无约束重力模型

$$q_{ij} = \alpha \frac{(O_i D_j)^{\beta}}{c_{ij}^{\gamma}} \tag{6-22}$$

两边取对数，得

$$\ln(q_{ij}) = \ln\alpha + \beta\ln(O_i D_j) - \gamma\ln(c_{ij}) \tag{6-23}$$

式中：q_{ij}，O_iD_j，c_{ij} 为由交通调查获得的已知常数；α,β,γ 为待标定参数。

令 $y=\ln(q_{ij})$，$a_0=\ln\alpha$，$a_1=\beta$，$a_2=-\gamma$，$x_1=\ln(O_iD_j)$，$x_2=\ln(c_{ij})$，

则公式(6-23)转换为

$$y=a_0+a_1x_1+a_2x_2 \tag{6-24}$$

此方程为二元线性回归方程，a_0，a_1，a_2 为待标定系数，通过表 6-4 和表 6-16 获取 9 个样本数据，组成新的样本数据，见表 6-18。

表 6-18　样本数据

样本点	q_{ij}	O_i	D_j	O_iD_j	c_{ij}/min	y	x_1	x_2
$i=1,j=1$	17	28	28	784	7	2.833 2	6.664 4	1.945 9
$i=1,j=2$	7	28	50	1 400	17	1.945 9	7.244 2	2.833 2
$i=1,j=3$	4	28	27	756	22	1.386 3	6.628 0	3.091 0
$i=2,j=1$	7	51	28	1 428	17	1.945 9	7.264 0	2.833 2
$i=2,j=2$	38	51	50	2 550	15	3.637 6	7.843 8	2.708 1
$i=2,j=3$	6	51	27	1 377	23	1.791 8	7.227 7	3.135 5
$i=3,j=1$	4	26	28	728	22	1.386 3	6.590 3	3.091 0
$i=3,j=2$	5	26	50	1 300	23	1.609 4	7.170 1	3.135 5
$i=3,j=3$	17	26	27	702	7	2.833 2	6.553 9	1.945 9

采用最小二乘法对这 9 个样本数据进行标定，得出：$a_0=-2.084$，$a_1=1.173$，$a_2=-1.455$，则获得的二元线性回归方程为 $y=-2.084+1.173x_1-1.455x_2$。

通过 $a_0=\ln\alpha$，$a_1=\beta$，$a_2=-\gamma$，可得 $\alpha=0.124$，$\beta=1.173$，$\gamma=1.455$，即标定的重力模型为

$$q_{ij}=0.124\times\frac{(O_iD_j)^{1.173}}{c_{ij}^{1.455}} \tag{6-25}$$

(2) 利用已标定重力模型求解分布交通量

$$q_{11}=\frac{0.124\times(38.2\times38.3)^{1.173}}{4.0^{1.455}}=85.168$$

$$q_{12}=\frac{0.124\times(38.2\times90.3)^{1.173}}{9.0^{1.455}}=71.578$$

$$q_{13}=\frac{0.124\times(38.2\times37.9)^{1.173}}{11.0^{1.455}}=19.306$$

$$q_{21}=\frac{0.124\times(91.9\times38.3)^{1.173}}{9.0^{1.455}}=73.293$$

$$q_{22}=\frac{0.124\times(91.9\times90.3)^{1.173}}{8.0^{1.455}}=237.912$$

$$q_{23}=\frac{0.124\times(91.9\times37.9)^{1.173}}{12.0^{1.455}}=47.635$$

$$q_{31}=\frac{0.124\times(36.4\times38.3)^{1.173}}{11.0^{1.455}}=18.470$$

$$q_{32}=\frac{0.124\times(36.4\times90.3)^{1.173}}{12.0^{1.455}}=44.505$$

$$q_{33}=\frac{0.124\times(36.4\times37.9)^{1.173}}{4.0^{1.455}}=79.495$$

第一次计算得到的 OD 表见表 6-19。

表 6-19 第一次计算得到的 OD 表 万次

O	D			
	1	2	3	合计
1	85.168	71.578	19.306	176.053
2	73.293	237.912	47.635	358.840
3	18.470	44.505	79.495	142.470
合计	176.930	353.995	146.436	677.362

(3)计算得到的 OD 表不满足分布交通量的守恒条件

即生成交通量(677.362)和各小区的发生交通量(176.053,358.840,142.470)与吸引交通量(176.930,353.995,146.436)均超出了表 6-5 给定的生成交通量(166.5)、发生交通量(38.2,91.9,36.4)和吸引交通量(38.3,90.3,37.9),因此还要用其他方法继续进行迭代。这里按照要求采用平均增长系数法进行迭代计算,因此重新计算 F_{Oi}^1 和 F_{Dj}^1。

$$F_{O1}^1=\frac{U_1}{O_1}=\frac{38.2}{176.053}=0.2170$$

$$F_{O2}^1=\frac{U_2}{O_2}=\frac{91.9}{358.840}=0.2561$$

$$F_{O3}^1=\frac{U_3}{O_3}=\frac{36.4}{142.470}=0.2555$$

$$F_{D1}^1=\frac{V_1}{D_1}=\frac{38.3}{176.930}=0.2165$$

$$F_{D2}^1=\frac{V_2}{D_2}=\frac{90.3}{353.995}=0.2551$$

$$F_{D3}^1=\frac{V_3}{D_3}=\frac{37.9}{146.436}=0.2588$$

(4) 计算结果需用平均增长系数法第一、二、三次迭代计算 OD 表见表 6－20，表 6－21 和表 6－22。

表 6－20　用平均增长系数法第一次迭代计算 OD 表　万次

O	D				
	1	2	3	合计	增长系数
1	18.458	16.895	4.593	39.946	0.956 3
2	17.318	60.809	12.264	90.391	1.016 7
3	4.359	11.362	20.443	36.167	1.006 6
合计	40.135	89.066	37.300	166.5	
增长系数	0.954 3	1.013 9	1.016 1		

表 6－21　用平均增长系数法第二次迭代计算 OD 表　万次

O	D				
	1	2	3	合计	增长系数
1	17.633	16.643	4.530	38.805	0.984 4
2	17.067	61.738	12.465	91.270	1.006 9
3	4.273	11.478	20.674	36.425	0.999 3
合计	38.973	89.858	37.669	166.5	
增长系数	0.982 7	1.004 9	1.006 1		

表 6－22　用平均增长系数法第三次迭代计算 OD 表　万次

O	D				
	1	2	3	合计	增长系数
1	17.343	16.554	4.508	38.405	0.994 7
2	16.978	62.103	12.546	91.628	1.003 0
3	4.235	11.502	20.730	36.467	0.998 2
合计	38.556	90.159	37.785	166.5	
增长系数	0.993 4	1.001 6	1.003 0		

(5) 第三次迭代之后满足设定的收敛条件 $\varepsilon=1\%$

停止迭代，第三次迭代计算后的 OD 表（表 6－22）即为最终预测的 OD 表。

6.3.2　单约束重力模型

(1) 乌尔希斯重力模型

此模型只满足公式(6－16)，即 $\sum_j q_{ij}=O_i$。把式(6－18)代入式(6－16)，求得 $k=$

$\dfrac{1}{\sum_j D_j f(c_{ij})}$。再把 k 代入式(6-18)，则

$$q_{ij} = O_i D_j (c_{ij}) / \sum_j D_j f(c_{ij}) \tag{6-26}$$

式中：$f(c_{ij})$为交通阻抗函数，常用形式为 $f(c_{ij})=c_{ij}^{-\gamma}$；$\gamma$ 为待定系数。

以 $f(c_{ij})=c_{ij}^{-\gamma}$为例进行参数标定，待定系数 γ 根据调查的现状 OD 数据拟合确定，一般可采用试算法等数值方式，以某一指标作为控制目标，通过用模型计算和实际调查所得指标的误差比较确定。其计算过程为：先假定一个 γ 值，利用现状 OD 交通量数据 O_i，D_j 以及 c_{ij} 代入式(6-26)中进行计算，所得出的计算交通分布称为 GM 分布。GM 分布的平均行程时间采用式(6-27)计算。

$$\bar{c}' = \sum_i \sum_j (q_{ij} c_{ij}) / \sum_i \sum_j q_{ij} \tag{6-27}$$

GM 分布与现状分布每次运行的平均行程时间之间的相对误差为$|\bar{c}'-\bar{c}|/\bar{c}$。当交通按 GM 分布与按实际分布每次运行的平均相对误差不大于某一限定值(常用 3%)时，计算即可结束；当误差超过限定值时需改动待定系数 γ，进行下一轮计算。调整方法为：如果 GM 分布的$\bar{c}'$大于现状分布 $\bar{c}$，可增大 γ 值；反之，则减小 γ 值。

(2) 美国公路局重力模型(B. P. R. 模型)

$$q_{ij} = O_i D_j f(c_{ij}) K_{ij} / \sum_j D_j f(c_{ij}) K_{ij} \tag{6-28}$$

式中：K_{ij} 为调整系数，其计算公式为

$$K_{ij} = (1-Y_{ij})\lambda_{ij} / (1-Y_{ij}\lambda_{ij}) \tag{6-29}$$

式中：λ_{ij} 为小区 i 到小区 j 的实际分布交通量与计算分布交通量之比；Y_{ij} 为小区 i 到小区 j 的实际分布交通量与小区 i 的发生交通量之比。

此模型与乌尔希斯模型相比，引进了交通调整系数 K_{ij}。计算时，用与乌尔希斯模型相同的方法试算出待定系数 γ，然后计算 q_{ij}，最后计算 K_{ij}。

这两种模型均满足发生交通量守恒的约束条件，即 $O_i = \sum_j q_{ij}$，因此都称为单约束重力模型。

用上述两种重力模型进行交通分布预测时，首先是将预测的发生交通量和吸引交通量以及将来的交通阻抗代入模型进行计算。通常计算出的吸引交通量与给定的吸引交通量并不相同，因此需要进行进一步迭代计算。

6.3.3 双约束重力模型

研究表明，式(6-15)中，能同时满足式(6-16)和式(6-17)守恒条件的 α 是不存在的，因此，将重力模型修改为如式(6-30)所示。

$$q_{ij} = a_i O_i b_j D_j f(c_{ij}) \tag{6-30}$$

$$a_i = \left[\sum_j b_j D_j f(c_{ij})\right]^{-1} \tag{6-31}$$

$$b_j = \left[\sum_i a_i O_i f(c_{ij})\right]^{-1} \tag{6-32}$$

此模型为双约束重力模型，其中 a_i，b_j 和 γ 为变量参数，但 γ 可以利用现状 OD 数据用最小二乘法标定。这里以幂指数交通阻抗函数 $f(c_{ij})=c_{ij}^{-\gamma}$ 为例，介绍模型的算法步骤：

步骤 1：令 $m=0$，m 为计算次数；

步骤 2：给出 γ(可以用最小二乘法求出)；

步骤 3：令 $a_1^m=1$，求出 b_j^m($b_j^m = 1/\sum_i a_i^m O_i c_{ij}^{-\gamma}$)；

步骤 4：求出 a_i^{m+1}($a_i^{m+1} = 1/\sum_i b_j^m D_j c_{ij}^{-\gamma}$) 和 b_j^{m+1}($b_j^{m+1} = 1/\sum_i a_i^{m+1} O_i c_{ij}^{-\gamma}$)；

步骤 5：令 $m = m+1$，继续求 a_i^{m+1} 和 b_j^{m+1}，多次循环迭代；

步骤 6：收敛判定，若式(6-33)和式(6-34)满足，则结束计算；反之，返回步骤 2 重新计算。

$$1-\varepsilon < \frac{a_i^{m+1}}{a_i^m} < 1+\varepsilon \tag{6-33}$$

$$1-\varepsilon < \frac{b_i^{m+1}}{b_i^m} < 1+\varepsilon \tag{6-34}$$

6.3.4 重力模型的特点

通过以上分析，可以总结出重力模型法的主要特点。

(1) 优点

① 容易理解。

② 能考虑路网的变化和土地利用对人们的出行产生的影响。

③ 特定交通小区之间的 OD 交通量为零时，也能预测。

④ 能比较敏感地反映交通小区之间交通阻抗变化的情况。

(2) 缺点

① 模型尽管能考虑到路网的变化和土地利用对出行的影响，但缺乏对人的出行行为的分析，与实际情况存在一定的偏差。

② 一般情况下，人们的出行距离分布在全区域并非为定值，而重力模型将其视为定值。

③ 交通小区之间的交通阻抗因交通方式和出行时间段的不同而异，而重力模型使用了同一个函数和参数值。

④ 求解交通小区内部分布交通量时，交通阻抗难以给出。

⑤ 交通小区之间的距离小时(交通阻抗小)，有夸大预测的可能性。

⑥ 利用最小二乘法标定的重力模型计算出的分布交通量，必须借助于其他方法进行收敛计算。

复习思考题

1. 交通的分布预测主要有哪些模型？它们都具有怎样的特点？

2. 交通的分布预测在交通规划中的地位和作用如何？

3. 试用常增长系数法、平均增长系数法、底特律法、福莱特法和佛尼斯法，分别求表6-23中将来OD分布交通量。设定收敛标准$\varepsilon=3\%$。

表6-23　现状OD表及将来各小区发生和吸引交通量　万次

O	*D*				
	1	2	3	现状值	将来值
1	4	2	2	8	16
2	2	8	4	14	28
3	2	4	4	10	40
现状值	8	14	10	32	
将来值	16	28	40		84

4. 增长系数法与重力模型法各有什么优缺点？

5. 试叙述重力模型的基本形式及其分类。

6. 无约束重力模型的标定方法有哪些？

7. 已知现状OD交通量和将来小区间出行时间分别见表6-4，表6-5和表6-17，用重力模型法预测将来OD交通量，如果不满足精度要求，用福莱特法进行修正。设定收敛标准$\varepsilon=1\%$。重力模型$q_{ij}=\alpha\frac{(O_iD_j)^\beta}{c_{ij}^\gamma}$，其中，设$\alpha=0.183$，$\beta=1.152$，$\gamma=1.536$。

7 交通方式划分

交通方式划分是四阶段法中的第三阶段。本章内容包括：交通方式划分(选择)的影响因素，讲述交通特性、个人特性、地区特性和出行时间特性对交通方式划分的影响；交通方式划分的主要方法，讲述划分率曲线法和函数模型法；交通方式划分模型，讲述非集计分析模型的基本原理、非集计交通调查、Logit 模型和 Probit 模型以及非集计模型的应用等。

7.1 概述

在人们的日常生活中，经过各种交通方式的组合完成一天的工作和生活。因此各种交通方式之间有着很强的相互关系，离开对这种关系的讨论，交通规划就难于成立。所谓交通方式划分(Modal Split)就是出行者在出行时选择交通工具的比例，它以居民出行调查的数据为基础，研究人们在出行时的交通方式选择行为，建立模型从而预测当基础设施或服务等条件变化时，交通方式间交通需求的变化。以往的道路交通规划多采用除交通方式划分以外的三阶段法。然而，现代交通网络是一种立体化的、多种交通方式共存的综合性网络，因此，交通方式划分已经成为其主要的组成部分之一。

图 7-1 表示当具有铁路和道路两种交通方式时，铁路和汽车的交通方式划分示意。图中，q_{ij}^{RAIL} 交通小区 i 与交通小区 j 之间铁路的划分交通量，q_{ij}^{CAR} 交通小区 i 与交通小区 j 之间汽车的划分交通量，它们之间满足 $q_{ij}=q_{ij}^{RAIL}+q_{ij}^{CAR}$。

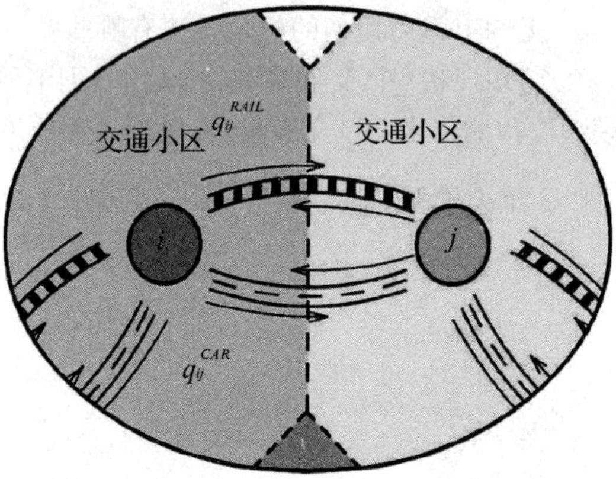

图 7-1 交通方式划分示意

7.2 交通方式选择的影响因素

在城市交通规划中，将人们的步行、自行车都作为一种交通方式分析，因此人们的日常工作、学习和生活的出行，可以认为是交通方式的组合。人们的日常工作和学习等的出行日常性地反复，将会形成出行径路的详细信息，从而形成各自的交通方式选择模式。对这种日常性、定型的出行方式，交通方式划分较容易确定。然而，问题是人们并非一成不变地沿用同一种出行形态（Trip Pattern），经常因为某种原因改变其交通工具利用情况。例如，平时利用公共汽车的人们，因为行李、天气、身体等原因改用出租车等。另外，人们到外地出差，由于不熟悉当地的公交线路或不了解业务单位的具体地址，常利用出租车。诸如此类的出行方式为非定型性出行方式。因为没有掌握交通信息而多利用出租车，如果事先有这方面的信息，可能会利用公交车。另外，人们的交通方式选择还与出行的时间相关，过早或过晚的出行，由于公交车不便等原因，多利用出租车。

如上所述，影响交通方式划分的原因有多种，主要有交通特性、个人属性、家庭属性、地区属性和时间属性等。

7.2.1 出行特性

出行特性的影响主要是在一次出行的固有特性中，对交通方式选择影响的部分，主要有7个方面。

(1) 出行目的

出行目的不同对交通方式选择的影响变化较大的原因是出行目的的不同，对交通方式的服务质量要求不同（例如，上班出行时间最重要，而旅游时舒适性最重要等）。另外，有无同伴、经济情况、出行距离等对交通方式的选择也是有影响的。在我国大部分城市，由于现状土地利用结构和居民生活水平所限，职工基本上居住在单位内部，私家汽车保有率尚较低，因此各种出行目的的自行车、步行和公交车的利用比率都较高，只有在业务出行中小汽车和出租车的利用率较高。表7-1表示哈尔滨市2000年居民出行调查不同出行目的的交通方式利用情况。

表7-1　哈尔滨市2000年居民出行调查不同出行目的的交通方式利用情况

交通方式	上班	上学	自由	业务	回家	合计
公共汽车	46.37	24.94	20.26	22.87	37.01	36.28
单位班车	8.79	2.60	0.54	10.88	6.58	6.36
小汽车	1.64	0.11	0.73	7.93	1.55	1.60
出租车	0.55	0.22	4.42	11.11	1.42	1.76
摩托车	1.92	0.76	2.53	1.36	1.83	1.84
自行车	15.59	15.99	12.85	6.35	14.99	14.69
步行	24.91	55.18	58.38	39.50	36.34	37.21
其他	0.24	0.22	0.29	0.00	0.28	0.27
合计	100	100	100	100	100	100

一般而言，在国外工业发达国家的城市中心区，由于工作单位和学校停车泊位的限制，上班、上学出行的小汽车利用率低，公共交通方式（含有轨道交通）利用率高；业务出行因需要在多客户处停留，所以汽车利用率高，公共交通方式利用率低；自由出行的汽车和出租车利用率高。表7-2表示日本大阪都市圈（含大阪府、大阪市、京都府、京都市、奈良

县、奈良市、兵库县、神户市和歌山县)1990年居民出行调查不同出行目的的交通方式利用情况。表7-3表示日本大阪市中心区1990年居民出行调查不同出行目的的交通方式利用情况。可以看出,大阪市中心区在上班和回家出行中,城市铁路的利用率最高;在上学、自由出行中,步行、自行车和摩托车的利用率最高;在业务出行中,小汽车的利用率也比较高。

表7-2 日本大阪都市圈1990年居民出行调查不同出行目的的交通方式利用情况

交通方式	上班	上学	自由	业务	回家	合计
城市铁路	37.78	21.49	10.40	11.18	20.85	19.83
公共汽车	3.36	3.97	3.66	1.82	3.36	3.28
小汽车	32.33	2.52	21.70	48.81	23.22	25.81
步行、自行车、摩托	26.50	72.00	64.18	37.92	52.52	51.01
其他	0.03	0.02	0.05	0.27	0.05	0.07
合计	100.00	100.00	100.00	100.00	100.00	100.00

表7-3 日本大阪市中心区1990年居民出行调查不同出行目的的交通方式利用情况

交通方式	上班	上学	自由	业务	回家	合计
城市铁路	40.03	31.55	22.31	23.26	71.68	46.19
公共汽车	2.02	1.66	1.25	0.87	1.44	1.27
小汽车	18.74	1.29	8.26	26.64	12.46	15.85
步行、自行车、摩托	39.21	65.50	68.15	49.10	14.41	36.64
其他	0.00	0.00	0.04	0.13	0.01	0.05
合计	100.00	100.00	100.00	100.00	100.00	100.00

(2) 运行时间和出行距离

运行时间是影响交通方式选择的主要因素之一。在出发地到达目的地之间有几种交通方式时,各自的运行时间影响乘客的选择。在具有混合交通方式时,应该采用所利用交通方式运行时间的叠加值。根据美国伊利诺工业大学研究所的研究成果,当考虑选用家用轿车还是铁路时,分别有20%和25%的比例以时间为主要因素选择。当考虑家用轿车与公共汽车之间的选择时,把时间作为公共汽车选择因素的仅有2%,而家用轿车则为44%。另外,男性(36%)较女性(25%)把时间作为选择因素的多。因此,在进行城市交通系统规划时,交通方式之间协调及换乘效率在内的运行时间是重要的因素之一。

随着出行距离的增加,人们的出行按照步行、自行车、摩托车、公共汽车、小汽车、有轨交通、飞机的顺序增加。图7-2表示各种交通方式的合理出行距离。

(3) 交通费用

与运行时间相同,交通费用也是影响交通方式选择的主要因素之一。一般而言,要减少运行时间,必须付出更高的交通费用。交通费用常与运行时间配对使用,而很少作为单独的原因使用。根据美国伊利诺工业大学研究所的研究成果，在公共交通方式的乘客中，42%的乘客将交通费用作为选择的主要因素，而在家用轿车的利用者中，仅不足1%将交通费用作为选择的主要因素。

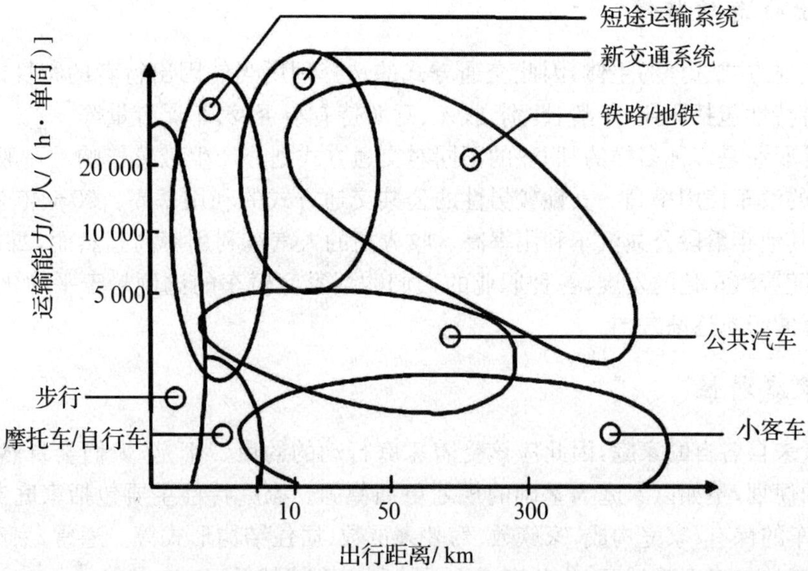

图7-2 各种交通方式的合理出行距离

(4) 舒适性

交通方式选择的舒适性是交通工具中的乘坐率、车中的疲劳、车内拥挤程度、有无空调等因素的综合概念。正因为如此，舒适性的评价尺度将难于制定，尤其是根据舒适性的交通方式选择，受用户个人的感受的影响很大，因此预测将来的舒适性是非常困难的。根据美国伊利诺工业大学研究所的研究成果，在家用轿车的用户中约占25%，认为舒适性作为交通方式选择的主要原因。在公共交通方式的乘客中，利用铁路上班者占13%，利用公共汽车上班者约占1%。舒适性作为主要原因考虑的没有因为年龄的不同而发生显著的变化。然而，女性和男性将舒适性作为主要因素分别为29%和19%。另外，随着收入水平的提高，对舒适性的要求也会增高。

(5) 安全性

不言而喻，安全性是交通方式选择的主要因素之一。可以想像，无论多么好的交通工具，如果它的安全性差，乘客的人生安全得不到保障，就不会有人利用它。因为交通事故本身具有的突发性，所以人们在选择交通工具时，明确地考虑安全性的比较少。但可以想像，两轮交通工具因为其稳定性差，将严重影响其安全性指标。目前，在交通方式划分作业中，还没有考虑安全性指标。

(6) 准时性

在选择交通方式时，到达的准确性，对于要求准时出行的交通方式选择的影响很大。人们上班对准时性要求高，选择不受交通阻塞影响的交通方式的比例高。在日本，人们选择住宅都愿意选择在地铁或城市铁路沿线，其主要原因之一就在于考虑准时性。

（7）换乘次数和候车时间

换乘次数增加会导致换乘移动时间和等待时间的增加，从而延长抵达目的地的时间，从而影响交通方式的选择。同时，换乘次数和候车时间的增加还会带来肢体和精神的疲劳。

7.2.2 出行者的特性

人是交通方式选择的主体，因此交通方式的选择理所当然因出行者的特性的不同而不同。出行者特性包括职业、年龄、性别、收入、驾照持有与否、汽车保有量等。

人们的职业是多种多样的，职业的不同对交通方式划分产生敏感影响。一般而言，业务员、推销员的汽车使用率高。女性较男性的公共交通方式的利用率高。20～40岁的人汽车利用率高，其他年龄段公共汽车利用率高。收入高的人汽车利用率高。然而，西方工业国的经验表明，随着汽车化的发展，各种职业的人们购买家庭轿车的比例趋于平均化，职业对交通方式选择的影响逐渐减弱。

7.2.3 家庭特性

出行者来自各自的家庭，因此应该受着家庭行动的约束。于是，人们会自然想到，以个人为基础的规划，不如以家庭为基础的规划更加稳固。家庭特性主要包括家庭支出额的多少、家用轿车的保有、家庭构成、家族数、驾驶人员数、居住结构形式等。通常，家庭支出额越高，家庭轿车的保有率就越高，公共交通方式的利用率就越低。

家庭用车保有量的高低，对交通方式的选择带来最大的影响。持有家庭轿车的家庭，轨道交通方式的利用率低，相反，公共交通方式的利用率高。

一般而言，即使家庭轿车的保有率不增加，如果家庭户数增加，因为同乘或接送机会增加，汽车的利用率也会增加。当家庭里驾照持有人员数增多时，汽车利用率增高。抚养有老人和幼儿的家庭，因为老人、小孩上医院机会多，汽车利用机会也增多。

住宅形式在某种程度上也反映家庭收入的多少和车库的保有情况。具有私有住房者，汽车保有率高，公共交通方式的选择率则低。

7.2.4 地区特性

地区特性与交通方式选择有着较强的关系，地区特性指标主要包括居住人口密度、人口规模、交通设施水平、地形、气候、停车场和停车费用等。地区内人口密度高，公共交通利用率相对就高；城市规模大，交通设施水平就高，公共汽车利用率就高；山川、河流多，汽车、公共汽车利用率就高；雨天、雪天多的地区公共交通方式利用率高。

7.2.5 出行时间特性

人们的活动是以一天为一个周期的，因此在某一时刻，人们具有类似交通目的的出行集中的倾向。相同性质的出行集中的时间段有早高峰上班时间段、平时时间段、晚高峰回家时间段。在进行交通规划时，应该根据规划的性质选择合适的时间段。例如，当进行交通管理规划时，应选择早晚高峰时间段。因为时间段的不同，道路的交通阻塞和出行目的也比较集中，当然也应该分析交通方式选择因时间段不同的变化。另外，因平日和公休日的交通目的差异很大，因此交通方式选择特性也就不同。

7.3 四种集计的方式划分模型

根据交通的发生与吸引、交通分布、交通分配各自的功能特性，这三个工作顺序的时间必须依次是：交通的发生与吸引→交通分布→交通分配，不能改变。当提出方式划分后，发现这个子问题既可以单独解决，也可以与上述某个子问题中任何一个结合起来同时解决。方式划分所处的时间顺序共有五种选择。根据方式划分在整个交通需求预测过程中的位置，分为五类交通方式划分模型，如图 7－3 所示。本节将介绍前四种方式划分的方法和模型，即 G－MS 结合、G 后的 MS，D－MS 结合，D 后的 MS。第五种因涉及交通分配，将留待"交通流分配"分析。

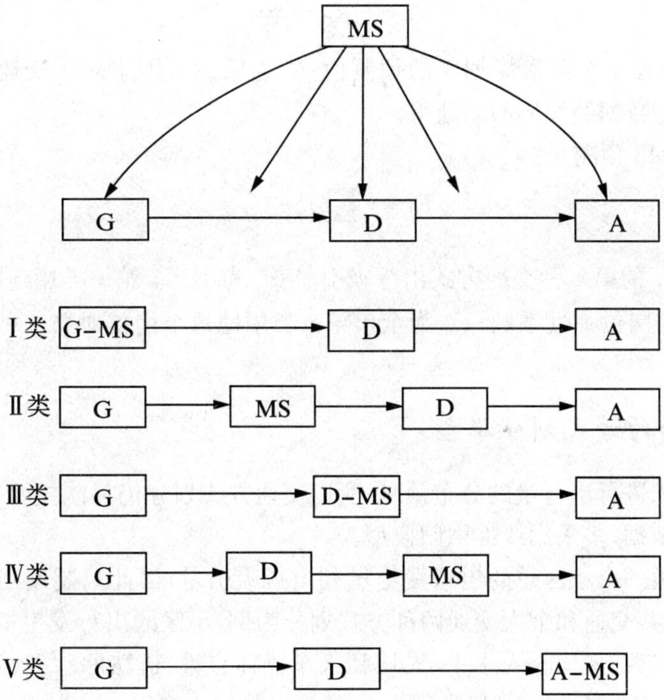

图 7－3 五类交通方式划分模型

7.3.1 G－MS 结合的方式划分模型

出行发生量预测和出行吸引量预测，即分发生量－MS 预测、吸引量－MS 预测。

1）发生量－MS 预测

如同出行的发生量与吸引量预测，可采用聚类分析法和多元回归分析法。

(1) 聚类分析法

有简单模型和一般模型两种。

① 简单模型：在这种模型中不含出行目的分类，如式(7－1)所示。

$$O_i^k = \sum_s a_s^k N_{si} \quad (7-1)$$

式中：O_i^k 为小区 i 的第 k 种交通方式的出行发生量；a_s^k 为全市第 s 类家庭第 k 种交通方式的出行率，从现状 OD 调查数据统计获得；N_{si} 为小区 i 中第 s 类家庭的数目，取规划年的预测值。

② 一般模型：这种模型包含目的分类的因素，如式(7－2)所示。

$$O_i^k = \sum_m \left(\sum_s a_s^{(m,k)} N_{si} \right) \quad (7-2)$$

式中：$a_s^{(m,k)}$ 为全市第 s 类家庭出行目的为 m 的第 k 种交通方式的出行率。

较之无目的因素的简单模型，一般模型加入目的因素后，其预测效果要好一些。

(2) 多元回归分析法

$$O_i^k = b_0^k + b_1^k x_{i1} + \cdots + b_j^k x_{ij} \quad (7-3)$$

式中：x_{ij} 为小区 i 第 j 个因素规划年的预测值；b_j^k 为第 j 个因素对于交通方式 k 的回归系数，用 x_{ij} 现状调查数据经线形回归获得。

2) 吸引量- MS 预测

$$D_i^k = \sum_s d_{is} w_s^k \rho_{is} \quad (7-4)$$

式中：D_i^k 为小区 i 的第 k 种交通方式出行吸引量；d_{is} 为小区 i 第 s 类用地的岗位数；ρ_{is} 为小区 i 第 s 类用地的岗位弹性系数；w_s^k 为全市第 s 类用地每个岗位对第 k 种交通方式出行的吸引率。

7.3.2 生成后的方式划分模型

因为此时尚未进行出行量的分布预测，所以交通方式划分仍只能主要以出行者或家庭，或小区的特性为依据，多采用线性回归模型。

由于已经知道一个小区总的出行发生量和出行吸引量，因此只要预测各种交通方式的比例。例如，以公共交通和个人交通两种方式划分为例，小区的出行发生量的方式划分比例由小区的居民人口数、人均收入水平、人均私人车辆拥有量、道路网水平、公交网水平决定。回归模型如式(7－5a)和式(7－5b)所示。

$$\gamma_{公} = b + b_{人} x_{人} + b_{收} x_{收} + b_{私} x_{私} + b_{道} x_{道} + b_{公} x_{公} \quad (7-5a)$$

$$\gamma_{个} = 1 - \gamma_{公} \quad (7-5b)$$

式中：$\gamma_{公}$，$\gamma_{个}$ 分别为对象小区公共交通和个人交通方式出行产生量比例；$x_{人}$，$x_{收}$，$x_{私}$，$x_{道}$，$x_{公}$ 分别为对象小区规划年人口数、人均收入、人均私车(含自行车、助动车、摩托车等)拥有量、道路网密度、公交网密度；b，$b_{人}$，$b_{收}$，$b_{私}$，$b_{道}$，$b_{公}$ 分别为常数项及相应各因素的回归系数。

小区出行吸引量的方式划分比例由小区的学校、商店、工厂、办公岗位数、道路网水平、公交网水平决定。回归模型如式(7－6a)和式(7－6b)所示。

$$\delta_{公} = c + c_{学}x_{学} + c_{商}x_{商} + c_{工}x_{工} + c_{办}x_{办} + c_{道}x_{道} + c_{公}x_{公} \tag{7-6a}$$

$$\delta_{个} = 1 - \delta_{公} \tag{7-6b}$$

式中：$\delta_{公}$，$\delta_{个}$ 分别为对象小区公共交通和个人交通方式出行吸引量的比例；$x_{学}$，$x_{商}$，$x_{工}$，$x_{办}$，$x_{道}$，$x_{公}$ 分别为对象小区规划年学校、商店、工厂、办公岗位数、道路网密度、公交网密度；c，$c_{学}$，$c_{商}$，$c_{工}$，$c_{办}$，$c_{道}$，$c_{公}$ 分别为常数项及相应各因素的回归系数。

由于前两种交通方式划分模型所依据的因素没有考虑到小区之间的服务水平和出行本身的特性，预测效果有一定的局限性。

7.3.3 D－MS结合的方式划分模型

对一次出行而言，使用不同交通工具的出行时间和费用不同，即交通阻抗不同。如果在分析出行分布的同时考虑交通方式的选择，那么两小区就会根据方式划分成若干种不同的交通阻抗，在出行分布时根据各自阻抗预测各方式的分布量。以公共交通和个人交通等两种方式为例，阻抗矩阵和分布矩阵都是 $2n^2$ 个元素，见表 7－4 和表 7－5。

表 7－4　D－MS 的阻抗矩阵

小区	1	2	…	n
1	R_{11}^1, R_{11}^2	R_{12}^1, R_{12}^2	…	R_{1n}^1, R_{1n}^2
2	R_{21}^1, R_{21}^2	R_{22}^1, R_{22}^2	…	R_{2n}^1, R_{2n}^2
⋮	⋮	⋮	⋮	⋮
n	R_{n1}^1, R_{n1}^2	R_{n2}^1, R_{n2}^2	…	R_{nn}^1, R_{nn}^2

表 7－5　D－MS 的分布矩阵

O	D				
	1	2	…	n	合计
1	q_{11}^1, q_{11}^2	q_{12}^1, q_{12}^2	…	q_{1n}^1, q_{1n}^2	O_1
2	q_{21}^1, q_{21}^2	q_{22}^1, q_{22}^2	…	q_{2n}^1, q_{2n}^2	O_2
⋮	⋮	⋮	⋮	⋮	⋮
n	q_{n1}^1, q_{n1}^2	q_{n2}^1, q_{n2}^2	…	q_{nn}^1, q_{nn}^2	O_n
合计	D_1	D_2	…	D_n	T

D－MS 结合的单约束模型如式(7－7)所示。

$$q_{ij}^k = O_i \cdot \frac{D_j f_k(R_{ij})}{\sum_j D_j \sum_l f_l(R_{ij})} \tag{7-7}$$

式中：q_{ij}^k 为小区 i，j 之间采用交通方式 k 的出行分布量，$k=1$ 表示公共交通，$k=2$ 表示个人交通；O_i 为小区 i 的出行发生量；D_j 为小区 j 的出行吸引量；R_{ij}，$f_k(R_{ij})$ 为小区 i 与 j 之间的距离和采用交通方式 k 的交通阻抗。

D－MS结合的双约束模型如式(7－8a)，(7－8b)和式(7－8c)所示。

$$q_{ij}^{k}=a_i b_j O_i D_j f_k(R_{ij}) \qquad (7-8a)$$

$$a_i=\left[\sum_j b_j D_j f_l(R_{ij})\right]^{-1} \qquad (7-8b)$$

$$b_j=\left[\sum_i a_i O_i f_l(R_{ij})\right]^{-1} \qquad (7-8c)$$

式中：a_i，b_j 为双约束的行、列约束系数。

如果对象区域共有 n 个小区，且每个小区既是出行发生区又是出行吸引区，那么若只取两种方式($k=1,2$)，则得到的分布矩阵有 $2n^2$ 个元素。

7.3.4 分布后的方式划分模型

前面三个模型都是从部分影响方式划分的因素出发确定各方式的出行量或比例。在求出出行分布量后再进行方式划分，就可以综合考虑各方面影响因素确定出行者选择各种交通方式的比例。出行交换模型(Trip Interchange Model)即是在交通需求预测四阶段方法中的交通分布预测阶段之后进行的交通方式划分模型，该模型在进行出行方式划分时使用分布模型得到的OD对之间相互交换的交通量。因此，该模型也被称为出行交换模型。

由于出行交换模型的研究对象是小区间的分布交通量，因此该模型能够对某特定的小区至小区间的出行进行更精确的建模，从而有效地反映小区间交通系统特性对交通方式划分的影响。出行交换模型通常把不同交通方式的利用时间、费用等比率或差作为自变量。例如，图7－4a表示日本广岛城市圈的居民出行调查结果，对出勤交通按持有小客车家庭和非持有小客车家庭分类，利用时间比求出公共交通方式和小客车交通方式的划分率曲线。图7－4b将公共交通方式分为铁路和公共汽车，按是否持有小客车绘出划分率曲线。上述结果表明，小客车的有无对公共交通方式与小客车交通方式之间的划分率曲线产生明显的影响，而对铁路与公共汽车交通方式之间的划分率几乎无影响。

7.4 两种非集计型方式划分模型

7.4.1 集计分析与非集计分析

20世纪60年代日本学者提出交通方式划分的“非集计模型方法(Disaggregate Model Method)”概念和模型，他们借用经济学的效用理论，在这个问题上开创了交通方式划分的非集计模型的研究。非集计模型不同于前面的方法和模型，它是一个全新的方法和模型，后来吸引大批学者的研究兴趣，至今仍是交通规划理论中的一个热门问题。

前面两章及本章第三节的方法和模型都是以交通小区(Zone)为研究单位，将交通小区中个人或家庭的调查数据进行统计处理，如求平均值、求比例等；再用这些统计值标定交通的发生与吸引、交通分布、交通方式划分模型中的参数。在这个过程中关于个人和家庭的原始数据在统计时被集中处理，也就是被集计化，这种方法称为集计方法(Aggregate

Method),得出的模型称为集计模型(Aggregate Model)。集计方法的缺点是:为保证模型的精度,要求相当规模的样本容量;而且在统计求和过程中没有充分利用各个个体(个人和家庭)的全部调查数据,即存在信息浪费。因此集计方法所需要的调查费用是很大的。日本广岛都市全 PT 调查划分率曲线如图 7-4 所示。

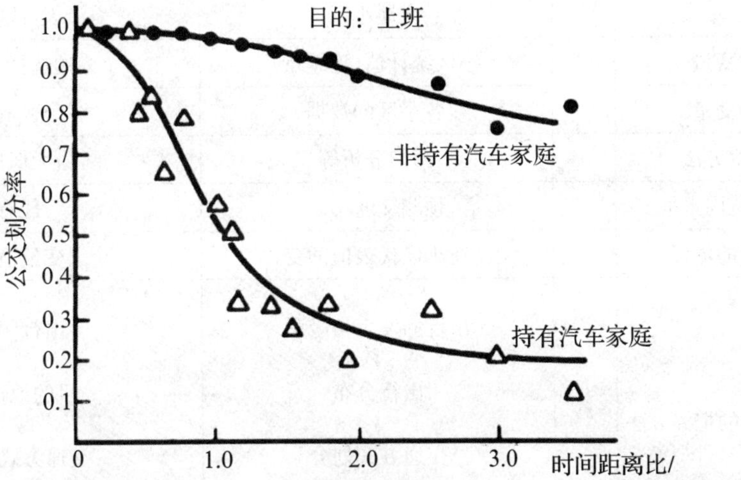

a) 公交与小客车的划分率

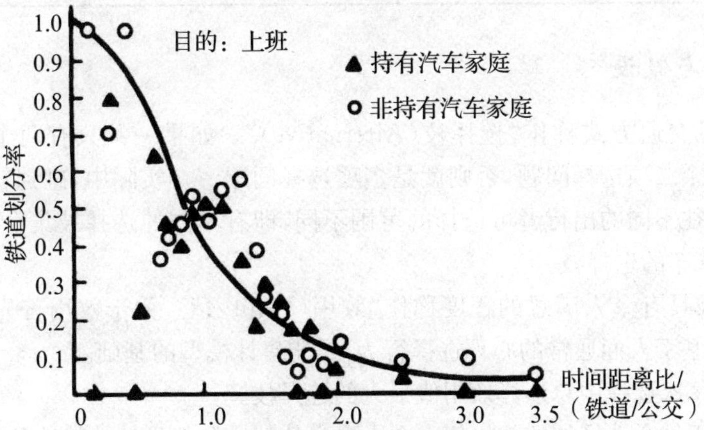

b) 轨道与公共汽车的划分率

图 7-4 日本广岛都市全 PT 调查划分率曲线

与此相对应,非集计方法(Disaggregate Method)的分析对象是个体,当非集计分析时,它将个体的原始数据不作任何统计处理直接用来构造模型,当预测时,再统计个人行动结果。非集计方法的特点是:调查所得的个人数据能得到充分运用,要求的样本容量较小。

与集计分析相比,非集计分析在分析的单位、模型预测方法、应用层面、政策体现、数据的效率和说明变量等方面不同,见表 7-6。

表 7-6 集计分析与非集计分析的区别

项目	类别	
	集计分析	非集计分析
调查单位	各次出行	各次出行
分析单位	交通小区	个人(或家庭)
因变量	小区统计值(连续量)	个人的选择(离散量)
自变量	各小区的数据	各个人的数据
预测方法	回归分析等	最大似然法
适用范围水平	预测交通小区	任意
政策的体现	交通小区代表值的变化	个人变量值的变化
交通现象的把握方法	出行的发生与吸引 ↓ 出行分布 ↓ 交通方式划分 ↓ 径路分配	出行频率 ↓ 目的地选择 ↓ 交通方式选择 ↓ 径路选择

7.4.2 概念与假设

可供选择的交通方式称作“选择枝(Alternative)”。如果一共只有两个选择枝可供选择,那么就是一个二项选择问题,否则就是多项选择问题。在实际中,碰到较多的是多项选择问题,而且往往不同的出行者可选择的范围不同,即有不同的选择枝集合,如有私家车的人就多一个私家车的选择枝。

某个选择枝具有令人满意的程度称作“效用(Utility)”。关于效用首先作以下基本假设,这些假设是基于人们通常的心理选择行为,是非集计模型的基础。

① 个人在每次选择中总选择效用值最大的选择枝。

② 个人关于每个选择枝的效用值由个人自身的特性和选择枝的特性共同决定。

7.4.3 Probit 模型

效用是由选择枝本身的特性(行驶时间、费用等)和个人的社会经济特性(年龄、职业等)两方面因素所决定的,但不能对影响效用的全部因素进行量测,所以应该将效用看作随机变量。令

$$U(k) = V(k) + e(k) \tag{7-9}$$

式中:$U(k)$为个人关于选择枝 k 的效用;$V(k)$为能够观测到的因素构成的效用确定项;$e(k)$为不能够观测到的因素构成的效用随机项。

假设 $e(k)$服从某种概率分布,由于随机效用是个人在选择时所具有的感觉上的评价值,

因此有时也称为知觉效用。当选择枝的效用 $U(k)$ 比其他任何方案的 $U(k)$ 大时，方案枝 k 被选择，因此，交通方式 k 的选择概率 $p(k)$ 可由下式表示：

$$p(k) = [U(k) > U(j), \forall j(\neq k) \in K] \tag{7-10}$$

式中：K 为选择枝集合。

将式(7-9)代入式(7-10)，可得式(7-11)。

$$\begin{aligned} p(k) &= p[e(j) < V(k) - V(j) + e(k), \forall j(\neq k) \in K] \\ &= \int_{e(k)} F[V(k) - V(j) + e(k), \forall j(\neq k) \in K] f_k(x) \mathrm{d}x \end{aligned} \tag{7-11}$$

式中：$F(x)$ 为概率分布函数；$f_k(x)$ 为概率变量 $x=e(k)$ 的概率密度函数。

上式的含义是：首先假设 $e(k)$ 固定，求选择枝 j 相对应的 $e(j)$ 的概率分布函数值；然后，当 $e(k)$ 概率变化时，与其概率密度相乘，再进行积分。上式中，如假设随机项 $e(k)$ 服从于平均值为 0，具有有限的方差协方差矩阵的多变量正态分布（Multi-variance Normal Distribution，MVN），可得到 Probit 模型。

$$\begin{bmatrix} U(1) \\ U(2) \\ \vdots \\ U(K) \end{bmatrix} \sim MVN \left[\begin{bmatrix} V(1) \\ V(2) \\ \vdots \\ V(K) \end{bmatrix} \cdot \begin{bmatrix} \sigma_1^2 & \sigma_{12} & \cdots & \sigma_{1K} \\ \sigma_{21} & \sigma_2^2 & \cdots & \sigma_{2K} \\ \vdots & \vdots & \ddots & \vdots \\ \sigma_{K1} & \sigma_{K2} & \cdots & \sigma_K^2 \end{bmatrix} \right] \tag{7-12}$$

式中：$\sigma_1^2, \sigma_2^2, \cdots, \sigma_k^2$ 为方差；σ_{ij} 为协方差。

当使用 Probit 模型时，给定固定效用 $V(k)$ 和随机项的方差协方差矩阵，便能计算选择概率。当选择枝为 2 个时，选择枝 1 的概率由式(7-13)和式(7-14)描述，其概率可由式(7-12)的分布函数值求解。

$$p(1) = p[U(1) > U(2)] \tag{7-13}$$

$$p(1) = \Phi\left[\frac{V(1) - V(2)}{\sqrt{\sigma_1^2 + \sigma_2^2 - 2\sigma_{12}}}\right] \tag{7-14}$$

当选择枝增加为 3 个时，例如，出行方式 3 的选择概率可由式(7-15)求解。

$$p(3) = p\{\max[U(1), U(2)] < U(3)\} \tag{7-15}$$

该分布函数的形式变得很复杂。当出行方式继续增加时，与选择枝为 3 个时的情况相同，可以逐次反复使用求解最大效用的关系式，一般形式可以表示如下：

$$\begin{aligned} &\max[U(1), U(2), \wedge, U(k)] \\ &= \max\{\max \wedge \max[\max(U(1), U(2), U(3))] \wedge, U(k)\} \end{aligned} \tag{7-16}$$

当出行方式超过 3 个时，Probit 模型的计算就会非常繁杂，因此，很少使用 Probit 模型。

将式(7-14)中的方差协方差的值固定，仅确定效用的值发生变化，可得到如图 7-5 所示交通方式 1 的选择概率。如果采用确定性选择，则当 $V(1)>V(2)$ 时，选择交通方式

1；当 $V(1)<V(2)$ 时，选择交通方式 2，即全有全无(All or Nothing)型选择。而当采用概率选择时，其选择概率随 $V(1)\sim V(2)$ 的值而发生连续变化。也就是说即使交通方式 1 的确定效用 $V(1)$ 比交通方式 2 的确定效用 $V(2)$ 小，交通方式 1 仍以某一概率被选择。其原因是，表示难以测定和信息不足等因素的随机项发挥作用，这也是概率选择模型的特征之一。

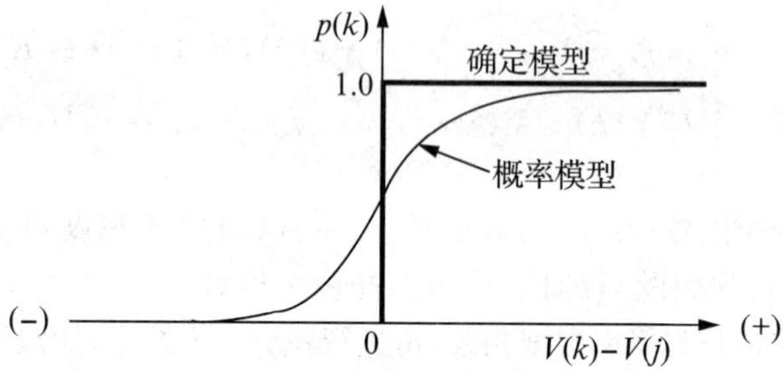

图 7－5　确定选择与概率选择的概率

7.4.4　Logit 模型

Logit 模型假设式(7－9)中效用函数的随机项 $e(k)$ 相互独立，且服从同一的干贝尔(Gambel)分布。用概率变量 x 表示 $e(k)$，θ 作为参数，随机项的分布函数可表示如下：

$$F_e(x)=\exp\{\theta\exp(x)\},(\theta>0,-\infty<x<\infty) \tag{7-17}$$

将上式代入式(7－10)，可推导出下式：

$$\begin{aligned} p(k) &= \int_{-\infty}^{\infty}\prod_{j=k}\exp\{-\theta\exp[-(V(k)-V(j)+x]\}\times\theta e^{-x}\exp(-\theta e^{-x})\mathrm{d}x \\ &= \int_{-\infty}^{\infty}\prod_{j}\exp\{-\theta\exp[-(V(k)-V(j)+x]\}\theta e^{-x}\mathrm{d}x \\ &= \int_{-\infty}^{\infty}\exp\Big\{-\theta e^{-x}\sum_{j}\exp[V(j)-V(k)]\Big\}\theta e^{-x}\mathrm{d}x=\frac{e^{V(k)}}{\sum\limits_{j}e^{V(j)}} \end{aligned} \tag{7-18}$$

式(7－18)即为 Logit 模型，其概率计算及参数推算比 Probit 模型简单，并且其适用性更广泛。

在推导 Logit 模型时，用到一个最基本的前提条件，即在 Logit 模型中效用函数的随机项 $e(k)$ 相互独立，且服从同一的干贝尔分布。而这一假设与实际情形不完全符合，从而导致 Logit 模型存在以下常见问题。

1) Logit 模型的 IIA 特性

当采用 Logit 模型时，两种交通方式之间的选择概率关系可用下式表示。

$$\frac{p(k)}{p(j)}=\frac{e^{V(k)}}{e^{V(j)}} \tag{7-19}$$

式(7－19)表明，两种交通方式的相对优劣仅取决于自身的特性，而与其他交通方式的特性无关。该性质为 Logit 模型的 IIA(Independence of Irrelevant Alternative)特性，属于 Logit 模型的弱点之一。

用交通方式选择的例子来说，假设原本供某人选择的交通方式有小汽车和公共汽车两种交通方式(假定所有的公共汽车均为红色)，而该出行者选择小汽车的效用函数 V_i 和公共汽车的效用函数 V_j 相等，则选择上述两种交通方式的概率各为 0.5，其选择概率之比则为 $\frac{p^{car}}{p^{red}}=\frac{\exp(V_i)}{\exp(V_j)}=1:1$。这时假定把一半的红色公共汽车变为蓝色。考虑到蓝色公交和红色公交在票价、旅行时间等参数上均无差异，因此，蓝色公交与红色公交的效用函数相等，这里将蓝色公交的效用函数记为 V_j'，则 $V_j'=V_j$。于是，根据 Logit 模型可知，蓝色公交与红色公交的选择概率之比如式(7-20)所示。

$$\frac{p^{blue}}{p^{red}}=\frac{\exp(V_j')}{\exp(V_j)}=1:1 \tag{7-20}$$

与此同时，小汽车与红色公交的效用函数并无改变，小汽车与蓝色公交的效用函数也无变化，小汽车与红色公交的划分率仍然为 1∶1。于是小汽车与红色公交和蓝色公交的划分率为 1∶1∶1，其被选择的概率各为1/3。这显然是与实际情况不相符合的，因为通常人们在选择交通方式时，不会考虑公交车辆的颜色。因此小汽车与公交的选择概率应该仍然为 1/2，红色公交和蓝色公交的选择概率各占公交选择概率的 1/2。

由分析得知，导致该错误选择概率的原因是 Logit 模型无法考虑到不同交通方式之间的相关性，这就是用验证 Logit 模型存在 IIA 特性的红色公交-蓝色公交问题。在实际中，如果发现某 Logit 模型具有 IIA 特性，且明显不符合实际情况时，可采用嵌套 Logit 模型或者 Probit 模型计算。

2) Logit 模型的同概率分布问题

由式(7-18)可知，Logit 模型在不同交通方式选择时，各方式的选择概率仅由方式间效用函数的差值决定。这是 Logit 模型的另一个缺陷。

$$p(k)=\frac{e^{V(k)}}{\sum_j e^{V(j)}}=\frac{1}{1+\sum_{j\neq k}(e^{V(j)}-e^{V(k)})} \tag{7-21}$$

假设在某一 OD 对间均有两种交通方式可供选择，分别为小汽车和公共汽车。其中图 7-6a中公交出行方式的出行时间为 10 min，小汽车出行方式的出行时间为 5 min；图 7-6b中公交出行方式的出行时间为 125 min，小汽车出行方式的出行时间为 120 min。能够看出，在两种不同情况下，小汽车与公共汽车出行时间的差值均为 5 min。

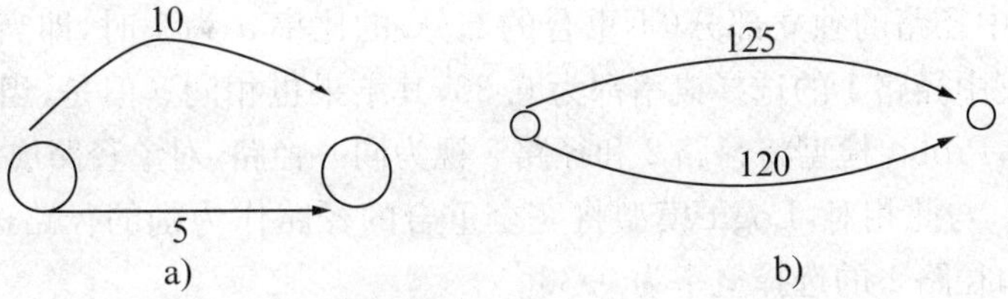

图 7-6　效用差相等的两组交通方式对比

假设小汽车和公共汽车的效用函数均为 $V=-t$，那么对于图 7-6a，小汽车的出行选择概率为 $\frac{e^{-5}}{e^{-5}+e^{-10}}=\frac{1}{1+e^{-5}}=0.9933$，也就是说大部分出行者(99%以上)在该情况下会使用小汽车作为出行工具。即当小汽车的出行时间如果比公交车降低 50%时，大部分出行者都会选择小汽车作为出行工具，这与实际情况基本相符。同样根据 Logit 模型，在图 7-6b情况下，小汽车出行选择概率应为 $\frac{e^{-120}}{e^{-120}+e^{-125}}=\frac{1}{1+e^{-5}}=0.9933$，也就是说大部分出行者(99%以上)在该情况下会使用小汽车作为出行工具。鉴于出行者在实际出行过程中不会感受到 120 min 与 125 min 的明显差异，可见在上述第二种情况下，Logit 模型的计算结果与实际的符合程度较差。

上述问题产生的原因是在实际出行过程中，由于出行距离和出行时间的增加，出行者在进行决策时的误差变大，而在 Logit 模型假设中效用函数的随机项 $e(k)$ 也就是表示各路段出行时间的误差项服从相同的干贝尔分布，而这种同概率分布的假设也影响 Logit 模型的适用性。

7.4.5 Probit 模型与 Logit 模型的差异

假设有两条选择径路，各径路的固定效用及其方差协方差矩阵由式(7-22)给定。

$$\begin{bmatrix} U(1) \\ U(2) \end{bmatrix} \sim MVN\left[\begin{bmatrix} - & 12 \\ - & 10 \end{bmatrix}, \begin{bmatrix} 2 & 1 \\ 1 & 2 \end{bmatrix}\right] \tag{7-22}$$

当采用 Probit 模型时，根据式(7-14)可知，各径路的选择概率为

$$p(1)=0.159, p(2)=0.841$$

当采用 Logit 模型时，根据式(7-18)可知，各径路的选择概率为

$$p(1)=0.119, p(2)=0.881$$

由此结果可知，Logit 模型与 Probit 模型相比，过大地估算选择概率大的径路(备选方案)，过小地估算选择概率小的径路。其原因在于模型中关于随机项的假设，即 Logit 模型假设径路的随机误差相互独立，而 Probit 模型假设随机误差具有相关关系。简单地说，在表示概率分布值的式(7-14)的分母中，协方差在 Logit 模型中为 0，而在 Probit 模型中为 2。但是，更确切地说，由于 Logit 模型与 Probit 模型的随机项的概率分布形式不同，其选择概率的差别不是仅仅由于协方差的有无而引起的。图 7-7 表示距离相等时的 3 条径路的选择例子，图中表示当径路部分相重合时，Logit 模型与 Probit 模型结果的差异，如图 7-7b 所示。在图 7-7a 中径路的独立部分(不重合的部分)的比率 d 为 1 时，即当 3 条径路完全不重合时，在两模型中径路 1 的选择概率都为 0.33，其结果也相同。但是，当径路的独立部分的比率 d 为 0 时，Probit 模型将径路 2 和径路 3 视为同一径路，对象径路成为 2 条；径路 1 的选择概率为 0.5。与此相对，Logit 模型将完全重合的径路作为别的径路进行处理，故对象径路依然为 3 条，径路 1 的选择概率为 0.33。

由上述可知，当径路重合部分增大时，由于随机误差的相关性增大，Probit 模型与 Logit

模型的计算值产生很大差别。因此，当径路重合部分多时，应该使用 Probit 模型，使用计算比较简单的嵌套 Logit 模型也能求得近似解。

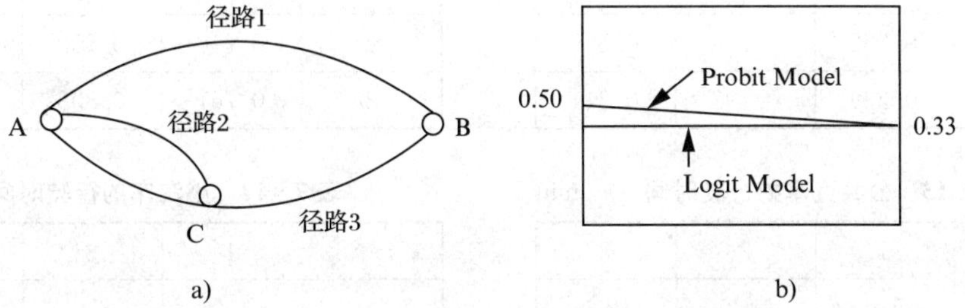

图 7－7 Logit 模型与 Probit 模型的比较示意

【例题 7－1】 在只有公共汽车与小汽车出行的两区域之间，假设如下 Logit 模型适用，试用表 7－7～表 7－12 表示现状数据拟合参数，并利用表 7－13～表 7－16 表示将来数据，结合【例题 6－2】中将来 OD 表计算结果，计算交通方式划分率和交通方式 OD 表。

$$p_{ij}^{BUS} = \frac{\exp(V_{ij}^{BUS})}{\exp(V_{ij}^{BUS} + V_{ij}^{CAR})} \tag{7-23}$$

$$p_{ij}^{CAR} = 1 - p_{ij}^{BUS} \tag{7-24}$$

$$V_{ij}^{BUS} = \alpha \cdot t_{ij}^{BUS} + \beta \cdot c_{ij}^{BUS} \tag{7-25}$$

$$V_{ij}^{CAR} = \alpha \cdot t_{ij}^{CAR} + \beta \cdot c_{ij}^{CAR} + \gamma \tag{7-26}$$

式中：p_{ij}^{CAR}，p_{ij}^{BUS} 分别为小汽车和公共汽车的划分率；t_{ij}^{CAR}，t_{ij}^{BUS} 分别为小汽车和公共汽车的行驶时间，min；c_{ij}^{CAR}，c_{ij}^{BUS} 分别为小汽车和公共汽车的费用，元；α，β，γ 为未知常数。

表 7－7 公共汽车的行驶时间 min

t_{ij}^{BUS}	1	2	3
1	5.0	11.0	13.0
2	10.0	12.0	12.0
3	14.0	16.0	7.0

表 7－8 小汽车的行驶时间 min

t_{ij}^{CAR}	1	2	3
1	3.0	8.0	10.0
2	8.0	7.0	11.0
3	10.0	11.0	3.0

表 7－9 公共汽车的票价 元

c_{ij}^{BUS}	1	2	3
1	130	140	180
2	140	130	220
3	180	220	130

表 7－10 小汽车的行驶费用 元

c_{ij}^{CAR}	1	2	3
1	21	45	58
2	45	42	60
3	58	60	19

表 7-11 公共汽车的划分率

p_{ij}^{BUS}	1	2	3
1	0.273	0.265	0.253
2	0.282	0.248	0.255
3	0.239	0.192	0.244

表 7-12 小汽车的划分率

p_{ij}^{CAR}	1	2	3
1	0.727	0.735	0.747
2	0.718	0.752	0.745
3	0.761	0.808	0.756

表 7-13 公共汽车的行驶时间 min

t_{ij}^{BUS}	1	2	3
1	5.0	11.0	12.0
2	10.0	11.0	13.0
3	12.0	13.0	5.0

表 7-14 小汽车的行驶时间 min

t_{ij}^{CAR}	1	2	3
1	3.0	8.0	10.0
2	8.0	7.0	11.0
3	10.0	11.0	3.0

表 7-15 公共汽车的票价 元

c_{ij}^{BUS}	1	2	3
1	160	170	220
2	170	160	280
3	220	280	160

表 7-16 小汽车的行驶费用 元

c_{ij}^{CAR}	1	2	3
1	26	56	73
2	56	52	75
3	73	75	24

解：

在非集计分析中，为预测交通参与者个人的选择行为，需要输入个人的数据。即在进行交通需求预测时，需要对象区域的个人数据，但是利用抽样结果预测个人的将来值尚有困难。因此，对于非集计分析，从实用角度还需要模型的集计化处理。

(1) 参数拟合

本例题将 Logit 模型应用于个人交通方式选择，其选择因素数据为集(统)计数据。由式(7-23)～式(7-26)得如下线性回归方程式。

$$\ln(p_{ij}^{CAR}/p_{ij}^{BUS}) = \alpha(t_{ij}^{CAR} - t_{ij}^{BUS}) + \beta(c_{ij}^{CAR} - c_{ij}^{BUS}) + \gamma$$

将表 7-7～表 7-12 中的数值代入上式，并利用最小二乘法拟合参数 α,β 和 γ 值如下：

$$\alpha = -0.0796(-13.173), \beta = -0.00387(-12.200), \gamma = 0.390(16.449)$$

其中，括号内数据为 t 值，拟合相关系数为 0.98。

(2) 将来划分率和交通方式 OD 表

用上步拟合的 Logit 模型和表 7-13～表 7-16 中的数据，分别计算公共汽车和小汽车的效用，得表 7-17 和表 7-18。如

$$V_{11}^{BUS} = \alpha \cdot t_{11}^{BUS} + \beta \cdot c_{11}^{BUS} = -0.0796 \times 5.0 - 0.00387 \times 130 = -1.017$$

$$V_{11}^{CAR} = \alpha \cdot t_{11}^{CAR} + \beta \cdot c_{11}^{CAR} + \gamma = -0.0796 \times 3.0 - 0.00387 \times 21 + 0.390 = 0.0506$$

以此类推。

表 7-17 公共汽车的效用

V_{ij}^{BUS}	1	2	3
1	−1.017	−1.534	−1.807
2	−1.454	−1.336	−2.118
3	−1.807	−2.118	−1.017

表 7-18 小汽车的效用

V_{ij}^{CAR}	1	2	3
1	0.050 6	−0.464	−0.689
2	−0.464	−0.368	−0.776
3	−0.689	−0.776	0.058 3

将表 7-17 和表 7-18 中的值分别代入式(7-18)，可得到如表 7-19 所示的公共汽车的划分率；再利用式(7-24)，可得到如表 7-20 所示的小汽车的划分率。

表 7-19 公共汽车的划分率

p_{ij}^{BUS}	1	2	3
1	0.255 8	0.255 4	0.246 4
2	0.270 8	0.275 4	0.207 1
3	0.246 4	0.207 1	0.254 4

表 7-20 小汽车的划分率

p_{ij}^{CAR}	1	2	3
1	0.744 2	0.744 6	0.753 6
2	0.729 2	0.724 6	0.792 9
3	0.753 6	0.792 9	0.745 6

将表 7-19 和表 7-20 应用于【例题 6-2】中的将来 OD 表，分别得到两种交通方式的 OD 表，见表 7-21 和表 7-22。

表 7-21 公共汽车的 OD 表

q_{ij}^{BUS}	1	2	3	计
1	5.70	2.82	1.32	9.84
2	2.99	19.44	1.99	24.43
3	1.32	1.66	5.90	8.88
计	10.01	23.92	9.21	43.14

表 7-22 小汽车的 OD 表

q_{ij}^{CAR}	1	2	3	计
1	16.59	8.22	4.03	28.83
2	8.05	51.15	7.63	66.843
3	4.04	6.37	17.29	27.69
计	28.67	65.74	28.95	123.36

这里，进一步分析式(7-26)，并将其变形如下：

$$V_{ij}^{CAR} = \beta(\alpha/\beta \cdot t_{ij}^{CAR} + c_{ij}^{CAR}) + \gamma$$

式中：α/β 代表时间价值(Time Value)，本例中 $\alpha/\beta = -0.079\,6/-0.003\,87 = 20$ 元/min；$\alpha/\beta \cdot t_{ij}^{CAR} + c_{ij}^{CAR}$ 为一般化交通费用(Generalized Transport Cost)；γ 为汽车的魅力度。

通过【例题 7-1】可以看出，利用交通方式划分从现状交通方式 OD 表获得将来 OD 表，为交通流分配提供基础数据。另外，【例题 7-1】中直接给定各自交通方式的现状 OD 表，然而，由居民出行调查得到的数据是以出行者个人为单位的，通常在进行交通调查结果的数据统计处理时，需要将出行者个人 OD 表换算为车辆 OD 表，即公共交通车辆 OD 表、出租车 OD 表和小客车 OD 表等。换算方法是用相应车辆的额定载荷乘以平均载荷率。

复习思考题

1. 试叙述集计分析与非集计分析的区别。
2. 试详细计算【例题 7-1】中 Logit 模型参数 α、β 和 γ 的值。

8 交通流分配

交通流分配为交通需求预测“四阶段法”的第四阶段，也是本课程的重点和难点之一。最优化理论、图论、计算机技术的发展为交通流分配模型和算法的研究及开发提供坚实的基础。经过几十年的发展，交通流分配成为交通规划理论诸问题中被国内外学者研究得最深入、取得研究成果最多的部分。本章主要讲述交通流分配的基本概念、基本原理和基本方法，交通流分配的非平衡分配和平衡分配的模型和算法等内容，并介绍随机用户平衡分配问题和动态交通流分配问题。

8.1 交通流分配理论的产生与发展

20 世纪 50 年代美国对底特律大都市圈、芝加哥都市圈相继进行交通调查与规划的研究，开发了包括交通发生、交通分布、交通方式划分、交通分配四阶段的交通需求预测方法，由此开辟了城市交通规划的先河，交通规划理论与方法在全世界范围内迅速展开，并得到快速发展。尤其在交通分配这一核心技术环节上，诸多理论研究者和交通工程师投入大量的精力。

在城市交通网络上形成的交通流量分布是两种机制相互作用直至平衡的结果。一种机制是，系统用户即各种车辆试图通过在网络上选择最佳行驶路线达到自身出行费用最小的目标；另一种机制是，路网提供给用户的服务水平与系统被使用的情况密切相关，道路上的车流量越大，用户遇到的阻力即对应的行驶阻抗越高。两种机制的交互作用使人们不易找到出行的最佳行驶路线和最终形成的流量分布结果。用一定的模型描述这两种机制及其相互作用，并求解网络上交通流量在平衡状态下的合理分布，这就是所说的交通流分配。

概括而言，交通流分配就是将预测得出的 OD 交通量，根据已知的道路网描述，按照一定的规则符合实际的分配到路网中的各条道路上去，进而求出路网中各路段的交通流量、所产生的 OD 费用矩阵，并据此对城市交通网络的使用状况作出分析和评价。

人们当初进行交通流分配的研究多采用全有全无(All-or-Nothing)的最短径路方法，该方法处理的是非常理想化的城市交通网络，即假设网络上没有交通拥挤，路阻是固定不变的，一个 OD 对间的流量都分配在“一条径路”(最短路径路)上。随着实际应用和理论研究的深入，研究人员发现该最短径路方法对于城市之间非拥挤公路网的规划设计过程中的交通流分配是比较合适的，但对于既有城市内部拥挤的交通网络，该方法的结果与网络实际情况出入甚大。在实际网络中，路网上存在着较严重的拥挤，路阻是随着交通流量的增加而递增的，出行的流量会在“多条径路”中权衡选择。因此，1952 年，著名交通问题专家 Wardrop 提出了网络平衡分配的第一、第二定理，人们开始采用系统分析方法和平衡分析方法研究在交通拥挤时的交通流分配，带来交通流分配理论的一次大的飞跃。首先，人们进行确定性分配的研究，其前提是假设出行者能够精确计算出每条径路的阻抗，从而能作出完全正确的选择决定，且每个出行者的计算能力和水平是相同的。可见确定性分配反映网络的拥挤特性，反映路阻随流量变化的实际，该方法是一次理论的进步。但是，进一步研究实际网络中出行者的出行行为发现，现实中出行者对路段阻抗的掌握只能通过估计而得。因为出行者的计算能力和水平是各异的，对同一路段不同出行者的估计值不会完全相同，所以在 1977 年，对交通流分配理论研究最积极、最活跃的美国加州大学伯克利分校的 Daganzo 教授及麻省理工学院的 Sheffi 教授提出了随机性分配的理论，其前提是认为出行者对路段阻抗的估计值与实际值之间的差别是一个随机变量，出行者会在"多条径路"中选择，同一起讫点的流量会通过不同的路径到达目的地。随机性分配理论和方法的提出，在拟合、反映现实交通网络实际的进程中又推进一大步。然而，随着近年来交通拥挤的进一步加重和拥挤在时间和空间范围上的扩大以及智能交通系统(ITS)研究的进展，人们由注意新路网的规划设计逐步转向重视既有路网的管理控制的进程中，更加意识到：路网上的拥挤性、路径选择的随机性、交通需求的动态性是同时存在并交互作用的，其机理是纷繁复杂的。确定性分配能够较好地反映网络的拥挤性，随机性分配能够较好地反映出行选择行为的随机性，但是要真正地符合路网的实际情况，更重要、更基本的交通需求的时变性还需要反映出来。也就是说，需要一种交通流分配方法能够将路网上交通流的拥挤性、路径选择的随机性、交通需求的时变性综合集成地刻画反映出来，这正是研究交通问题的人们一直积极探索的领域。

8.2 交通流分配中的基本概念

如图 8-1 所示，交通流分配就是将预测得出的交通小区 i 与交通小区 j 之间的分布(或 OD)交通量 q_{ij}，根据已知的道路网描述，按照一定的规则符合实际地分配到路网中的各条道路上去，进而求出路网中各路段 a 的交通量 x_a。在一般的道路网中，两点之间(即 O 与 D 之间)有很多条道路，如何将 OD 交通量正确合理地分配到 O 与 D 之间的各条道路上即是交通流分配要解决的问题。

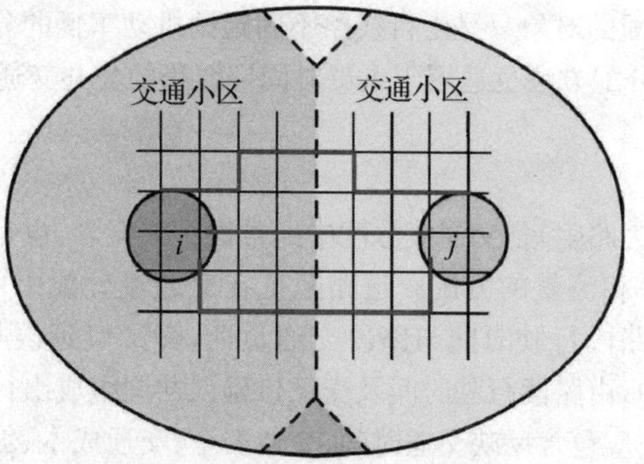

图 8-1　交通流分配示意

具体而言，交通流分配涉及以下几个方面：

① 将现状 OD 交通量分配到现状交通网络上，以分析目前交通网络的运行状况，如有某些路段的交通量观测值，还可以将这些观测值与在相应路段的分配结果进行比较，以检验四阶段预测模型的精度。

② 将规划年 OD 交通量预测值分配到现状交通网络上，以发现对规划年的交通需求和现状交通网络的缺陷，为后面交通网络的规划设计提供依据。

③ 还可以是将规划年 OD 交通量预测值分配到规划交通网络上，以评价交通网络规划方案的合理性。

交通流分配所需要的基本数据有 3 个方面：

① 表示需求的 OD 交通量。在拥挤的城市道路网中通常采用高峰期 OD 交通量，在城市间公路网中通常采用年平均日交通量(AADT)的 OD 交通量。

② 路网定义。路网为路段与交叉口的特征和属性数据，同时还包括其时间——流量函数。

③ 径路选择原则。就交通流分配的特点来说，交通工具的运行线路可以分为两类，即线路固定类型和线路不固定类型。线路固定类型有城市公共交通网和城市轨道交通网，这些是集体旅客运输；线路不固定类型有城市道路网、公路网，这一般是指个体旅客运输或货物运输，在这类网络中，车辆是自由选择运行径路的。对于前者，虽然交通工具(如公共汽车)的线路是限定的，但作为个体的旅客，如果某两点之间有多条线路或多种交通工具，可以选择不同线路上的交通工具，或同一线路上的运行速度，或交通费用不同的交通工具。因此，如果将旅客看作是交通元，这仍然是一个自由选择运行径路的问题，只不过这时径路的意义也更广泛些，其中径路选择包含对交通工具的选择。

对于城市道路网，需要特别指出如下 3 个方面：

① 由于道路的主要承载对象是车辆，交通流分配中的出行分布量一般是指机动车，以标准小汽车(Passenger Count Unit，PCU)为单位。交通需求预测的第一步是预测交通发生量与吸引量，这个预测值一般是以“人”为单位的，经过方式划分，将以人为单位的出行量转化成以车为单位的出行量。

② 由于公共汽车是按固定路线行驶的，不能自由选择行驶径路，因此交通流分配不包括公共汽车，交通流分配的对象只是走行线路不固定的机动车辆的分布量。

③ 本章所讨论的分配方法也适用于人员对固定线路的公共交通径路和工具的选择。

8.2.1 交通阻抗

交通阻抗(或者称为路阻)是交通流分配中经常提到的概念，也是一项重要指标，它直接影响交通流径路的选择和流量的分配。道路阻抗在交通流分配中可以通过路阻函数来描述，所谓路阻函数是指路段行驶时间与路段交通负荷，交叉口延误与交叉口负荷之间的关系。在具体分配过程中，由路段行驶时间及交叉口延误共同组成出行交通阻抗。

交通网络上的阻抗应包含反映交通时间、交通安全、交通成本、舒适程度、便捷性和准时性等许多因素。如果根据这些因素建立一个科学严密、解释性强的函数模型，这是非常困难的。经过大量的理论分析和工程实践，人们得出影响阻抗的主要因素是时间，因此交通时间常常被作为计量阻抗的主要标准，主要基于以下 3 个方面的原因：

① 理论研究和实际观测表明，交通时间是出行者所考虑的首要因素，尤其在城市道路交通中。

② 几乎所有影响阻抗的其他因素都与交通时间密切相关，且呈现出与交通时间相同的变化趋势。

③ 交通时间比其他因素更易于测量，即使有必要考虑到其他因素，也常常是将其转换为时间来度量。

交通阻抗由两部分组成，即路段阻抗和节点阻抗。

1）路段阻抗

在诸多交通阻抗因素中，时间因素是最主要的。对于单种交通网络，出行者在进行径路选择时，一般都是以时间最短为目标。有些交通网络，其路段上的行驶时间与距离成正比，与路段上的流量无关，如城市轨道交通网。此时用时间或距离作为阻抗是等价的，为了量测方便起见，选用路段的距离较好。有些交通网络，路段上的行驶时间与距离不一定成正比，而与路段上的交通流量有关，如公路网、城市道路网。此时选用时间作为阻抗。这类行驶时间与距离、流量的关系比较复杂，其关系可以广义地表达为式(8-1)。

$$C_a = f(\{V\}) \tag{8-1}$$

即路段 a 上的费用 C_a 不仅仅是路段本身流量的函数，而且是整个路网上流量 V 的函数。这个一般化的公式在城市道路网上是比较多见的，因为交叉口的存在，不同路段上的流量会相互影响。对于公路网而言，由于路段比较长，这一关系可以进一步简化，因为大部分时间是花费在路段上而不是在交叉口上，这时式(8-1)可以写成式(8-2)。

$$C_a = f(V_a) \tag{8-2}$$

即路段的费用只与该路段的流量及其特性相关，这个假定简化对路段函数的建立和标定，以及交通流分配模型的开发。

对于公路行驶时间函数的研究，既有通过实测数据进行回归分析的方法，也有进行理论研究的方法。其中被广泛应用的是由美国道路局(Bureau of Public Road，BPR)开发的函数，被称为 BPR 函数，其形式如式(8-3)所示。

$$t_a = t_0\left[1+\alpha\left(\frac{q_a}{c_a}\right)^{\beta}\right] \tag{8-3}$$

式中：t_a 为路段 a 上的阻抗；t_0 为零流阻抗或自由流阻抗，即当路段上为空静状态时，车辆自由行驶所需要的时间；q_a 为路段 a 上的交通量；c_a 为路段 a 的实际通过能力，即单位时间内路段实际可通过的车辆数；α，β 为阻滞系数，在美国公路局交通流分配程序中，α，β 参数的取值分别为 0.15 和 4。也可由实际数据用回归分析求得。

由式(8-3)可知，行驶时间是路段流量的单调递增函数。

从交通流分配的观点出发，理想的路段阻抗函数应该具备下列的性质：

① 真实性，用它计算出来的行驶时间应具有足够的真实性。

② 函数应该是单调递增的，当流量增大时，行驶时间不应减少。

③ 函数应该是连续可导的。

④ 函数应该允许一定的“超载”，即当流量等于或超过通过能力时，行驶时间不应该为无穷大。当分配给某一路段的交通量大于其通过能力时，该函数应该反馈一个行驶时间，否则一个无穷大的数可能会导致计算机死机的发生。事实上，短时间的超负荷运行在实际中的确存在，不一定会产生无限延误。

⑤ 从实际应用的角度出发，阻抗函数应该具有很强的移植性，所以采用工程参数如自由流车速、通过能力等比使用通过标定而得到的参数要好些。

2）节点阻抗

节点阻抗是指车辆在交通网络节点处主要指在交叉口处的阻抗。交叉口阻抗与交叉口的形式、信号控制系统的配时、交叉口的通过能力等因素有关。在城市交通网络的实际出行时间中，除路段行驶时间外，交叉口延误占有较大的比重，特别是在交通高峰期间，当交叉口拥挤阻塞比较严重时，交叉口延误可能会超过路段行驶时间。

在交通工程学中，对信号交叉口的延误有过大量的研究，直接目的是为信号控制交叉口的配时，点控、线控和面控系统的设计以及交叉口通过能力的计算而进行的。节点处的阻抗可分为两类：

① 不分流向类。在某个节点各流向的阻抗基本相同，或者没有明显的规律性的分流向差别。对这类问题比较好处理，用一个统一的值 D_i 表示车辆在节点 i 的延误。

② 分流向类。不同流向的阻抗不同，且一般服从某种规律。城市道路网就是如此，车辆在城市道路的交叉口一般有三个流向：直行、左转、右转，所延误的时间差别明显，且一般服从规律：右转＜直行＜左转。其实，车辆在城市间公路网的节点处也存在同样的延误规律，但是公路网的路段长，车辆在节点处的延误相对于路段上的行驶时间非常小，可以近似视为0，这样就可以将之归于上述的“不分流向类”对待。但是，城市道路网交叉口密集，相邻交叉口之间的路段往往只有几百米，车辆在交叉口某些流向的延误时间接近甚至超过在路段上的行驶时间，故不可忽略，而且必须分流向计算。

当分流向计算时，一般用 D_{ij} 表示来自节点 i 的车辆在交叉口 j 的延误，可以用 Webster 延误公式表示。

英国道路交通研究所（Transport and Road Research Laboratory，TRRL）的 F. V. Webster 等人在 1958 年根据排队论理论，提出了一个计算交叉口延误的模型。该模型主要包括两部分：一部分是车辆到达率为固定均值时产生的正常相位延误即均匀延误；另一部分是车辆到达率随机波动时所产生的附加延误。其具体形式为式(8-4)。

$$t_w=\frac{T(1-\lambda)^2}{2(1-\lambda X)}+\frac{X^2}{2Q(1-X)}-0.65\left(\frac{T}{Q^2}\right)^{\frac{1}{3}}X^{(2+5\lambda)} \tag{8-4}$$

式中：T 为信号周期长度，s；λ 为进口道有效绿灯时间与信号周期长度之比，即绿信比；Q 为进口道的交通流量，veh/h；X 为饱和度，$X=Q/S$，S 为进口道通过能力。

上式是 Webster 在 Monter-Carlo 模拟结果的基础上，校正当初由排队论理论推导出的交通工程师们常用的延误公式的形式。

人们在实践应用 Webster 延误公式中发现：当进口饱和度较小时，该公式计算结果比较合理；当进口饱和度较大时，如当饱和度趋向于 1 时，求得的延误趋向于无穷大，即饱和度越接近于1,求得的延误越不正确,更无法计算在过饱和情况下的延误。一般认为Webster公式的适用范围为饱和度的取值在0～0.67之间,即当$0\leqslant X\leqslant 0.67$时,Webster公式计算的结果才是合适的,当饱和度超过这个范围时,式(8-4)则不适用。

Webster公式的提出,对交叉口延误的计算起到很大的推动作用,但是由于该模型在饱和度上的局限,使得该模型很难直接应用于拥挤的交通网络,即饱和度较大的网络,因此在实际应用中,许多理论研究者或交通工程师对该模型进行不同的修正,派生出不同类型的改进公式,有兴趣的读者可以参见美国《道路通行能力手册》(HCM,1985)中对Webster公式的修正形式。

根据Webster公式求得延误,但是问题并没有解决。由于延误公式是针对各个不同的进口道的,更准确地说,是针对不同流向(直行、左转、右转)的,车辆从i点驶经j点后流向不同的节点会有不同的延误,因此用同一个D_{ij}不能刻画这些延误。问题的关键是目前图论等应用数学中很难有合理、适用的关于节点方位和径路走向的数学描述,因而在求最短径路的算法中就不能一般地表达不同流向车辆在交叉口的不同延误。这个问题一直没能得到很好的解决,因此已有的城市道路交通流分配理论一直忽略节点阻抗这个问题,只借用从城市间公路上获得的行驶时间BPR函数作为城市道路网上的阻抗,只计算路段上的阻抗。

8.2.2 径路与最短径路

8.2.2.1 径路与最短径路定义

1) 路段

交通网络上相邻两个节点之间的交通线路称为"路段"。

2) 径路

交通网络上任意一对OD点对之间,从发生点到吸引点一串连通的路段的有序排列称为这一对OD点对之间的径路。这一对OD点对点之间可以有多条径路。

3) 最短径路

一对OD点之间的径路中总阻抗最小的径路称作"最短径路"。

8.2.2.2 最短径路算法

最短径路算法是交通流分配中最基本也最重要的算法,几乎所有交通流分配方法都是以它作为一个基本子过程反复调用。最短径路算法的设计问题是图论、运筹学和交通规划领域的学者们广为关注的问题,因此已经设计了多种方法。最短径路算法问题包含两个子问题:两点间最小阻抗的计算和两点间最小阻抗径路的辨识,前者是解决后者的前提。许多算法都是将这两个子问题分开考虑,设计的算法是分别求出最小阻抗和最短径路。

在各类文献中,有关交通流分配最短径路的算法很多,如Dijkstra法、矩阵迭代法、最短径路辨识、Floyd-Warshall法等。下面重点介绍前两种方法的计算过程。

1) Dijkstra法

由Dijkstra在1959年首先提出,也称为标号法(Label-correcting Method)。常用于计算从某一指定点(起点)到另一指定点(终点)之间的最小阻抗。Dijkstra法可以同时求出网络中所有节点到某一节点的全部最小阻抗。

(1) 算法思想

① 首先从起点 O 开始，给每个节点一个标号，分为 T 标号和 P 标号两类：T 标号是临时标号，表示从起点 O 到该点的最短路权的上限；P 标号是固定标号，表示从起点 O 到该点的最短路权。

② 标号过程中，T 标号一直在改变，P 标号不再改变，凡是没有标上 P 标号的点，都标上 T 标号。

③ 算法的每一步把某一点的 T 标号改变为 P 标号，直到所有的 T 标号都改变为 P 标号。即得到从始点 O 到其他各点的最短路权，标号过程结束。

(2) 算法步骤

步骤 1：初始化。给起点 1 标上 P 标号 $P(1)=0$，其余各点均标上 T 标号 $T_1(j)=\infty$，$j=2,3,\cdots,n$。即表示从起点 1 到 1 的最短路权为 0，到其他各点的最短路权的上限临时定为∞。标号中括号内数字表示节点号，下标表示第几步标号。经过第一步标号得到一个 P 标号，即 $P(1)=0$。

步骤 2：设经过$(K-1)$步标号，节点 i 是刚得到 P 标号的点，则对所有没有得到 P 标号的点进行下一步新的标号(第 K 步)；考虑所有与节点 i 相邻且没有标上 P 标号的点$\{j\}$，修改它们的 T 标号：

$$T_K(j)=\min[T(j),P(i)+d_{ij}]$$

式中：d_{ij}为 i 到 j 的距离(路权)；$T_K(j)$为第 K 步标号前 j 点的 T 标号。

在所有的 T 标号(包括没有被修改的)中，比选出最小的 T 标号：

$$T_K(j_0)=\min[T_K(j),T(r)]$$

式中：j_0 为最小 T 标号所对应的节点号；$T(r)$为与 i 点不相邻点 r 的 T 标号。

给点 j_0 标上 P 标号：$P(j_0)=T_k(j_0)$，第 K 步标号结束。

步骤 3：当所有节点中已经没有 T 标号时，算法结束，得到从起点 1 到其他各点的最短路权；否则返回步骤 2。

【例题 8-1】 用 Dijkstra 法计算如图 8-2 所示路网从节点 1 到节点 9 的最短径路。

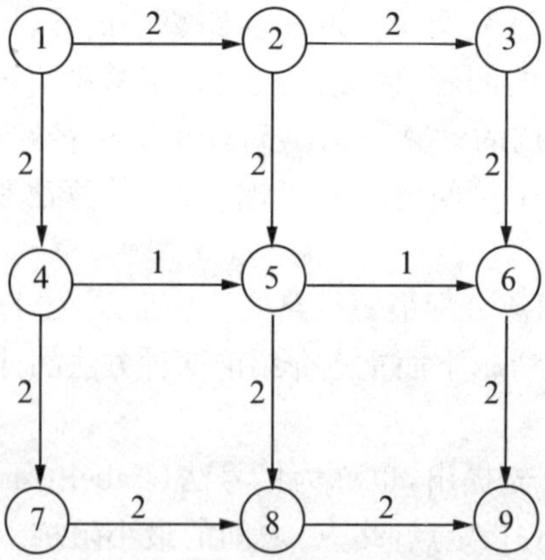

图 8-2 交通网络示意

解：

步骤 1：给定起点 1 的 P 标号：$P(1)=0$，其他节点标上 T 标号：$T_1(2)=\cdots=T_1(9)=\infty$。

步骤 2：节点 1 刚得到 P 标号。节点 2,4 与 1 相邻，且均为 T 标号，修改这两点的 T 标号：

$$T_2(2)=\min[T_1(2),P(1)+d_{12}]=\min[\infty,0+2]=2$$
$$T_2(4)=\min[T_1(4),P(1)+d_{14}]=\min[\infty,0+2]=2$$

在所有(包括没修改的)T 标号中，找出最小标号。2 和 4 为最小，任选其一，如节点 2，即 $P(2)=T_2(2)=2$。

步骤 3：节点 2 刚得到 P 标号。节点 3,5 与 2 相邻，且均为 T 标号，修改这两点的 T 标号：

$$T_3(3)=\min[T_1(3),P(2)+d_{23}]=\min[\infty,2+2]=4$$
$$T_3(5)=\min[T_1(5),P(2)+d_{25}]=\min[\infty,2+2]=4$$

在所有 T 标号(点 3,4,5,…,9)中，节点 4 为最小，给节点 4 标上 P 标号，即 $P(4)=T_3(4)=2$。

步骤 4：节点 4 刚得到 P 标号。节点 5,7 与 4 相邻，且为 T 标号，修改这两点的 T 标号：

$$T_4(5)=\min[T_3(5),P(4)+d_{45}]=\min[4,2+1]=3$$
$$T_4(7)=\min[T_1(7),P(4)+d_{47}]=\min[\infty,2+2]=4$$

在所有 T 标号中，节点 5 为最小，给节点 5 标上 P 标号，即 $P(5)=T_4(5)=3$。

步骤 5：节点 5 刚得到 P 标号。节点 6,8 与 5 相邻，且为 T 标号，修改这两点的 T 标号：

$$T_5(6)=\min[T_1(6),P(5)+d_{56}]=\min[\infty,3+1]=4$$
$$T_5(8)=\min[T_1(8),P(5)+d_{58}]=\min[\infty,3+2]=5$$

在所有 T 标号中，节点 3 为最小，给节点 3 标上 P 标号，即 $P(3)=T_3(3)=4$。

步骤 6：节点 3 刚得到 P 标号。节点 6 与 3 相邻，且为 T 标号，修改 6 的 T 标号：

$$T_6(6)=\min[T_5(6),P(3)+d_{36}]=\min[4,4+2]=4$$

在所有 T 标号中，节点 6 为最小，给节点 6 标上 P 标号，即 $P(6)=T_6(6)=4$。

步骤 7：节点 6 刚得到 P 标号。节点 9 与 6 相邻，且为 T 标号，修改 9 的 T 标号：

$$T_7(9)=\min[T_1(9),P(6)+d_{69}]=\min[\infty,4+2]=6$$

在所有 T 标号中，节点 7 为最小，给节点 7 标上 P 标号，即 $P(7)=T_4(7)=4$。

步骤 8：节点 7 刚得到 P 标号。节点 8 与 7 相邻，且为 T 标号，修改 8 的 T 标号：

$$T_8(8)=\min[T_5(8),P(7)+d_{78}]=\min[5,4+2]=5$$

在所有 T 标号中，节点 8 为最小，给节点 8 标上 P 标号，即 $P(8)=T_8(8)=5$。

步骤 9：节点 8 刚得到 P 标号。节点 9 与 8 相邻，且为 T 标号，修改 9 的 T 标号：

$$T_9(9)=\min[T_7(9),P(8)+d_{89}]=\min[6,5+2]=6$$

在所有 T 标号中，节点 9 为最小，给节点 9 标上 P 标号，即 $P(9)=T_9(9)=6$。

步骤 10：所有节点均标上 P 标号，计算结束。得到节点 1 到其他各节点的最短路权(P

标号),见表 8-1。

表 8-1 【例题 8-1】计算结果

节点	1	2	3	4	5	6	7	8	9
最短路权	0	2	4	2	3	4	4	5	6
P 标号	$P(1)$	$P(2)$	$P(3)$	$P(4)$	$P(5)$	$P(6)$	$P(7)$	$P(8)$	$P(9)$

在实际交通规划中,需要求出路网中任意两个节点之间的最短路权矩阵($n\times n$ 阶);尽管 Dijkstra 法一次能够算出从起点到其他各节点的最短路权,但仍不能满足要求,用此方法求最短路权矩阵,需要反复运算 n 次,导致计算效率不高,且速度较慢,所需存储空间较多,在大规模交通规划中应用受到一定限制。

2) 矩阵迭代法

(1) 算法思想

① 借助距离(路权)矩阵的迭代运算来求解最短路权的算法。

② 该方法能一次获得任意两点之间的最短路权矩阵。

(2) 算法步骤

① 首先构造距离矩阵(以距离为权的权矩阵)。

② 矩阵给出节点间只经过一步(一条边)到达某一点的最短距离。

③ 对距离矩阵进行如下的迭代运算,便可以得到经过两步达到某一点的最短距离:

$$D^2 = D * D = [d_{ij}^2]$$

$$[d_{ij}^2] = \min[d_{ik} + d_{kj}](k = 1,2,3,\cdots,n)$$

式中:n 为网络节点数;$*$ 为矩阵逻辑运算符;d_{ik},d_{kj} 为距离矩阵 D 中的相应元素。

【例题 8-2】 求解【例题 8-1】网络任意节点间的最短路权。

解:

(1) 根据交通网络结构,距离矩阵表示见表 8-2(第一步)

表 8-2 交通网络的距离矩阵

i/j	1	2	3	4	5	6	7	8	9
1	0	2	∞	2	∞	∞	∞	∞	∞
2	2	0	2	∞	2	∞	∞	∞	∞
3	∞	2	0	∞	∞	2	∞	∞	∞
4	2	∞	∞	0	1	∞	2	∞	∞
5	∞	2	∞	1	0	1	∞	2	∞
6	∞	∞	2	∞	1	0	∞	∞	2
7	∞	∞	∞	2	∞	∞	0	2	∞
8	∞	∞	∞	∞	2	∞	2	0	2
9	∞	∞	∞	∞	∞	2	∞	2	0

(2) 进行矩阵迭代运算(第 2 步)

$d_{12}^2 = \min[d_{11} + d_{12}, d_{12} + d_{22}, d_{13} + d_{32}, d_{14} + d_{42}, d_{15} + d_{52}, d_{16} + d_{62}, d_{17} + d_{72}, d_{18} + d_{82}, d_{19} + d_{92}] = \min[0 + 2, 2 + 0, \infty + 2, 2 + \infty, \infty + 2, \infty + \infty, \infty + \infty, \infty + \infty, \infty + \infty] = 2(i = 1, j = 2; k = 1, 2, \cdots, 9)$

$d_{13}^2, d_{14}^2, d_{15}^2, \cdots, d_{19}^2$计算同理,如:

$d_{15}^2 = \min[d_{11} + d_{15}, d_{12} + d_{25}, d_{13} + d_{35}, d_{14} + d_{45}, d_{15} + d_{55}, d_{16} + d_{65}, d_{17} + d_{75}, d_{18} + d_{85}, d_{19} + d_{95}] = \min[0 + \infty, 2 + 2, \infty + \infty, 2 + 1, \infty + 0, \infty + 1, \infty + \infty, \infty + 2, \infty + \infty] = 3(i = 1, j = 5; k = 1, 2, \cdots, 9)$

从节点 1 经过两步到达 5 的最短路权为 3。其他元素按同样方法计算,得到 D^2。

(3) 进行矩阵迭代运算(第 3 步)

经过三步到达某一节点的最短距离为

$$D^3 = D^2 * D = [d_{ij}^3]$$

$$[d_{ij}^3] = \min[d_{ik}^2 + d_{kj}](k = 1, 2, 3, \cdots, n)$$

式中:d_{ik}^2 为距离矩阵 D^2 中的元素;d_{kj} 为距离矩阵 D 中的元素。

(4) 进行矩阵迭代运算(第 m 步)

经过 m 步到达某一节点的最短距离为

$$D^m = D^{m-1} * D = [d_{ij}^m]$$

$$[d_{ij}^m] = \min[d_{ik}^{m-1} + d_{kj}](k = 1, 2, 3, \cdots, n)$$

式中:d_{ik}^{m-1}为距离矩阵 D^{m-1}中的元素;d_{kj} 为距离矩阵 D 中的元素。

迭代不断进行,直到 $D^m = D^{m-1}$。即 D^m 中的每个元素等于 D^{m-1}中的每个元素为止,此时 D^m 便是任意两点之间的最短路权矩阵。

本例中,$D^8 = D^9$,见表 8-3。

表 8-3 【例题 8-2】计算结果

i/j	1	2	3	4	5	6	7	8	9
1	0	2	4	2	3	4	4	5	6
2	2	0	2	3	2	3	5	4	5
3	4	2	0	4	3	2	6	5	4
4	2	3	4	0	1	2	2	3	4
5	3	2	3	1	0	1	3	2	3
6	4	3	2	2	1	0	4	3	2
7	4	5	6	2	3	4	0	2	4
8	5	4	5	3	2	3	2	0	2
9	6	5	4	4	3	2	4	2	0

用矩阵迭代法求解网络的最短路权矩阵，能够一次获得 $n\times n$ 阶的最短路权矩阵，简便快速。软件的开发比 Dijkstra 法节省内存。网络越复杂，该方法的优越性越明显。

3）最短径路辨识

通过 Dijkstra 法或矩阵迭代法得到最短路权矩阵后，还需要把每个节点对之间具体的最短径路寻找出来，将交通流分配上去，进而进行网络的规划。

最短径路辨识采用追踪法：从每条最短径路的起点开始，根据起点到各节点的最短路权搜索最短径路上的各个交通节点，直至径路终点。

算法思想：设某最短径路的起点是 r，终点是 s。

径路辨识算法如下：

① 从起点 r 开始，寻找与 r 相邻的一节点 i，满足：

$$d_{ri}+L_{(i,s)}^{\min}=L_{(r,s)}^{\min}$$

式中：d_{ri} 为路段 r 到 i 的距离；$L_{(i,s)}^{\min}$ 为节点 i 到 s 的最短路权；$L_{(r,s)}^{\min}$ 为节点 r 到 s 的最短路权。

则路段 $[r,i]$ 便是从 r 到 s 最短径路上的一段。

② 寻找与 i 相邻的一点 j，使其满足：

$$d_{ij}+L_{(j,s)}^{\min}=L_{(i,s)}^{\min}$$

则路段 $[i,j]$ 便是从 r 到 s 最短径路上的一段。

③ 如此不断反复，直到终点 s。把节点 $r,i,j,\cdots,s$ 连接起来，便得到从 r 到 s 的最短路线。

【例题 8-3】 辨识【例题 8-2】所求得的从节点 1 到节点 9 的最短径路。

解：

从起点 1 开始，因为 $d_{14}+L_{(4,9)}^{\min}=2+4=6=L_{(1,9)}^{\min}$，所以[1,4]在最短径路上。

因为 $d_{45}+L_{(5,9)}^{\min}=1+3=4=L_{(4,9)}^{\min}$，所以[4,5]在最短径路上。

因为 $d_{56}+L_{(6,9)}^{\min}=1+2=3=L_{(5,9)}^{\min}$，所以[5,6]在最短径路上。

因为 $d_{69}+L_{(9,9)}^{\min}=2+0=2=L_{(6,9)}^{\min}$，所以[6,9]在最短径路上。

则从节点 1 到节点 9 的最短径路是：1—4—5—6—9。

8.2.3 交通平衡问题

（1）Wardrop 平衡原理

如果两点之间有很多条道路而这两点之间的交通量又很少，那么这些行驶车辆显然会沿着最短的道路行走。随着交通量的增加，最短径路上的交通流量也会随之增加。当增加到一定程度之后，这条最短径路的行驶时间会因为拥挤或堵塞而变长，最短径路发生变化，这一部分行驶车辆将会选择新的行驶时间最短的道路。随着两点之间的交通量继续增加，两点之间的所有道路都有可能被利用。

如果所有的道路利用者（驾驶员）都准确知道各条道路所需的行驶时间并选择行驶时间最短的道路，最终两点之间被利用的各条道路的行驶时间会相等，没有被利用的道路的行驶时间更长。这种状态被称为道路网的平衡状态。

在交通流分配中，一个实际路网上一般有很多个 OD 对，每个 OD 对之间的各条径路都是由很多路段组成的，这些路段又可排列组合成无数条不同的径路，这样每个 OD 对之间都有多条径路。而且无数个 OD 对之间的径路又互相重叠。由于这些原因，使得实际道路网的平衡远远比上述描述的要复杂。正是由于这种复杂性，人们一直探索能够严格定义这种平衡并能进行数学表示的途径。

1952 年著名学者 Wardrop 提出交通网络平衡定义的第一原理和第二原理，奠定了交通流分配的基础。

Wardrop 第一原理定义：在道路的利用者都确切知道网络的交通状态并试图选择最短径路时，网络将会达到平衡状态。在考虑拥挤对行驶时间影响的网络中，当网络达到平衡状态时，每个 OD 对的被使用的径路具有相等而且最小的行驶时间；没有被使用的径路的行驶时间大于或等于最小行驶时间。

这条定义通常简称为 Wardrop 平衡(Wardrop Equilibrium)，在实际交通流分配中也称为用户均衡(User Equilibrium，UE)或用户最优。容易看出，当没有达到平衡状态时，至少会有一些道路利用者通过变换路线来缩短行驶时间直至平衡。所以说，网络拥挤的存在，是平衡形成的条件。

Wardrop 第二原理定义：在系统平衡条件下，拥挤的路网上交通流应该按照平均或总的出行成本最小为依据来分配。

在实际交通流分配中，Wardrop 第二原理也称为系统最优原理(System Optimization，SO)。

与第一原理相比较，第二原理是一个设计原理。第一原理主要是建立每个道路利用者使其自身出行成本(时间)最小化的行为模型，而第二原理则是旨在使交通流在最小出行成本方向上分配，从而达到出行成本最小的系统平衡。第二原理作为一个设计原理，是面向交通管理工程师的。一般来说，在这两个原理下的平衡结果不会是一样的，但是在实际交通中，人们更期望交通流能够按照 Wardrop 第一原理，即用户平衡的近似解来分配。

换个角度来说，第一原理反映道路用户选择路线的一种准则。按照第一原理分配出来的结果应该是路网上用户实际径路选择的结果。而第二原理则反映一种目标，即按照什么样的方式分配是最好的。在实际网络中很难出现第二原理所描述的状态，除非所有的道路利用这互相协作为系统最优化而努力。这在实际中是不太可能的。但第二原理为交通管理人员提供一种决策方法。

(2) 平衡与交通流分配

下面用一个简单的例子来说明交通流分配与平衡的概念。

【例题 8-4】 设 OD 对之间交通量 $q=2\ 000$ 辆，有两条径路 a 与 b。径路 a 行驶时间短，但是通行能力小，径路 b 行驶时间长，但通行能力大。假设它们各自的行驶时间(min)与流量的关系是：

$$t_a = 10 + 0.02q_a$$

$$t_b = 15 + 0.005q_b$$

这时，需要求径路 a 与 b 上分配的交通量。根据 Wardrop 平衡第一原理的定义，很容易建立下列的方程组：

$$\begin{cases}10+0.02q_a=15+0.005q_b\\q_a+q_b=q\end{cases}$$

则有：$q_b=0.8q-200$。

显然 q_b 只有在非负解时才有意义，即 $q\geqslant 200/0.8=250$。也就是说，当 OD 交通量小于 250 时，$t_a<t_b$，则 $q_b=0$，$q_a=q$ 所有 OD 都沿着径路 a 走行，当 OD 交通量大于 250 时，两条径路上都有一定数量的车辆行驶。当 $q=2\,000$ 时，平衡流量为 $q_a=600$，$q_b=1\,400$，$t_a=t_b=22$，即平衡时两条径路的行驶时间均为 22 min。

用相同的思路可以求解 Wardrop 平衡下所有 OD 对之间各条径路的分配流量。但是问题在于除了【例题 8-4】中所示的这种非常简单的情形外，用代数方法求平衡解是不可能的，需要研究其他的方法。

由于分配问题的复杂性，从 1952 年 Wardrop 提出道路网平衡的概念和定义之后，如何求解 Wardrop 平衡成了研究者的重要课题。1956 年，Beckmann 等提出了描述平衡交通流分配的一个数学规划模型。直到 1975 年才由 LeBlanc 等学者设计出求解 Beckmann 模型的算法（将 Frank-Wolfe 算法用于求解该模型），从而形成现在的实用解法。Wardrop 原理—Beckmann 模型—LeBlanc 算法这些突破是交通流分配问题研究的重大进步，也是现在交通流分配问题的基础。

目前，在交通流分配理论的中，以 Wardrop 第一原理为基本指导思想的分配方法比较多。国际上通常将交通流分配方法分为平衡分配和非平衡分配两大类。对于完全满足 Wardrop 原理定义的平衡状态，则称为平衡分配方法；对于采用启发式方法或其他近似方法的分配模型，则称为非平衡分配方法。

8.3 非平衡分配方法

非平衡分配方法按其分配方式可分为变化路阻和固定路阻两类，按分配形态可分为单径路与多径径路两类，概括起来见表 8-4。

表 8-4 非平衡分配模型分类

分配方式	分配形态	
	固定路阻	变化路阻
单径径路	全有全无方法	增量分配法
多径径路	无容量限制多径路方法	容量限制多径路方法

8.3.1 全有全无分配方法（All-or-nothing Assignment Method）

全有全无分配方法（简称 0-1 分配法）是最简单的分配方法，该方法不考虑路网的拥挤效果，取路阻为常数，即假设车辆的路段行驶速度、交叉口延误不受路段、交叉口交通负荷的影响。每个 OD 点对的交通量被全部分配在连接 OD 点对的最短径路上，其他径路上分配不到交通量。

全有全无分配方法的分配算法是最简单、最基本的径路选择和分配方法，在美国芝加哥城交通规划中，首次获得应用。其优点是计算相当简便，分配只需一次完成，其不足之处是出行量分布不均匀，出行量全部集中在最短径路上。显然这是与实际交通情况不符合的，因为当最短径路上车流逐渐增加时，它的路阻会随之而增大，意味着这条路有可能不再是最短路，车流会转移到其他可行径路上。因此，其他路径上也会有流量。

全有全无分配方法算法思想和计算步骤如下。

(1) 算法思想

将 OD 交通量 T 加载到路网的最短径路上，从而得到路网中各路段流量的过程。

(2) 计算步骤

步骤 1：初始化，使路网中所有路段的流量为 0，并求出各路段在自由流状态时的阻抗；

步骤 2：计算路网中每个出发地 O 到每个目的地 D 的最短径路；

步骤 3：将 O 和 D 间的 OD 交通量全部分配到相应的最短径路上。

由于全有全无分配方法不能反映拥挤效果，主要是用于某些非拥挤路网，该分配方法用于没有通行能力限制的网络交通分配的情况。因此，建议使用范围是：在城际之间道路通行能力不受限制的地区可以采用，一般城市道路网的交通分配不宜采用该方法。在实际中由于其简单实用的特性，一般作为其他各种分配技术的基础，在增量分配法和平(均)衡分配法等方法中反复使用。

8.3.2 增量分配法(Incremental Assignment Method)

增量分配法(IA 分配法)是一种近似的平衡分配方法。该方法是在全有全无分配方法的基础上，考虑路段交通流量对阻抗的影响，进而根据道路阻抗的变化来调整路网交通量的分配，是一种"变化路阻"的交通量分配方法。增量分配法有容量限制-增量分配、容量限制-迭代平衡分配两种形式。

1) 容量限制-增量分配

采用容量限制-增量分配方式，首先需先将 OD 表分解成 N 个分表(N 个分层)，然后分 N 次使用最短路分配方法，每次分配一个 OD 分表，并且每分配一次，路阻就根据路阻函数修正一次，直到把 N 个 OD 分表全部分配到路网上。

(1) 算法思想

将 OD 交通量分成若干份(等分或不等分)；循环地分配每一份的 OD 交通量到网络中；每次循环分配一份 OD 交通量到相应的最短径路上；每次循环均计算、更新各路段的行驶时间，然后按更新后的行驶时间重新计算最短径路；下一循环中按更新后的最短径路分配下一份 OD 交通量。

(2) 计算步骤

步骤 1：初始化，以适当的形式分割 OD 交通量，即 $t^{rsn}=\alpha_n t^{rs}$。令 $n=1, x_{ij}^0=0$；

步骤 2：计算、更新路段费用 $c_{ij}^n=c_{ij}(x_{ij}^{n-1})$；

步骤 3：用全有全无分配方法将第 n 个分割 OD 交通量 t^{rsn} 分配到最短径路上；

步骤 4：如果 $n=N$，则结束计算。反之，令 $n=n+1$ 返回步骤 1；这里，N 为分割次数；n 为循环次数。

分析算法步骤可以看出，增量分配法的复杂程度和结果的精确性都介于全有全无分配方法和后述的平衡分配法之间；当分割数 $N=1$ 时便是全有全无分配方法，当 N 趋向于无穷大时，该方法趋向于平衡分配法的结果。

该方法的优点是：简单可行，精确度可以根据分割数 N 的大小来调整；实践中经常被采用，且有比较成熟的商业软件可供使用。其缺点是与平衡分配法相比，仍然是一种近似方法；当路阻函数不是很敏感时，会将过多的交通量分配到某些通行能力很小的路段上。

2）容量限制-迭代平衡分配

容量限制-迭代平衡分配方式，不需要将 OD 表分解，先假设路网中各路段上的流量为零，按零流量计算初始路阻，并分配 OD 表，然后按分配流量计算路阻，重新分配整个 OD 表，最后比较新分配的路段流量与原来分配的路段流量、新计算的路阻与原来计算的路阻，若分别比较接近，满足迭代精度要求，则停止迭代，获得最后的分配的交通量。否则，根据新计算的路权，再次分配，直到满足精度为止。

增量分配与迭代平衡分配形式的原理基本是相同的，分配过程中最主要的是确定路阻和计算最短路阻矩阵。从理论上讲，若迭代精度控制得合理，则迭代平衡分配的结果优于增量分配的结果。但迭代平衡分配方法事先无法估计迭代次数及计算工作量，对于较复杂的网络，可能会因为个别路段的迭代精度无法满足要求而使迭代进入死循环，出现算法不收敛的情况。

为避免出现算法不收敛的情况，美国联邦公路局（FHWA，U. S）对这一算法进行改进，事先设定一个最大迭代次数 $N(N>4)$，平衡流量即取最后四次迭代的路段流量的平均值，而且当前迭代的阻抗值为前两次阻抗值的加权值。在算法流程中，每次都利用当前流量更新路阻，即令路段 a 当前路阻 $\tau_a^n=c_a(x_a^{n-1})$，$\forall a$。路阻的更新采用式（8-5）的加权平均公式。

$$c_a^n=0.75c_a^{n-1}+0.25\tau_n^a,\forall a \tag{8-5}$$

权数 0.75 和 0.25 是经验确定值。这种算法通过设定最大迭代次数 N 使算法强行结束。当然增大 N 的值，可以使结果更加接近于平衡解，但计算工作量将相应增加。然而，况且将 N 值取成与生成交通量相等也不能完全得到平衡解，因此该方法是一种非平衡方法，没有考虑目标函数，即没有优化目标。

容量限制分配方法在考虑阻抗随流量变化的同时，径路选择上仍然按最短径路原则，由于道路利用者很难对路网的情况作出全面正确的判断，尤其当两点间有多条可选径路时，如果路阻对流量的变化不是十分灵敏，那么可能产生分配流量大部分集中在最短径路上，而其他次短的径路上没有流量的不合理分布。

总而言之，无论是全有全无分配方法还是容量限制分配方法，在分配过程中，都认为出行者对路网有全面的掌握并能进行科学的预测，都能选中最短径路出行。可以说这只是一种理论分析和假设。实际中，由于路网结构复杂、出行径路众多，因此在出行径路的选择上具有很大的随机性，即出行者不一定都选择最短径路出行，而是在其认为合理的备选径路集合中进行随机选择。因此，研究随机分配方法才是更符合实际需要的更科学的方法。

8.3.3 迭代加权法(Method of Successive Averages)

迭代加权法(MSA 法)是介于增量分配法和平衡分配法之间的一种循环分配方法。有的书籍中也称连续平均法或二次加权平均法。

(1) 算法思想

不断调整各路段分配的流量而逐渐接近平衡分配结果。每步循环中，根据各路段分配到的流量进行一次全有全无分配，得到一组各路段的附加流量；然后用该循环中各路段已分配的交通量和该循环中得到的附加交通量进行加权平均，得到下一循环中的分配交通量；当相邻两次循环中分配的交通量十分接近时，即停止运算，最后一次循环中得到的交通量即为最终结果。

(2) 计算步骤

步骤 1：初始化。根据各路段自由行驶时间进行全有全无分配，得到初始解 x_a^0。令迭代次数 $n=0$，路阻函数 $c_a^0=c_a(0)$，$\forall a\in A$。

步骤 2：令 $n=n+1$，按照当前各路段的交通量 x_a^{n-1} 计算各路段的路阻：$c_a^n=c_a(x_a^{n-1})$，$\forall a\in A$。

步骤 3：按照步骤 1 求得的行驶时间和 OD 交通量进行全有全无分配。得到各路段的附加交通量 F_a^n。

步骤 4：用迭代加权法计算各路段当前交通量 x_a^n，$x_a^n=(1-a)x_a^{n-1}+aF_a^n(0\leqslant a\leqslant 1)$。

步骤 5：如果 x_a^n 与 x_a^{n-1} 相差不大，则停止计算。x_a^n 即为最终分配结果。否则返回步骤 2。

实践中，步骤 5 停止计算的判断既可用误差大小，也可以用循环次数的多少来进行运算的控制；用得比较多的是循环次数。在步骤 4 中权重系数 a 由计算者给定。a 既可定为常数，又可定为变数。通常定为常数时 $a=0.5$；定为变数时 $a=1/n$，n 是循环次数。

(3) 使用范围的建议

迭代加权法既简单适用，又最接近于平衡分配法的一种分配方法；如果每步循环中权重系数 a 的取值严格按照数学规划模型取值，即可得到平衡分配的解。

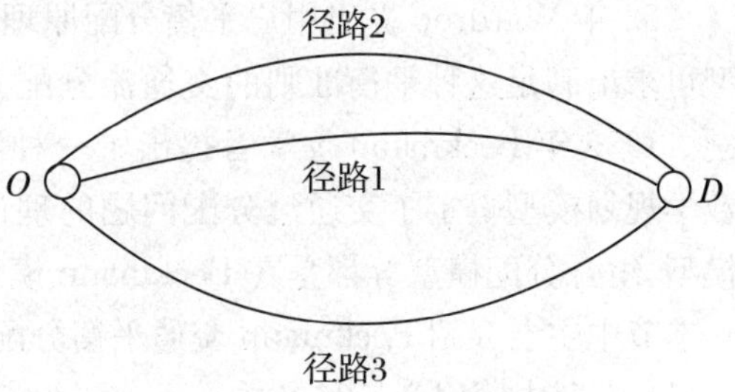

图 8-3 三条路交通网络

【例题 8-5】 设如图 8-3 所示交通网络的 OD 交通量 $t=200$ 辆，各径路的交通费用函数分别为：

$$c_1=5+0.10h_1,\ c_2=10+0.025h_2,\ c_3=15+0.025h_3$$

试用全有全无分配方法、增量分配法求出分配结果，并进行比较。

解:

(1) 全有全无分配方法

由路段费用函数可知,在路段交通量为零时,径路 1 最短。根据全有全无原则,交通量全部分配到径路 1 上,得到以下结果:

$$h_1 = 200, h_2 = h_3 = 0, c_1 = 5 + 0.10 \times 200 = 25, c_2 = 10, c_3 = 15$$

因为,$c_2, c_3 < c_1 = 25$,根据 Wardrop 原理,网络没有达到平衡状态,没有得到平衡解。

(2) 增量分配法

采用 2 等分。

① 第 1 次分配与全有全无分配方法相同,径路 1 最短。

$$h_1 = 100, h_2 = h_3 = 0, c_1 = 5 + 0.10 \times 100 = 15, c_2 = 10, c_3 = 15$$

② 第 2 次分配,此时最短径路变为径路 2。

$$h_1 = 100, h_2 = 100, h_3 = 0, c_1 = 5 + 0.10 \times 100 = 15, c_2 = 10 + 0.025 \times 100 = 125, c_3 = 15$$

这时,根据 Wardrop 原理,各条径路的费用接近相等,路网接近平衡状态,结果接近于平衡解。

8.4 平衡分配方法

本节讲述 Wardrop 平衡分配原理的数学模型,并在数学模型的基础上探讨平衡分配模型的求解算法。如在 Wardrop 平衡原理基本概念中所介绍的,满足 Wardrop 平衡分配原理的模型有用户平衡分配模型和系统最优平衡分配模型。

8.4.1 用户平衡分配模型及其求解算法

1) 用户平衡分配模型

1952 年 Wardrop 提出用户平衡分配原理之后,曾经在很长一段时间内没有一种严格的模型可求出满足这种平衡准则的交通流分配方法,这也自然成了交通流分配研究者的重要课题。1956 年 Beckmann 等学者提出了一种满足 Wardrop 准则的数学规划模型。正是这一数学规划模型奠定了交通流分配问题的理论基础。后来的一些分配模型,如弹性需求分配模型、组合分配模型等都是在 Beckmann 模型的基础上扩展得到的。

本节中主要介绍 Beckmann 交通平衡分配的数学模型。

(1) 模型中所用变量和参数

x_a——路段 a 上的交通流量;

t_a——路段 a 的交通阻抗,也称为行驶时间;

$t_a(x_a)$——路段 a 以流量 x_a 为自变量的阻抗函数,也称为行驶时间函数;

f_k^{rs}——出发地为 r,目的地为 s 的 OD 间的第 k 条径路上的流量;

c_k^{rs}——出发地为 r,目的地为 s 的 OD 间的第 k 条径路的阻抗;

u_{rs}——出发地为 r，目的地为 s 的 OD 间的最短径路的阻抗；

$\delta_{a,k}^{rs}$——路段-径路相关变量，即 0—1 变量。如果路段 a 属于从出发地为 r，目的地为 s 的 OD 间的第 k 条径路，则 $\delta_{a,k}^{rs}=1$，否则 $\delta_{a,k}^{rs}=0$；

N——网络中节点的集合；

L——网络中路段的集合；

R——网络中出发地的集合；

S——网络中目的地的集合；

W_{rs}——出发地 r 和目的地 s 之间的所有径路的集合；

q_{rs}——出发地 r 和目的地 s 之间的 OD 交通量。

此时，如果用数学语言直接表达 Wardrop 用户平衡准则，则可以描述为：当交通网络达到平衡时，若有 $f_k^{rs}>0$，则必有 $\sum\limits_a t_a(x_a)\delta_{a,k}^{rs}=u_{rs}$，说明如果从 r 到 s 有两条及其以上的径路被选中，那么它们的行驶时间相等；若有 $f_k^{rs}=0$，则必有 $\sum\limits_a t_a(x_a)\delta_{a,k}^{rs}\geqslant u_{rs}$，说明如果某条从 r 到 s 的径路流量等于零，那么该径路的行驶时间一定超过被选中的径路的行驶时间。

(2) 模型基本约束条件分析

首先，平衡分配过程中应该满足交通流守恒的条件，即 OD 间各条径路上的交通量之和应等于 OD 交通总量。根据上述定义的变量和参数，用式(8-6)可以表示。

$$\sum_{k\in W_{rs}} f_k^{rs}=q_{rs}\qquad \forall r,s \tag{8-6}$$

其次，径路交通量 f_k^{rs} 和路段交通量 x_a 之间应该满足如下的条件，即路段上的流量应该是由各个(r,s)对的途径该路段的径路的流量累加而成，如式(8-7)所示。

$$x_a=\sum_r\sum_s\sum_k f_k^{rs}\delta_{a,k}^{rs},\ \forall a\in L,\forall r\in R,\forall s\in S,\forall k\in W_{rs} \tag{8-7}$$

同时，径路的总阻抗与路段的阻抗之间应该满足如下的条件，即径路的阻抗应该是该径路途径的各个路段的阻抗的累加，如式(8-8)所示。

$$c_k^{rs}=\sum_a t_a(x_a)\delta_{a,k}^{rs},\ \forall a\in L,\forall r\in R,\forall s\in S,\forall k\in W_{rs} \tag{8-8}$$

最后，径路流量应该满足非负约束，即 $f_k^{rs}\geqslant 0,\forall k,r,s$。

(3) Beckmann 交通平衡分配模型

Beckmann 把上述条件作为基本约束条件，用取目标函数极小值的方法来求解平衡分配问题，提出的交通平衡分配模型如式(8-9)所示。

$$\min:\ Z(X)=\sum_a\int_0^{x_a}t_a(\omega)\mathrm{d}\omega \tag{8-9a}$$

$$\text{s. t.}\begin{cases}\sum\limits_k f_k^{rs}=q_{rs}\\ f_k^{rs}\geqslant 0\end{cases} \tag{8-9b}$$

其中：

$$x_a = \sum_r \sum_s \sum_k f_k^{rs} \delta_{a,k}^{rs} \tag{8-9c}$$

分析上述模型，可以看到模型的目标函数是对各路段的行驶时间函数积分求和之后取最小值，很难对它作出直观的物理解释，一般认为它只是一种数学手段，借助于它来解平衡分配问题。

然而，确实可以通过数学推导证明该模型与 Wardrop 用户平衡原理是一致的。下面我们通过一个简单的例子，说明 Beckmann 模型的解就是交通流分配达到平衡状态时的解，然后从数学上证明该模型的解满足 Wardrop 用户平衡原理。

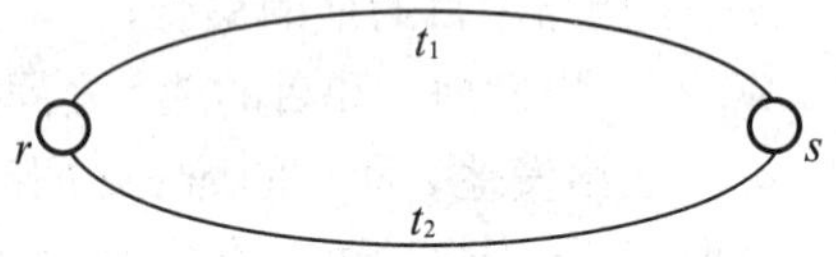

图 8-4　一个双径路网络

【例题 8-6】 如图 8-4 所示，为一个只有两条径路(同时也是路段)、连接一个出发地和一个目的地的简单交通网络，两个路段的阻抗函数分别是：

$$t_1 = 2 + x_1, t_2 = 1 + 2x_2$$

OD 量为 $q=5$，分别求该网络的 Beckmann 模型的解和平衡状态的解。

解：

先求 Beckmann 模型的解。将阻抗函数带入模型，得

$$\min: Z(X) = \int_0^{x_1} (2+\omega)\mathrm{d}\omega + \int_0^{x_2} (1+2\omega)\mathrm{d}\omega$$

$$\text{s. t.} \begin{cases} x_1 + x_2 = 5 \\ x_1, x_2 \geqslant 0 \end{cases}$$

将 $x_1=5-x_2$ 带入目标函数并进行积分，转换为无约束的极小值问题。

$$\min: Z(X) = 1.5x_1^2 - 9x_1 + 30$$

另 $\frac{\mathrm{d}Z}{\mathrm{d}x_1}=0$，解得 $x_1^*=3, x_2^*=2$。

下面求平衡状态的解，根据 Wardrop 用户平衡原理，网络达到平衡时应该有：$t_1=t_2$ 和 $x_1+x_2=5$。联立求解这个方程组，很容易求得 $x_1=3, x_2=2$。此时，$t_1=t_2=5$。

可见，对于该路网，Beckmann 模型的解和平衡状态的解完全相同。

(4) Beckmann 模型等价于 Wardrop 原理的证明

分析 Beckmann 模型，可见该模型是在一组等式约束条件下的极小值问题。根据非线性规划理论，对式(8-9a)，式(8-9b)和式(8-9c)构造拉格朗日(Lagrange)函数：

$$L = Z(X) + \sum_{rs} u_{rs}(q_{rs} - \sum_k f_k^{rs}) \tag{8-10}$$

其中，u_{rs} 是拉格朗日乘子。根据非线性规划理论中的库恩-塔克(Kuhn-Tucher)条件，拉格朗日函数在极值点必须满足下列条件：

$$f_k^{rs} \frac{\partial L}{\partial f_k^{rs}} = 0 \text{ 和 } \frac{\partial L}{\partial f_k^{rs}} \geqslant 0, \forall k, r, s \tag{8-11}$$

另外，对拉格朗日乘子 u_{rs} 求偏导，可得

$$\frac{\partial L}{\partial u_{rs}} = 0, \forall r, s \tag{8-12}$$

通过对拉格朗日函数求偏导可以得到式(8－11)和式(8－12)中各项的具体结果，过程如下：

$$\frac{\partial L}{\partial f_l^{mn}} = \frac{\partial Z}{\partial f_l^{mn}} + \frac{\partial}{\partial f_l^{mn}} \sum_{rs} u_{rs}(q_{rs} - \sum_k f_k^{rs}) \tag{8-13}$$

其中，

$$\frac{\partial Z}{\partial f_l^{mn}} = \sum_{beL} \frac{\partial Z}{\partial x_b} \frac{\partial x_b}{\partial f_l^{mn}} \tag{8-14}$$

又因为

$$\frac{\partial Z}{\partial x_b} = \frac{\partial}{\partial x_b} \sum_a \int_0^{x_a} t_a(\omega) \mathrm{d}\omega = t_b \tag{8-15}$$

以及

$$\frac{\partial x_b}{\partial f_l^{mn}} = \delta_{b,l}^{mn} \tag{8-16}$$

所以

$$\frac{\partial x_b}{\partial f_l^{mn}} = \sum_b t_b \delta_{b,l}^{mn} = c_l^{mn} \tag{8-17}$$

另外，在式(8－13)的第二项中，$\frac{\partial f_k^{rs}}{\partial f_l^{mn}} = \begin{cases} 1 \\ 0 \end{cases}$。因此，第二项可以简化为

$$\frac{\partial L}{\partial f_l^{mn}} \sum_{rs} u_{rs}(q_{rs} - \sum_k f_k^{rs}) = - u_{mn} \tag{8-18}$$

将式(8－4)～式(8－17)和式(8－18)代回式(8－13)得：$\frac{\partial L}{\partial f_l^{mn}} = c_l^{mn} - u_{mn}$，因此式(8－11)的库恩-塔克条件可以简化表示为

$$f_k^{rs}(c_k^{rs} - u_{rs}) = 0 \tag{8-19a}$$

$$f_k^{rs}(c_k^{rs} - u_{rs}) \geqslant 0 \tag{8-19b}$$

式(8－19)对任意的 k, r, s 都成立，即对任意的 OD 对都成立。进一步分析其实际意义可知，对于某个特定的连接 r 和 s 的径路，某径路 k 的流量 f_k^{rs} 由两种可能：

① 如果 $f_k^{rs} > 0$，由式(8－19a)，得 $c_k^{rs} = u_{rs}$。

② 如果 $f_k^{rs} = 0$，由式(8－19b)，得 $c_k^{rs} \geqslant u_{rs}$。

因此，在任何情况下，径路 k 的阻抗 c_k^{rs} 总是不小于拉格朗日乘子 u_{rs} 的。据此推断，u_{rs} 就是(r,s)间的最小阻抗。当径路 k 上有从(r,s)的流量时，径路 k 的阻抗 c_k^{rs} 必等于(r,s)间最短径路的阻抗；当径路 k 上没有从(r,s)的流量时，径路 k 的阻抗 c_k^{rs} 必大于或等于(r,s)间最短径路的阻抗。而这正是 Wardrop 平衡原理所描述的，因此，Beckmann 模型的解满足 Wardrop 的平衡准则。

(5) Beckmann 模型解的唯一性证明

在研究 Beckmann 数学规划模型的求解方法之前，有必要讨论该模型解的唯一性问题。如果解不是唯一的，则对同样的已知条件，不同的算法可能得出不同的解，那么研究算法就

没有什么意义了。下面讨论该模型解的唯一性问题。

由非线性规划理论可知：

① 对于规划问题：min：$Z=f(x)$

$$\text{s.t. } g_j(x) \geqslant 0, \qquad j=1,2,\cdots,n$$

如果目标函数 $f(x)$是凸函数，每个约束条件函数 $g_j(x)$都是凹函数，则该规划问题为凸规划。

② 对于凸规划，有以下结论：任何局部最优解必是全局最优解，即目标函数的最优值是唯一的；如果其目标函数 $f(x)$又是严格凸的，则其最优解 x^* 只有一个。

根据上述两条定理，分析 Beckmann 模型，可知 3 个约束条件都是线性的，根据线性函数既是凸的又是凹的这一性质，所以 Beckmann 模型符合“每个约束条件函数都是凹函数”的要求。

下面还需要分析 Beckmann 模型的目标函数 min：$Z(X)=\sum_a \int_0^{x_a} t_a(\omega)\mathrm{d}\omega$ 是否为凸函数。

根据非线性规划理论，可以通过建立目标函数 $Z(X)$的海赛(Hessian)矩阵，通过判定该矩阵的正定性来判断目标函数是否是凸函数。首先，求目标函数 Z 对变量 x_b 偏导：

$$\frac{\partial Z}{\partial x_b}=\frac{\partial Z}{\partial x_b}\sum_a \int_0^{x_a} t_a(\omega)\mathrm{d}\omega = t_b(x_b) \tag{8-20}$$

因为 Beckmann 模型建立的假设前提是路段的阻抗只与自身的流量有关，与别的路段的流量无关，所以$\frac{\partial t_a}{\partial x_b}=0(a\neq b)$。即

$$\frac{\partial^2 Z}{\partial X_a \partial X_b}=\frac{\partial t_a}{\partial x_b}=\begin{cases}\dfrac{\mathrm{d}t_a}{\mathrm{d}t_b}, a=b \\ 0, a\neq b\end{cases} \tag{8-21}$$

目标函数 Z 的海赛矩阵为

$$\nabla^2 Z(X)=\begin{bmatrix}\dfrac{\mathrm{d}t_1}{\mathrm{d}x_1} & 0 & 0 & \cdots \\ 0 & \dfrac{\mathrm{d}t_2}{\mathrm{d}x_2} & 0 & \cdots \\ 0 & 0 & \ddots & \\ \vdots & \vdots & & \dfrac{\mathrm{d}t_n}{\mathrm{d}x_n}\end{bmatrix} \tag{8-22}$$

当所有路段的阻抗函数都是单调递增函数时，即$\frac{\mathrm{d}t_a}{\mathrm{d}x_a}>0, \forall a\in A$，则目标函数 Z 的海赛矩阵是正定的，目标函数是严格凸的。根据 Beckmann 模型建立时对阻抗函数要求是单调递增函数的前提，因此 Beckmann 模型有唯一的最小点 x^*。也就是说，当达到分配平衡时，分配到各路段上的流量是唯一的。

2）用户平衡分配模型求解算法

Beckmann 在 1956 年提出的上述数学规划模型沉睡了 20 年之后，即直到 1975 年才由 LeBlanc 等学者将 Frank-Wolfe 算法用于求解 Beckmann 模型，最终形成目前广泛应用的一种解法，通常称为 F-W 解法。

Beckmann 模型是一个非线性规划模型，而对非线性规划模型即使现在也没有普遍通用的解法，只是对某些特殊的模型才有可靠的解法，而 Beckmann 模型就是一种特殊的非线性规划模型。

F-W 解法的前提是模型的约束条件必须都是线性的。该解法是用线性规划逐步逼近非线性规划的方法，它是一种迭代法。在每步迭代中，先找到目标函数的一个最速下降方向，然后再找到一个最优步长，在最速下降方向上截取最优步长得到下一步迭代的起点，重复迭代直到找到最优解为止。概括而言，该方法的基本思路就是根据一个线性规划的最优解而确定下一步的迭代方向，然后根据目标函数的一维极值问题求最优迭代步长。

（1）Frank-Wolfe 算法的基本原理

下面先对 Frank-Wolfe 算法的基本原理作以简单介绍，然后讨论将其应用于求解 Beckmann 模型的问题。

设有非线性规划模型：min：$Z=f(x)$

$$\text{s.t.}\ AX = B, X \geqslant 0$$

式中：X,B 为向量；A 为矩阵。

对目标函数 $f(x)$ 进行在 x_0 处的一阶泰勒展开，得

$$f(x) = f(x_0) + \nabla f(x_0)(x - x_0) \tag{8-23}$$

此展开式将目标函数 $f(x)$ 近似地表达成线性函数，则上述的非线性规划模型可以近似转化为下列线性规划模型：

$$\min:\ Z = f(x_0) + \nabla f(x_0)(x - x_0) \tag{8-24a}$$

$$\text{s.t.}\ AX = B, X \geqslant 0 \tag{8-24b}$$

去掉目标函数中的常数项，简化成如下等价的线性规划：

$$\min:\ Z = \nabla f(x_0) X$$

$$\text{s.t.}\ AX = B, X \geqslant 0$$

解此线性规划问题，可以得到最优解 $\overline{X}$。F-W 解法认定 X^0 和 $\overline{X}$ 的连线为目标函数的最速下降方向。然后把根据线性极值问题：$\min f[X^0+\lambda(\overline{X}-X^0)]$求得的 λ 作为最优步长。令 $X^1=X^0+\lambda(\overline{X}-X^0)$，从而得到下一步迭代的起点。如此循环，直到 $X^{(n+1)}$ 与 X^n 十分接近为止。

由此可见，F-W 解法的实质就是根据一组线性规划的最优解而确定下一步的迭代方向，然后根据目标函数的一维极值问题求最优迭代步长。由于 F-W 解法在每步迭代中都必须求解一组线性规划问题的解，由运筹学知道，求解线性规划的通用的单纯型法计算量很大，因此，对于一般的线性规划问题，F-W 解法因其计算量过大而不适用。只有在近似的线性规划模型容易求解时，该解法才有应用价值。而交通流分配模型正好具有这一特点，下面分析 Beckmann 模型的求解方法。

(2) Beckmann模型的求解方法

首先，考虑已知迭代起点 x_a^n 而求下一步迭代方向的线性规划问题，该线性规划的目标函数为

$$\min: Z^n(Y)=\nabla Z(X^n)Y=\sum_a \frac{\partial Z(X^n)}{\partial x_a}y_a \tag{8-25}$$

由式(8-25)可知$\frac{\partial Z(X^n)}{\partial x_a}=t_a^n$，因此上述目标函数可以变换为

$$\min: Z^n(Y)=\sum_a t_a^n y_a \tag{8-26}$$

在第 n 次迭代时的线性规划问题为

$$\min: Z^n(Y)=\sum_a t_a^n y_a \tag{8-27a}$$

$$\text{s. t.}: \sum_k g_k^{rs}=q_{rs}, \forall r,s \tag{8-27b}$$

$$g_k^{rs}\geqslant 0, \forall k,r,s \tag{8-27c}$$

式中：y_a 为第 n 次迭代的附加路段交通量，$y_a=\sum_r\sum_s\sum_k g_k^{rs}\delta_{ak}^{rs}$，$\forall a$；$g_k^{rs}$ 为第 n 次迭代的附加径路交通。

以上各式中，t_a^n 是已知数，它是由迭代起点 x_a^n 决定的路段阻抗。y_a 是要求解的未知数。因此，该模型实际是在各路段阻抗已知的情况下使网络的总阻抗最小的交通流分配问题。在这种情况下，只需将OD交通量全部沿OD间的最短径路进行分配即可使目标函数最小化，而这正是前面介绍的全有全无分配算法。因此，式(8-27)可以通过一次全有全无分配就可简单地求出，而不必像一般的线性规划问题要用单纯型法通过繁杂的步骤来求解，这正是交通模型的特性之所在，从而使得F-W解法在求解Beckmann平衡分配模型方面成为合理可行。

根据用全有全无分配方法求出的 y_a^n，可以得到目标函数的最速下降方向为(X^n-Y^n)。接下来的问题是如何确定第 n 次迭代时沿最速下降方向的最佳迭代步长。迭代步长 λ 由下面的一维极值问题来确定：

$$\min: Z(\lambda)=\sum_a\int_0^{x_a^n+\lambda(y_a^n-x_a^n)} t_a(\omega)\mathrm{d}\omega \tag{8-28}$$

令$\frac{\partial Z}{\partial\lambda}=0$，得

$$\sum_a (y_a^n-x_a^n)t_a[x_a^n+\lambda(y_a^n-x_a^n)]=0 \tag{8-29}$$

该方程中只有一个变量 λ，许多方法都可求出 λ 的值。其中最有效的方法是二分法，该方法在高等数学或运筹学中都应有介绍。由式(8-29)通过二分法求得迭代步长 λ，因此，下一步的迭代起点 x_a^{n+1} 可由下式计算得

$$x_a^{n+1}=x_a^n+\lambda(y_a^n-x_a^n) \tag{8-30}$$

(3) 平衡分配模型的求解算法

综上所述，平衡分配模型的求解算法可以归纳如下：

步骤 1：初始化。按照 $t_a^0 = t_a(0), \forall_a$，进行全有全无交通流分配，得到各路段的流量 $\{x_a^1\}, \forall a$；令 $n=1$。

步骤 2：更新各路段的阻抗。$t_a^n = t_a(x_a^n), \forall a$。

步骤 3：寻找下一步迭代方向。按照更新后的 $\{x_a^1\}, \forall a$，再进行一次全有全无交通流分配，得到一组附加流量 $\{y_a^n\}$。

步骤 4：确定迭代步长。用二分法求满足下式的 λ。

$$\sum_a (y_a^n - x_a^n) t_a [x_a^n + \lambda(y_a^n - x_a^n)] = 0$$

步骤 5：确定新的迭代起点。$x_a^{n+1} = x_a^n + \lambda(y_a^n - x_a^n)$。

步骤 6：收敛性检验。如果满足：$\dfrac{\sqrt{\sum_a (x_a^{n+1} - x_a^n)^2}}{\sum_a x_a^n} < \varepsilon$，其中 ε 是预先给定的误差限值。如果条件满足，则 $\{x_a^{n+1}\}$ 就是要求的平衡解，计算结束；否则，令 $n=n+1$，返回步骤 2。

从上述步骤可以看出，平衡分配法和前面介绍的非平衡分配法中的迭代加权法（MSA 法）十分相似，唯一的区别就是平衡分配法通过严格的数学运算求得迭代步长，因而就能保证求出平衡解；而 MSA 法迭代步长为 $1/n$，因此只能求出近似平衡解也能收敛到精确平衡解。

由于 F-W 这种成熟平衡分配算法问世后，使得大规模网络的交通流分配问题的计算成为可能，因此作为实用性交通流分配方法获得快速发展。美国和日本从 20 世纪末开始，实际规模的城市交通网络的交通需求预测已经比较普遍使用，政府主管部门建议在道路网交通需求预测项目中使用平衡分配算法。

上面介绍平衡分配模型和方法，尽管平衡分配方法较多，但绝大部分模型都可归结为一个维数较大的凸规划问题或非线性规划问题。从理论上讲，平衡分配模型结构严谨，思路明确，值得深入研究。

8.4.2 系统最优分配模型及其求解算法

(1) 系统最优分配模型

在本节第一部分中介绍的 Beckmann 模型和解法都是建立在 Wardrop 第一原理即用户平衡原理的基础上的，因此称为用户最优（User Equilibrium，UE）。Wardrop 还同时提出第二原理，即系统最优（System Optimization，SO）分配问题。系统最优分配（System Optimum Assignment）的定义是：在拥挤的网络中，交通量应该按照使得路网中总阻抗即总行驶时间最小的原则进行分配。

从一定意义上来讲，第一原理更能真实地反映交通网络中用户的实际选择出行径路的行为，基于第一原理的 Beckmann 模型和其 F-W 解法得出的结果也更能符合交通网络的实际分配结果；而第二原理反映的则是交通系统管理者的主观愿望，在一般情况下，它与交通网络的实际分配情况存在差异，但是它可以作为对系统评价的指标，为管理者提供一种决策依据。从此种意义上说，第二原理是道路规划者或系统管理者所希望的分配原则，尤其在智能交通系统获得广泛应用之后。

系统最优原理比较容易用数学模型来表述，其目标函数是使网络中所有用户总的阻抗最小，约束条件与用户平衡分配模型一样。因此，系统最优分配模型为

$$\min: \widetilde{Z}(X) = \sum_a x_a t_a(x_a) \tag{8-31a}$$

$$\text{s.t.}\begin{cases}\sum_k f_k^{rs} = q_{rs} \\ f_k^{rs} \geqslant 0\end{cases} \tag{8-31b}$$

其中：$x_a = \sum_r \sum_s \sum_k f_k^{rs} \delta_{a,k}^{rs}$。 (8-31c)

总而言之，该模型称为系统最优模型。相应地，Beckmann 模型称为用户最优（平衡）模型。

(2) 系统最优分配与用户最优分配的关系

下面分析 SO 与 UE 之间的关系。对阻抗函数进行变换，令

$$\widetilde{t}_a(x_a) = t_a(x_a) + x_a \frac{\mathrm{d}t_a(x_a)}{\mathrm{d}x_a} \tag{8-32}$$

则

$$\int_0^{x_a} \widetilde{t}_a(\omega)\mathrm{d}\omega = \int_0^{x_a} \left[t_a(\omega) + \omega \frac{\mathrm{d}t_a(\omega)}{\mathrm{d}\omega}\right]\mathrm{d}\omega = \int_0^{x_a} \left[t_a(\omega)\mathrm{d}\omega + \omega \mathrm{d}t_a(\omega)\right]$$
$$= \int_0^{x_a} \mathrm{d}[t_a(\omega)\omega] = x_a t_a(x_a) \tag{8-33}$$

因此，如果用 $\widetilde{t}_a(x_a)$ 作为阻抗函数，则此时用户最优分配模型完全可以转换为系统最优分配模型，所以进行该阻抗函数下的用户最优分配，得到的解就是系统最优分配的解。也就是说，对阻抗函数进行变换后，可以按照用户最优模型的算法来求解系统最优模型。

8.5 随机分配方法

实际中，道路利用者对路段阻抗只能是一种对真正阻抗的估计，这种估计值与实际值之间的差别是一个随机变量，相应地就有随机用户平衡的问题，即当任何一个道路利用者均不可能通过单方面改变其径路来降低其所估计的行驶时间时，达到平衡状态，这就是所说的“随机用户平衡”(Stochastic User Equilibrium, SUE)。它是一个随机性交通流分配问题，分配中径路选择仍然遵循 Wardrop 第一原理，差别在于道路利用者选择的是自己估计阻抗最小的径路而已，所以同一个 OD 对之间有多条径路被选择。当道路利用者对路段阻抗的理解完全正确时，SUE 就成为 UE，所以说 UE 是 SUE 的一种特例情况。随机分配方法就是在研究径路估计阻抗分布函数的基础上，计算有多少道路利用者选择每一条径路。

本节主要分析和讲述两种模型：一种是对应全有全无分配，假设径路时间阻抗与交通量无关，即不考虑拥挤效应的非平衡随机分配方法；另一种是在基本数学规划的基础上，考

虑拥挤效应和径路估计阻抗随机因素的随机平衡分配模型。

8.5.1 非平衡随机分配方法

非平衡随机分配方法在各类文献中介绍得较多,但是只有两类方法得到相对广泛的应用,即模拟随机分配法(Simulation-based)和概率随机分配法(Proportion-based)。前者应用 Monte-Carlo 等随机模拟方法产生路段阻抗的估计值,然后进行全有全无分配;后者利用 Logit 等模型计算不同径路上承担的出行量比例,并由此进行分配。

8.5.1.1 模拟随机分配法

应用 Monte-Carlo 原理模拟出行者估计阻抗随机性目前有几种方法,其中 Burrell 于 1968 年提出的方法多年来一直被广为采用,该方法通常基于下列的假设:

① 道路利用者对路段阻抗的估计构成一个以路段实际阻抗为期望值的概率密度分布。在 Burrell 提出的方法中假设分布函数服从均匀分布,而在有的方法中假设服从正态分布。

② 不同路段估计阻抗的分布是相互独立的。

③ 道路利用者均选择最小估计阻抗径路出行。

在上述假设基础上,Burrell 模拟方法的具体算法步骤如下:

步骤 1:初始化。确定路段估计阻抗分布函数及分配次数 N,令 $n=0$。

步骤 2:$n=n+1$,对于任何一个 OD 对采用随机数方法从阻抗分布函数中取样,确定路段估计阻抗,采用全有全无分配方法将 OD 对的 $1/N$ 出行量分配到路网上。

步骤 3:如果 $n=N$,则计算结束;否则返回步骤 2。

可见这类模拟分配方法用随机数来拟合阻抗的估计,在理论上是一个有益的探讨,但是要实际应用则存在着不可避免的缺陷:

① 估计路段阻抗分布相互独立的假设是不符合实际的。

② 没有很好地考虑拥挤因素。

8.5.1.2 概率随机分配法

随机分配实际上就是针对单一径路分配的不足而提出来的,换言之,随机分配就是研究用户有不同感知阻抗的情形的多径路分配。因此,关于随机分配在有的书籍中称为“多径路分配”,或者称为“随机加载分配”。先来研究阻抗为常数情况的多径路分配方法。

1) 阻抗为常数的多径路分配方法

阻抗为常数情况的多径路分配方法有两种:Logit 方法和 Probit 方法。

(1) Logit 方法

设某 OD 对(r,s)之间每个道路利用者总是选择自己认为阻抗最小的径路 k,此时称道路利用者主观判断的阻抗值为“感知阻抗”,用 C_k^{rs} 表示;用 c_k^{rs} 表示径路的实际阻抗,则有

$$C_k^{rs}=c_k^{rs}+\varepsilon_k^{rs},\ \forall k,r,s \tag{8-34}$$

式中:ε_k^{rs} 为随机误差项,有 $E[\varepsilon_k^{rs}]=0$。

根据 Wardrop 径路选择原则,第 k 条径路被选择的概率为

$$P_k^{rs}=Pr(C_k^{rs}\leqslant C_l^{rs}),\ \forall l\neq k;\ \forall k,r,s \tag{8-35}$$

根据效用理论中有关“效用”的定义，可以用径路感知阻抗的负值来表示选择的效用，即

$$U_k = -C_k^{rs} = -c_k^{rs} - \varepsilon_k^{rs} \tag{8-36}$$

此时，径路的选择就是一个多项选择中挑选效用最大的选择枝的问题。根据随机效用理论，假定 ε_k^{rs} 相互独立，且服从相同的 Gumbel 分布（此时，可以用一个 ε 表示所有的 ε_k^{rs}）的条件，径路 k 的选择概率为

$$P_k^{rs} = \frac{\exp(-bc_k^{rs})}{\sum_l \exp(-bc_k^{rs})} \tag{8-37}$$

式中：b 为参数，与 ε 的方差有关，可以证明 $b=\frac{\pi^2}{6D(\varepsilon)}$。

式(8－37)即为之前讲述的 Logit 模型。用该模型求径路选择概率需要把点对(r,s)之间所有的径路都找出来，这在实际中是非常困难的。

1971 年 Dial 发明了一个算法，该算法能够在网络上有效地实现 Logit 模型，简称 Dial 算法。它不需要求解连接 OD 对的所有径路的选择概率和交通量，因为在实际网络中，有些径路是明显不会被用户考虑的，具体来说，Dial 算法具有下列的特点：

① 认为道路利用者不是在出发点就决定选择哪条径路，而是在出行过程中的每一个节点都做一次关于下一步选择哪条路段走向目的地的选择。即真正选择的不是径路，而是路段。

② 道路利用者在一个节点处选择路段时，并不是以该节点为起点的每个路段都考虑，只有那些“有效路段”才可能被选择到。

有效路段的定义是：当路段(i,j)的上游端点 i 比下游端点 j 离起点 r 近，而且 i 比 j 离终点 s 远，则该路段为有效路段。由有效路段组成的径路称为有效径路。

下面介绍 Dial 算法的具体步骤。

步骤 1：初始化。确定有效路段和有效径路。

① 计算从起点 r 到所有节点的最小阻抗，记为 $r(i)$。

② 计算从所有节点到终点 s 的最小阻抗，记为 $s(i)$。

③ 定义 Q_i 为路段起点为 i 的路段终点的集合。

④ 定义 D_i 为路段终点为 i 的路段起点的集合。

⑤ 对每个路段(i,j)，根据下式计算“路段似然值”(Link Likelihood)$L(i,j)$（此时通常假定参数 $b=1$）：

$$L(i,j) = \begin{cases} \exp\{b[r(j)-r(i)-t(i,j)]\}, r(i) < r(j) \text{ 且 } s(i) > s(j) \\ 0, \text{其他情况} \end{cases}$$

由该公式可知，凡是似然值等于 0 的路段都是不合理路段，不应该考虑包含它们的径路；凡是似然值大于 0 的路段都可以考虑包含在有效径路中；当某径路包含的所有路段的似然值都等于 1 时，该径路必然是最小阻抗径路。

Dial 算法中的初始化过程，实质就是确保出行量分配在使其有效地远离其起始节点的径路上，那些“走回头路”的径路将被剔除掉。

步骤 2：从起点 r 开始按照 $r(i)$ 上升的顺序，向前计算路段权重。

从起点 r 开始，按照 $r(i)$ 的上升顺序依次考虑每个节点，对每个节点，计算离开它的所有路段的权重值，对于节点 i，其权重 $W(i,j)$，$j \in O_i$ 的计算公式为

$$W(i,j)=\begin{cases} L(i,j)，若\ i=r，即节点\ i\ 是起点 \\ L(i,j) * \sum\limits_{m \in D} W(m,i)，其他情况 \end{cases}$$

当达到终点 s，即 $i=s$ 时就停止权重的计算。

步骤 3：从终点 s 开始，按照 $s(j)$ 上升的顺序，向后计算路段交通量。

对每个节点，计算进入它的所有路段的交通量，对于节点 j，其交通量 $x(i,j)$，$i \in D_i$ 的计算公式为

$$x(i,j)=\begin{cases} q_{rs}\dfrac{W(i,j)}{\sum\limits_{m \in D_i} W(m,j)}，若\ j=s，即节点\ j\ 是目的地 \\ \left[\sum\limits_{m \in O} x(j,m)\right]\dfrac{W(i,j)}{\sum\limits_{m \in D_i} W(m,j)}，其他情况 \end{cases}$$

当达到起点 r，即 $j=r$ 时，停止计算。同时整个算法结束。式中表示从起点 r 到终点 s 的 OD 交通量，方括号内的交通量之和是指节点 j 的所有下游路段上的交通量之和，它们应该先于路段 (i,j) 上的交通量事先已被计算出来，所以节点的考虑顺序是十分重要的。

下面结合【例题 8－7】，说明 Dial 算法的具体计算过程。

【例题 8－7】 如图 8－5a 所示的交通网络，图中边上的数值是路段的交通阻抗，起点 r 为①，终点 s 为⑨，设 $q_{19}=1\ 000$，求该网络的随机分配结果。

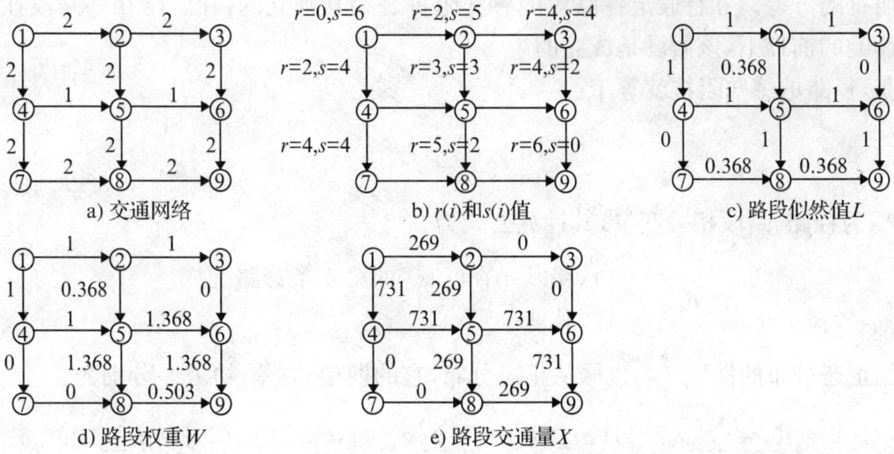

图 8－5 Dial 算法示例

解：

步骤 1：初始化。找出有效路段和有效径路。

(1) 根据最短路算法，求出所有的 $r(i)$ 和 $s(i)$ 值，如图 8－5b 所示。

(2) 根据路段似然值公式，求出所有路段的似然值(此时设 $b=1$)，如图 8-5c 所示。根据上述计算结果，可知从 1 到 9 并非 6 条径路都是有效径路，其中只有 4 条为有效径路，即 1→2→5→6→9，1→4→5→6→9，1→2→5→8→9，1→4→5→8→9。

步骤 2：从起点 r 开始按照 $r(i)$ 上升的顺序，向前计算路段权重。

各路段的权重标于图 8-5d 上，以 $W(5,8)$ 为例说明如何计算：

$$W(5,8)=L(5,8)\times[W(2,5)+W(4,5)]=1\times(0.368+1)=1.368$$

步骤 3：从终点 s 开始，按照 $s(j)$ 上升的顺序，向后计算路段交通量。

各路段分配的交通量如图 8-5e 所示，以 $x(2,5)$ 为例说明如何计算：

$$x(2,5)=[x(5,6)+x(5,8)]\frac{W(2,5)}{W(2,5)+W(4,5)}=(731+269)\times0.368/(0.368+1)=269$$

可以证明，上述算法得到的结果与 Logit 模型的分配结果完全一致，即 Dial 算法与 Logit 模型是等价的。

事实上，对于【例题 8-7】的交通网络，可列出各条有效径路的阻抗，然后用 Logit 模型计算出各有效径路的选择概率(此时，令 $b=1$)，再乘以起点 1 到终点 9 的交通量 1 000，就可以得到各路段分配的交通量。其结果必将与上面例题中算法计算的结果完全相同，感兴趣的读者，可以试一试。

(2) Probit 方法

基于 Probit 模型的概率加载方法能够克服 Logit 方法的缺陷，但同时该模型更复杂些，计算工作量更大些。

Probit 方法的原理：从路段(而不是径路)的感知阻抗入手。设路段 a 的感知阻抗 D_a 服从正态分布 $N(d_a,\beta d_a^2)$，其中 d_a 是路段的实际阻抗，β 是无量纲的比例常数，其值等于路段感知阻抗的方差。并且假定各路段的感知阻抗是相互独立的，在忽略相邻路段在交叉口的相互影响的前提下，该假设是成立的。

于是，径路的感知阻抗就等于：

$$C_k^{rs}=\sum_a D_a\delta_{a,k}^{rs} \tag{8-38}$$

式中：$\delta_{a,k}^{rs}$ 为径路-路段相关变量，其计算公式为

$$\delta_{a,k}^{rs}=\begin{cases}1，路段\ a\ 在(r,s)\ 的第\ k\ 条径路上\\0，其他\end{cases}$$

根据正态分布的性质，C_k^{rs} 也服从正态分布，它的期望、方差、协方差分别为

$$E[C_k^{rs}]=c_k^{rs}=\sum_a d_a\delta_{a,k}^{rs},Var[C_k^{rs}]=\beta\sum_a d_a^2\delta_{a,k}^{rs},Cov[C_k^{rs},C_l^{rs}]=\beta\sum_a d_a^2\delta_{a,k}^{rs}\delta_{a,l}^{rs}$$

协方差充分反映径路之间的相关性。设点对 (r,s) 间有 k 条径路，则随机变量向量 $C^{rs}=(\cdots,C_k^{rs},\cdots)$ 服从 k 维正态分布。如果想从这多维正态分布的概率密度函数中按 $P_k^{rs}=Pr(C_k^{rs}\leqslant C_l^{rs})\ \forall l\neq k;\forall k,r,s$ 求出径路的选择概率，当维数较大时(如 $k>10$ 时)，无论使用解析方法还是近似方法都会因要求找出的径路太多和计算量太大而变得十分困难。而对于实

际的城市交通路网，只要起点和终点距离稍远，一般可供选择的径路数都远大于10。因此不能应用上述公式直接计算径路选择概率，而需要探讨其他可行的办法。Monte-Carlo 模拟算法是一个可行的方法。

Monte-Carlo 模拟算法思想：在每次迭代或分配过程中，从每个路段的感知阻抗的正态概率分布中抽出一个样本作为相应路段的阻抗，以此为基础用全有全无分配方法将所有的OD 交通量加载到网络上去，重复该过程直到满足精度要求为止。最后，将各次分配得到的路段交通量的平均值作为该路段的最终分配结果。

Monte-Carlo 模拟算法具体步骤如下：

步骤 1：令 $m=1$。

步骤 2：抽样。对每个路段，从其感知阻抗的正态分布函数 $N(d_a,\beta d_a^2)$ 中产生一个随机数 D_a^m 作为样本，如果抽到的样本为负值(可能性极小)，则记为 0。

步骤 3：根据抽样得到的路段阻抗$\{D_a^m\}$，用全有全无分配方法将 OD 交通量表中的各出行量$\{q_{rs}\}$都加载到网络上，得到路段的交通交通量$\{x_a^m, \forall a\in A\}$。

步骤 4：计算第 m 次分配路段交通量的平均值 $\overline{x}_a^m$ 和方差$(\sigma_a^2)^m$：

$$\overline{x}_a^m=\frac{1}{m}\sum_{l=1}^{m}x_a^l=\frac{1}{m}[(m-1)\overline{x}_a^{(m-1)}]+x_a^m$$

$$(\sigma_a^2)^m=\frac{1}{m(m-1)}\sum_{l=1}^{m}(x_a^l-\overline{x}_a^m)^2=\frac{1}{m(m-1)}(x_a^m-\overline{x}_a^m)+(m-1)(m-2)(\sigma_a^2)^{(m-1)}$$

步骤 5：收敛判断。若 $\max\left\{\frac{(\sigma_a^2)^m}{\overline{x}_a^m}\right\}\leqslant\varepsilon$，则停止计算；否则，令 $m=m+1$，返回到步骤 2。

实践表明，对于大规模网络该算法迭代次数并不高，通常只需要迭代 4～6 次就可满足精度要求。

2) 阻抗变化的多径路分配方法

前面讲述的算法都是假设路段阻抗是不变的，没有考虑路段阻抗与交通量的关系，现在考虑阻抗变化的多径路分配方法。在有关书籍中也将阻抗为常数的多径路分配方法称为无容量限制的多径路分配方法，将阻抗变化的多径路分配方法称为有容量限制的多径路分配方法。

与在 8.3 节非平衡分配方法中介绍的阻抗变化的单径路分配方法相同，阻抗变化的多径路分配方法也可分为增量加载和迭代加权两种方法。它们都是建立在阻抗不变的多径路分配方法之上，与 8.3 中的介绍的容量限制-增量加载分配法、迭代加权法相似，比较简单。本小节只介绍多径路-迭代加权法。

阻抗变化的多径路分配算法如下：

步骤 1：初始化。基于 0 交通量的初始阻抗$\{t_a^0=t_a(0), \forall a\in A\}$进行全有全无分配，得到路段交通量$\{x_a^l, \forall a\}$。令迭代次数 $k=1$。

步骤 2：更新各路段的阻抗，令$\{t_a^k=t_a(x_a^k), \forall a\in A\}$。

步骤 3：在新的阻抗的基础上，调用 Dial 算法(或 Probit 算法)进行交通量的随机加载，得到各路段新的交通量$\{y_a^k, \forall a\in A\}$。

步骤 4：令$\left(x_a^{k+1}=\left(1-\frac{1}{k}\right)x_a^k+\frac{1}{k}y_a^k, \forall a\in A\right)$。

步骤 5：判别收敛条件。如果满足$\frac{\sqrt{\sum_a (x_a^{k+1}-x_a^k)^2}}{\sum_a x_a^k}\leqslant\varepsilon$（$\varepsilon$ 是预先设定的精度值），则停止计算；否则，令 $k=k+1$，返回步骤 2。

进一步分析步骤 4 中路段当前流交通量的计算公式：

$$\left\{x_a^{k+1}=(1-\frac{1}{k})x_a^k+\frac{1}{k}y_a^k, \forall a\in A\right\}$$

可知，$\frac{1}{k}y_a^k$ 是前面产生的 k 个 y_a^k 均值，因此该分配方法又称为"相继平均法"，这是 Powell 和 Sheffi 在 1982 年首先提出的。

总结非平衡随机分配方法可以发现，在这类方法中虽然能够进行随机分配，可是一个基本前提是感知路段阻抗被假设成是一个服从某已知参数分布的随机变量，期望值和方差是给定的。所以说它是一个非平衡随机分配算法。

在交通流分配的实践中，出行者对阻抗的估计不仅是随机变量，而且阻抗与交通量是相关的，是交通量的函数。所以说，更有意义的应该是在这种情况下的随机分配的研究，即平衡随机分配方法的研究。

8.5.2 随机平衡分配方法

该方法实质就是研究考虑在拥挤因素下的随机用户平衡(SUE)分配问题，即路段阻抗是随交通量变化的，假设感知路段阻抗的期望值是路段交通量的函数。

随机用户平衡分配中道路利用者的径路选择行为仍遵循 Wardrop 第一原理，只不过用户选择的是自己估计阻抗最小的径路来出行。也就是用户选择 OD 对之间某条径路的可能就是其感知阻抗在该 OD 对之间所有可能径路的感知阻抗中为最小的概率，可知这个选择概率是一个条件概率，即

$$P_k^{rs}=\Pr(C_k^{rs}\leqslant C_l^{rs}), \forall l\neq k; \forall k,r,s \tag{8-39}$$

它是在平衡态的路段阻抗估计期望值的条件下确定的概率。如果路段阻抗是常数，问题就简化为非平衡随机分配中所描述的情形。

在随机用户平衡状态下，一个 OD 对之间所有已被选用的径路上，并不一定具有相同的实际阻抗。某条被选用径路上的交通流分配量等于 OD 对之间交通量与该条径路的选择概率的乘积，即

$$f_k^{rs}=q_{rs}\cdot p_k^{rs}, \forall k,r,s \tag{8-40}$$

在这个关系式中，径路交通量 f_k^{rs} 与选择概率 p_k^{rs} 有关，而选择概率 p_k^{rs} 与感知径路阻抗大小有关，感知径路阻抗大小与实际路段阻抗有关且为随机变量，实际路段阻抗又是交通量的函数，如此循环相依，达到随机用户平衡的状态。称这个关系式为 SUE 条件。

SUE 更具有普遍性，UE 仅是 SUE 的一种特殊情况，当感知阻抗的方差为 0 时，SUE 就

变成 UE。

1) 随机平衡分配模型

这里仍然运用交通流分配模型的建模思想，先构造 SUE 问题的数学规划模型，然后证明其与 SUE 条件之间的等价性，并进一步说明该极小值问题存在唯一解。

模型如下：

$$\min: Z(X) = -\sum_{r,s} q_{rs} E\left[\min_{k\in W_{rs}}\{C_k^{rs}\} \mid c^{rs}(X)\right] + \sum_a x_a t_a(x_a) - \sum_a \int_0^{a} t_a(\omega)\mathrm{d}\omega \tag{8-41}$$

式中：$E\left[\min_{k\in W_{rs}}\{C_k^{rs}\} \mid c^{rs}(X)\right]$为以各路段实际阻抗为条件的感知阻抗的数学期望，称为“期望感知阻抗”；$c^{rs}(X)$为(r,s)间各条径路的实际阻抗的向量，$c^{rs}(X)=(\cdots,c^{rs}(X),\cdots)$ C_k^{rs} 为(r,s)间第 k 条径路的感知阻抗。

这是一个无约束的极小值问题，可以证明它的解满足 SUE 条件、满足交通量非负约束以及交通量守恒条件。下面进行证明：

(1) 模型与 SUE 条件的等价性

对于上述无约束极值问题，其极值点上的一阶条件为：$\nabla Z(x)=0$。$Z(X)$由三项组成，分别对其各项求关于 x_a 的偏导数。

对于第一项有

$$\frac{\partial}{\partial x_a}\left\{-\sum_{r,s} q_{rs} E\left[\min_{k\in W_{rs}}\{C_k^{rs}\} \mid c^{rs}(X)\right]\right\} = -\sum_{r,s} q_{rs} \sum_k \frac{\partial E\left[\min_{k\in W_{rs}}\{C_k^{rs}\} \mid c^{rs}(X)\right]}{\partial c_k^{rs}} - \frac{\partial c_k^{rs}(x)}{\partial x_a} \tag{8-42}$$

因为$\dfrac{\partial E\left[\min_{k\in W_{rs}}\{C_k^{rs}\} \mid c^{rs}(X)\right]}{\partial c_k^{rs}} = P_k^{rs}$，所以有

$$\frac{\partial}{\partial x_a}\left\{-\sum_{r,s} q_{rs} E\left[\min_{k\in W_{rs}}\{C_k^{rs}\} \mid c^{rs}(X)\right]\right\} = -\sum_{r,s} q_{rs} \sum_k P_k^{rs} \frac{\mathrm{d}t_a}{\mathrm{d}x_a}\delta_{ak}^{rs} \tag{8-43}$$

对于第二项有

$$\frac{\partial}{\partial x_a}\left[\sum_a x_a t_a(x_a)\right] = t_a + x_a \frac{\mathrm{d}t_a}{\mathrm{d}x_a} \tag{8-44}$$

对于第三项有

$$\frac{\partial}{\partial x_a}\left[-\sum_a \int_0^{x_a} t_a(\omega)\mathrm{d}\omega\right] = -t_a \tag{8-45}$$

因此，极值点的一阶条件为

$$\frac{\partial Z(x)}{\partial x_a} = \left[-\sum_{r,s}\sum_k q_{rs} p_k^{rs}\delta_{ak}^{rs} + x_a\right]\frac{\mathrm{d}t_a}{\mathrm{d}x_a}, \forall a \tag{8-46}$$

若路段阻抗是单调递增函数，即$\frac{dt_a}{dx_a}>0$，则$\nabla Z(x)=0$，当且仅当：

$$X_a = \sum_{r,s}\sum_k q_{rs}P_k^{rs}\delta_k^{rs}, \forall a \tag{8-47}$$

注意：因为 $X_a = \sum_{r,s}\sum_k f_k^{rs}\delta_{ak}^{rs}$，所以 $f_k^{rs}=q_{rs}P_k^{rs}$，即 SUE 的条件。说明模型与 SUE 条件是等价的。由此得

$$\begin{aligned} &\sum_k f_k^{rs} = \sum_k q_{rs}P_k^{rs} = q_{rs} \\ &f_k^{rs} \geqslant 0(P_k^{rs} \geqslant 0) \end{aligned} \tag{8-48}$$

这也证明模型满足非负约束和交通量守恒要求。

(2) 模型解的唯一性

可以证明，目标函数 $Z(X)$的海赛矩阵虽然是不确定阵(不定型阵)，但是它在驻点附近是正定的，故驻点是该无约束极小化问题的一个局部极小点。问题是，$Z(X)$在全局范围内存在几个极小点，如果只有一个，那么该极小点就是最小点，即为唯一的最优解。可以证明(过程从略，可参考刘灿齐，2001)，$Z(X)$只有一个极小点，而且在该极小点附近是严格凸的，所以该局部极小点就是全局的极小点，解是唯一的。

2) 随机平衡分配算法

对于 SUE 问题，可以采用求解无约束极小值问题的最速下降方法来计算，即 F－W 算法的思想，这类算法的基本步骤是寻找下降方向和迭代步长，即

$$X^{n+1} = X^n + \lambda d^n \tag{8-49}$$

式中：X^n 为是第 n 次迭代时路段交通量的向量；λ 为是迭代步长；d^n 为是目标函数在 x^n 点的下降方向。

但是对于 SUE 问题，要计算下降方向和迭代步长是非常困难的，其原因如下：

① 在每次迭代都要通过交通流随机分配来确定目标函数的下降方向，可是在一般情况下，用实际中采用的算法(如 Dial 算法、Monte－Carlo 算法)得到的某一步迭代中用随机分配方法分配在路段上的交通量值并不是精确值，只是精确值的一个估计值，因而还是随机变量；从而下降方向也是随机的，这样一来可能在某次迭代中，下一步迭代方向不是下降方向(尽管在整体平均意义上是下降的)，于是算法的执行过程不会按照单调下降的方向使目标函数接近最优点，而会费一番周折。

② 迭代步长不能像 UE 问题的算法那样，通过求解一个一维极值问题计算出来，因为目标函数本身很难估计出来。这是因为目标函数中含有期望感知阻抗 $E\left[\min_{k\in W_{rs}}\{C_k^{rs}\}\mid c^{rs}(X)\right]$，它只能根据各径路的期望阻抗来计算，因而就面临着“列出径路”的问题，而这在实际操作上几乎是不可能的。当然，也可以不用列出径路而用模拟的方法来计算此值，但这样做会有两个问题：一是计算量惊人；二是即使计算出来，所计算出的目标函数值不是精确值而是随机变量，在这个基础上的迭代步长将更加难以确定。

对于问题①无非是收敛速度快慢的问题，而对于问题②，可以为每步预先人为给定一个

迭代步长 $1/n$,其中 n 是迭代次数。

因此,在实际中,一般采用本章第三节中介绍的迭代加权法(MSA)来求解 SUE 问题。这时,交通流分配采用随机加载方法,迭代步长预先给定,每次随机分配的附加交通量与上一次计算得到的交通量之差为下降方向。具体步骤如下:

步骤 1:初始化。按照各路段的初始行驶时间 $\{t_a^0\}$(可以取零流时间)进行一次随机分配,得到各路段的分配交通量 x_a^1,令 $n=1$。

步骤 2:根据当前各路段的分配交通量 x_0^n 计算各路段的行驶时间;

步骤 3:根据第二步计算的各路段行驶时间和 OD 交通量进行随机分配(可以采用 Dial 算法),得到各路段的附加交通量 y_a^n。

步骤 4:用迭代加权的方法计算各路段的当前交通量:

$$x_a^{n+1} = x_a^n + 1/n(y_a^n - x_a^n), \forall a \in A$$

步骤 5:收敛判断。如果 x_a^{n+1} 和 x^n 的差值满足收敛要求,即 $\sqrt{\dfrac{\sum_a (x_a^{n+1} - x_a^n)^2}{\sum_a x_a^n}} < \varepsilon$(其中 ε 是预先给定的误差限值),则停止计算;否则,令 $n = n + 1$,返回步骤 2。

关于随机平衡分配 SUE 问题还有许多研究成果,在此,限于篇幅,不再作详细的介绍。如果读者有兴趣,可参考 Sheffi(1984)所著的 *Urban Transportation Network* 一书。该书中较系统全面地介绍交通分配的基本理论和较新的研究成果,是一本值得推荐的参考书。另外,交通流分配问题作为交通规划中的热点阶段之一,受到交通规划研究者和工程师们的广泛关注,积累众多的研究成果。除上述的模型和方法之外,考虑 OD 交通量的时变特性和交通流在路网中的空间时变特性的动态交通流分配和基于变分不等式的交通流分配方法也获得比较快速的进展。

8.6 动态交通流分配

8.6.1 动态交通分配的解析

(1) 动态交通分配的目的

静态交通分配(Stastic Traffic Assignment)是交通规划中的一个重要步骤,它是将调查得到的起讫点之间的出行分布数据(OD 矩阵),按照现有或规划中的路网分配到各条道路上,从而推测各条道路上的交通量,在这种交通分配中,OD 矩阵是已知且确定的,不考虑其随时间而变化,因此称之为静态交通分配。从 20 世纪 50 年代到 80 年代静态交通分配理论引起交通工程界和应用数学界的极大兴趣,发表了大量研究论文,提出了上百种解决静态交通分配的模型与算法。在交通规划方法相对成熟之后,交通工程领域的人们逐渐把注意力更多地转向交通控制与诱导,如智能交通系统(ITS)的快速发展。交通规划的时间概念是以年度计的,显然可以将 OD 矩阵看成是不变的,而交通控制与诱导的时间概念应以分钟甚至秒计,这时 OD 矩阵的数据必须考虑成变量,如果想把交通分配扩展到交通控制与诱导之中，静态交通分配的思想和方法显然是不适用的。

所谓动态交通分配，就是将时变的交通出行合理分配到不同的路径上，以降低个人的出行费用或系统总费用。它是在交通供给状况以及交通需求状况均为已知的条件下，分析其最优的交通流量分布模式，从而为交通流控制与管理、动态路径诱导等提供依据。通过交通流管理和动态路径诱导在空间和时间尺度上对人们已经产生的交通需求的合理配置，使交通路网优质高效地运行。交通供给状况包括路网拓扑结构、路段特性等，交通需求状况则是指在每时每刻产生的出行需求及其分布。如图 8-6 所示。

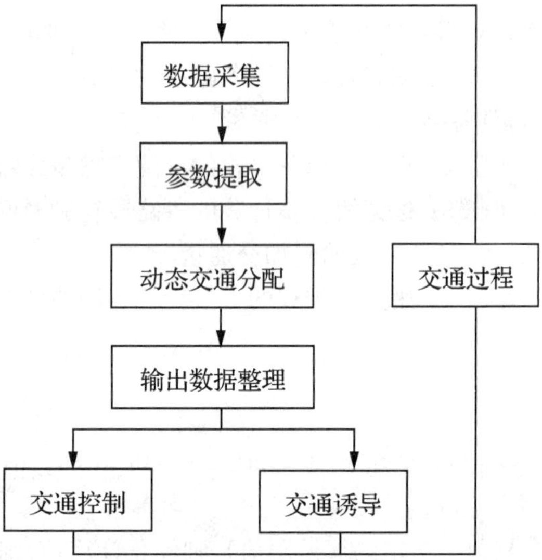

图 8-6　动态交通分配在交通诱导与控制中的地位和作用

静态交通分配是以 OD 交通量为对象、以交通规划为目的而开发出来的交通需求预测模型；而动态交通分配则是以路网交通流为对象、以交通控制与诱导为目的开发出来的交通需求预测模型。

ITS 的发展需要动态分配技术的支持，ITS 中的先进的出行者信息系统(ATIS)，车辆线路诱导系统(VRGS)等核心部分都需要动态分配作为理论基础。可以说，ITS 的研究和实施，对动态交通分配理论提出更迫切的需求，极大地推进动态交通分配理论前进的步伐。

(2) 动态交通分配的特点

深入剖析平衡分配方法和非平衡分配方法的分配思想和算法设计，会发现都有一个共同的现象，那就是当按照某种分配规则(确定性或随机性路径选择)将一定量 OD 分配到某一条路径上之后就认为这些 OD 量同时存在于该路径的所有路段上。举一个简单的例子来说，假如在第 k 步分配中，有 q 辆车被分配到 a—d 这条路径上，a—d 路径的具体路线是 a—b—c—d，即由 a—b，b—c，c—d 三个路段构成，那么在第 $k+1$ 步分配中进行路段流量统计和阻抗计算时，就认为这三个路段上的流量都是 q 辆车，这些车同时存在于该路径的所有路段上。这显然是不符合实际的，车辆加载到路段上之后是随着时间逐渐向前推移的。也就是说在这种分配思想中没有考虑时间因素和交通需求的时变特性，采取的是静态的思想，所以本章前面所研究和分析的各种分配理论和方法都是静态交通流分配方法。要解决上述问题，必须分析动态交通分配的思想。

静态交通分配(如容量限制、多路径随机分配等)中，之所以说是静态的，是因为最根本的一点，就是表现为当流量被加载到网络的某条路径上之后，则一瞬间就同时存在于该路径的所有路段上，而不是由第一个路段一步步随时间推进到终点的，如果用 $x_a^n(t)$ 表示 t 时刻路段 a 上流向终点的流量，那么路段状态的变化就是 $\frac{dx_a^n(t)}{dt}=0$。静态的第二点就是静在流量加载到路径上之后被处理成在原有路段上“原地踏步”。当下一个流量加载上后，与前一个流量在所有路段上简单相加。而实际上，当第二流量加载之后，第一个流量随着时间的推移可能已经运动到第 k 个路段上，假设还是按静态思想分配的话，这时第 1 个到 $k-1$ 个路段以及$k+1$ 到最后一个路段上的流量只是第二个流量的值，只有第 k 个路段上是这两个加载的流量之和。那么动态交通分配的动，到底是动在何处，真正涵义是什么？在目前的文献中还未曾见到全面的概括和描述，有的只是从数学角度进行抽象说明，如动态和静态的显著差别就是把路阻、流量的二维问题变成路阻、流量、时间的三维问题。为了深入掌握动态交通分配的思想和设计合理分配的算法，应该对此有一个全面的阐述。

① 动在交通流是随着时间的推移，在所选的路径上沿着各个路段逐渐向终点运动的，既不是瞬间布满各路段，也不是在各路段上“原地踏步”不动。

② 动在路段阻抗是真动而不是“伪动”。无论是静态还是动态分配，路阻随流量变化是最起码的要求。但在静态分配的“容量限制分配、动态多路径分配”等方法中所说的动态，不妨称之为“伪动”，因为它们某时刻用来计算路段路阻的流量可能不是真正存在于该路段上的流量，这时某路段上的流量只是那些经过该路段的“原地踏步”的流量的算术相加，结果可能夸大路段的路阻也可能缩小路段的路阻。而真正的动态，因为考虑时间因素，就如同有一个时钟一样，当计算 k 时刻一个路段的路阻时，这时在路段上的流量可能有 $k-1$ 时刻、$k-2$时刻甚至 $k-3$时刻的由上游路段正好运动到此的流量。这时得到的各个路段的路阻才是接近实际的。

③ 动在交通需求是时变的。这一点实际是第一点的引伸，因为流量随时间推移而不是原地踏步，即$\frac{\mathrm{d}x_a^n(t)}{\mathrm{d}t}\neq 0$，路段上的流量随时间形成高峰、平峰等动态特征的分布形态，动态交通需求的时变性最终反映为路段上的交通量是时变的，路段上的阻抗又是随交通量变化的，即反映为路段阻抗是时变的。

8.6.2 动态交通分配的基本概念

(1) 动态用户最优(Dynamic User Optimum, DUO)和动态系统最优(Dynamic System Optimum, DSO)

对动态交通分配问题的研究，根据分配中路径选择准则的不同，整体上分为两类：一类是动态用户最优；另一类是动态系统最优。前者是从路网中每个用户的角度考虑的，追求的是每个用户出行的最少或费用最低；后者是从路网系统角度考虑的，寻求整个系统总的出行时间最少或费用最低。

不像静态交通分配理论那样对用户平衡(UE)和系统平衡(SO)都有基于 Wardrop 原理的一致的定义，由于动态交通分配理论的研究还处于不断发展和完善的进程中，所以对动态用户最优和系统最优，还没有一致统一的定义。一般的解释为：动态用户最优就是指路网中任意时刻，任何 OD 对之间被使用的路径上的当前瞬态行驶费用相等，且等于最小费用的状态。显然，根据该定义来分配，并不一定要求同一时刻从同一节点进入网络的车辆到达终点时花费相等的时间(这是静态分配的思想)，它只是要求在同一个节点-终点对之间正在被使用的所有路径上瞬时的行驶费用相等。

动态系统最优就是指在所研究的时段内，出行者各瞬时通过所选择的出行路径，相互配合，使得系统的总费用最小。

可见动态系统最优是从规划者意愿出发的，是一种设计原则，动态用户最优则更接近现实，能够评价交通管理和控制的效果，在实际中的应用更广些。

（2）路段流出函数模型

路段流出函数模型是动态交通分配理论中的关键和特殊之处。在静态交通分配中没有出现路段流出函数的概念，因为静态分配中认为沿一条路径上分配的交通量同时存在于该路径的所有路段上，也就没有流出的提法。而在动态交通分配中流出函数是反映交通拥挤，抓住网络动态本质特性的关键。在动态分配中，当出行者路径选择原则确定后，其路段流入率自然确定，而对于流出函数，根据目前各种文献中的研究，人们提出多种模型。无论哪种模型，基本的原则是路段流出函数的建立应该确保车辆按照所给出的路段走行时间走完该路段。试想如果一辆车在 t 时刻进入某路段，那么在 t 加上该路段走行时间的时刻应该离开该路段，如果路段流出模型没有达到这一要求，那么它就是不完善的，将陷入自相矛盾的境地。

另外，在建立路段流出函数模型时，还要考虑到 Carey(1992)提出的先进先出(First - In - First - Out，FIFO)原则，即从平均意义上讲，先进入路段的车辆先离开该路段。现实生活中，在大约相同时刻进入同一路段的不同类型车辆一般会以大致相同的速度行驶。虽然个别车辆可能有超车现象，但建立模型时可以假设不论其出行终点如何，同时进入路段的车辆均以相同的速度行驶，花费相同的时间，这实质就是 FIFO 原则的具体表现形式。在分配算法的设计中，可以使用车辆在每一时间步长中移动的距离作为约束以保证 FIFO 原则得到满足。

（3）路段阻抗特性模型

在静态交通分配中，路段阻抗特性函数通过交通量与走行时间或费用的关系来反映，它是描述交通流平衡的基础内容之一，静态平衡分配要求阻抗函数为单调递增的函数。由于静态交通分配以交通规划设计为主要研究目标，其重点不是描述交通拥挤，因此对阻抗的估计精度要求相对来说并不过高。但是在动态分配情形下，提高阻抗函数的预测精度则是一个基本的要求。

在建立阻抗特性模型时，要注意到动态交通分配中采用的状态变量不是静态交通分配中的交通量，而是某时刻路段上的交通负荷，即这一时刻路段上存在的车辆数，因为在动态情形下，用交通量无法描述路段的动态交通特征，交通量是单位时间内通过某道路断面的车辆数，是一个时间观测量，其值是在某一点观测到的，适用于静态描述；而交通负荷是指某一时刻一个路段上存在的车辆数，它是一个空间观测量，适用于动态描述。

8.6.3 动态交通流分配理论现状

动态交通流分配理论从提出至今经过 20 多年的发展，在理论研究和方法应用上都有一定的进步，但是，无论是国外还是国内，目前还没有动态交通流分配方面的学术专著。静态交通流分配已经有其成熟的理论和方法，并有相关的中外学术专著问世。国内外在动态交通流分配领域的研究都正在积极的进行中，表现为国外在理论、方法和应用上的研究较之国内超前，同时无论是国外还是国内在理论方面的研究成分居多，而在实际应用上还有待进一步发展。从总体来说，自动态分配概念提出至今，其研究仍然处于发展阶段，主要原因是在考虑时间变动因素后，建立合适的数学模型和设计合适的算法变得十分困难。

在国外，Merchant 和 Nemhauser 于 1978 年第一个以数学规划方法对动态交通分配问题进行开创性的研究，他们提出用离散时间、非凸的非线性规划来表达的系统最优分配模型。Ho 在 1980 年为这个 M－N 模型提出分段线性化算法，而后又提出应用嵌套式分解算法在超立方并行计算机上求解的方法。为了进行有效的最优性分析，1987 年 Carey 在 M－N模型的基础上进行了改进，构造了一个非线性的凸规划模型。上述各个阶段的模型为动态交通分配理论的发展带来巨大的推力，但是各模型的最大缺点是局限于多个起点和单个终点的简单网络，用于理论分析可以，但是如果要应用到现实中的多个起点和多个终点的城市交通网络还需大量的研究和努力。

1980 年，Luque 和 Friesz 提出了应用最优控制理论解决动态系统最优模型的新思想，他们将 M－N 模型改进成为一个连续时间的最优控制问题，到 1989 年，Luque 和 Friesz 等人研究了单个起点和单个终点的简单网络的最优控制理论模型，随后 Wie，Friesz 和 Tobin 在 1990 年以及 Ran 和 Boyce 等人在 1993 年发表的文章中建立的模型均采用了最优控制理论方法建模。最优控制理论方法建立的模型具有易于分析的优点，但是对于 Friesz 和 Wie 等人提出的模型，目前仍然没有有效的成熟的求解算法。

Janson 在 1990 和 1991 年相继发表了文章，提出了动态交通分配的多目标规划模型，之后 Jayakrishnan 和 Tski 等人于 1995 年对该模型进行了改进，使其趋于完善。Friesz 和 Bernstein 在 1993 年提出了动态系统最优的变分不等式模型。这些模型极大地丰富动态交通分配的研究方法，从不同角度为解决动态分配问题作出有益的尝试。

另外，Mahmasani 和 Peeta 在 1993 年提出了一个计算机模拟的动态交通流分配模型，考虑了随时间变化的交通需求以及在交通拥挤条件下排队的形成等影响因素，但是该模型没有考虑对小区 OD 数据的转换到路段 OD 数据的转换，在路网阻抗的计算上采取简化处理的方法。

在国内对于动态交通流分配理论和方法的研究还处于起步的阶段，关于动态交通分配理论的研究，有的学者提出“动态平衡运量配流问题及其稳态伴随解算法”，在借鉴通信网络动态建模框架与运算技术的基础上，将之运用于城市交通网络，提出连续时间最优控制模型，并提出一个可以获得近似解的稳态伴随算法。该模型从等价性上理解有比较完善的特性，其近似解算法的实用性也很好，但是这个模型的最大弱点是路径费用公式的可解释性不强。其中有些表达项的物理和经济含义无法解释；同时，该模型的另外一个局限是针对于多个起点、单个终点的简单网络而建立的，对于多起点、多终点的实际网络不适合。其后国内许多研究人员也相继提出诸多有关动态交通分配的理论和模型。

纵观国内外对动态交通流分配理论和方法的研究，到目前为止从研究方法角度而言，可以分为：数学规划建模方法、最优控制理论建模方法、变分不等式理论建模方法和计算机模拟方法等四种途径。人们对于数学分析方法的探讨比较热烈和深入，而对于计算机模拟方法则很少问津。

8.6.4 动态系统最优和用户最优分配模型

1）动态交通分配模型的有关定义

(1) 变量和参数的定义

G(N，A)——交通网络，为有向连同图。

N——网络节点集,包括起点集、终点集和中间点集三个子集。一般用 k 表示起点或中间点,用 n 表示终点。

A——为有向弧集,即路段集,路网中任意路段用 a 表示。

$A(k)$——所有以节点 k 为起端的弧段集合。

$B(k)$——所有以节点 k 为终端的弧段集合。

$[0,T]$——规划时间段,可以取离散值或连续值。

$x_a(t)$——t 时刻路段 a 上存在的车辆数,即交通负荷。

$x_a^n(t)$——t 时刻路段 a 上以 n 为终点的行驶车辆数。

$u_a(t)$——t 时刻路段 a 上车辆流入率。

$u_a^n(t)$——t 时刻路段 a 上以 n 为终点的车辆流入率。

$v_a(t)$——t 时刻路段 a 上车辆流出率,一般假定车辆流出率函数已知。

$g_a(x_a(t))$——路段 a 的路段流出率函数。

$v_a^n(t)$——t 时刻路段 a 上以 n 为终点的车辆流出率。

$q_{k,n}(t)$——t 时刻产生的由起点 k 到终点 n 的交通需求,一般假定已知。

$Q_{k,n}(t)$——整个规划时段$[0,T]$内由起点 k 到终点 n 的交通需求。

$c_a(x_a(t))$——路段 a 的阻抗函数,一般为路段行驶时间函数。

上述各变量,都是基于连续时间表述的。如果基于离散时间表述,则可以将固定时段$[0,T]$等分为 T 份,相应地用"i 时段"($i=1,2,3,\cdots,T$)代替"t 时刻"表述即可,如$x_a^n(i)$表示 i 时段路段 a 上以 n 为终点的行驶车辆数,其他变量的描述以此类推。

(2) 前提假设

为使动态交通流分配问题便于求解,通常在建立模型时对动态交通流分配模型作如下假设:

① 路网拓扑空间结构 G(N,A)已知。

② 路网特性、路段行驶时间函数、路段流出率函数均已知。

③ 动态的时变交通需求已知。

④ 车辆的产生与吸引只发生在节点处,路段之中不吸引和产生车辆。

2) 动态系统最优分配和动态用户最优分配

(1) 动态系统最优分配模型

动态系统最优(DSO)是车辆路径诱导系统的基础,也是动态用户最优模型的基础。一般而言,交通管理和控制的目标有:

① 使系统总走行时间最小。

② 使系统总费用最小。

③ 使系统总延误时间最小。

④ 使系统平均拥挤度最小。

根据不同的目标可以建立不同的动态用户最优模型,在这里指给出根据目标①建立的模型,作为参考。模型如下:

$$\min: J=\sum_{a\in A}\int_0^T x_a(t)\,\mathrm{d}t \tag{8-50a}$$

s. t. :

① 路段状态方程 $$\frac{\mathrm{d}x_a^n(t)}{\mathrm{d}t}=u_a^n(t)-v_a^n(t) \tag{8-50b}$$

② 节点流量平衡方程 $$\sum_{a\in A(k)}u_{a(t)}^n=q_{k,n}(t)+\sum_{a\in B(k)}v_a^n(t) \qquad k\neq n \tag{8-50c}$$

$$\sum_{a\in A(n)}u_a^n(t)=0 \tag{8-50d}$$

③ 路段流出率函数 $$v_a^n(t)=\frac{x_a^n(t)}{c_a(t)} \tag{8-50e}$$

④ 非负约束 $$x_a^n(0)=0;x_a^n(t)\geqslant 0;u_a^n(t)\geqslant 0 \tag{8-50f}$$

模型中：$\forall a\in A,\forall n\in N,\forall k\in N,\forall t\in[0,T]$。

上述模型是应用最优控制理论建立的，能够用于多个OD对的交通网络，模型中 $x_a^n(t)$ 是状态变量，而 $u_a^n(t)$ 是控制变量。模型的最优解利用Pontryyagin最小值原理获得。

对于上述模型的求解，虽然有许多求解连续性最优控制问题的算法，但是应用它们直接求解动态系统最优模型是十分困难的。一般将模型在时间上离散化求解模型的离散形式，此时模型可看作是离散时间系统的最优控制模型，也可以看作是一个数学规划模型。求解算法如果从不同的侧重点出发，将会形成不同的模型算法。

(2) 动态用户最优分配模型

随着动态交通流分配理论研究的深入，动态用户最优(DUO)分配模型的研究得到加强。在数学规划和最优控制理论的建模领域的初期研究中，更多的学者将注意力集中到动态系统最优分配模型上，其中部分原因是动态系统最优分配不必对出行者的路径选择行为进行假设，因而动态系统最优模型的建立显得相对容易。动态用户最优分配模型的建立是基于对出行者路径选择行为正确假定的基础之上的，力图再现网络上交通流的实际瞬时分布形态，因此也更为重要。

许多学者如Wie et al(1990)，Ran etal(1993)，Papageorgious(1990)等对动态用户最优进行不同角度的定义，因此对动态路径选择行为也就存在着不同角度的描述。

Wie et al(1990)的定义：交通网络中的每一时刻，每一OD对之间被使用的路径中瞬时单位期望费用相等，且等于最小瞬时单位期望费用。这时相应的随时间变化的交通流形态称为动态用户最优。

Ran et al(1993)的定义：交通网络中的每一时刻，每一OD对之间每一个决策点(交叉口)上，被使用路径上瞬时走行时间相等且等于最小瞬时路径走行时间。这一动态的交通流形态称为动态用户最优。

Papageorgious(1990)的定义：交通网络中，当且仅当每一OD对之间在任意时刻 $t\in[0,T]$，被使用的路径的个人费用相等且等于最小时。这时的交通流形态称为动态用户最优。根据个人费用定义的不同，又分为两类用户最优模型：预测型用户最优(Predictive Optimun)和反应型用户最优(Reactive Optimun)。

上述两类规则只是对出行者动态路径选择行为的不同假定，两种用户最优模型有其各自适用的交通环境。预测型用户最优适用范围是：交通网络中交通条件每日变化不大，交通条件可预测；出行者了解这些条件时，出行者可以根据未来的交通条件估计出行费用，选择出行路径。反应型用户最优适用范围是：交通网络中交通条件是不可预测的（如是由于事故、需求变化等随机因素造成的）；当出行者拥有完善的实时交通信息服务时，用户只能依据当前的交通条件来选择出行路径。

对动态用户最优定义的不同，将会构造出不同的动态用户最优分配模型。在这里仅仅作为示例，给出一个基于最优控制理论的动态用户最优的模型，模型中采用 Wie et(1990)的关于动态用户最优的定义。

模型中与动态系统最优不同的是，将路段流入率 $u_a^n(t)$，路段流出率 $v_a^n(t)$ 作为控制变量，$x_a^n(t)$ 作为状态变量。具体模型形式如下：

$$\min: J=\sum_{a\in A}\int_0^T\int_0^{v_a(t)} c_a(x_a(t),\omega)\mathrm{d}\omega\mathrm{d}t \tag{8-51a}$$

s. t.：

① 路段状态方程
$$\frac{\mathrm{d}x_a^n(t)}{\mathrm{d}t}=u_a^n(t)-v_a^n(t) \tag{8-51b}$$

② 节点流量平衡方程
$$\sum_{a\in A(k)} u_{a(t)}^n=q_{k,n}(t)+\sum_{a\in B(k)} v_a^n(t) \qquad k\neq n \tag{8-51c}$$

$$\sum_{a\in A(n)} u_a^n(t)=0 \tag{8-51d}$$

③ 路段流出率函数
$$x_a^n(t)=\int_\tau^{1+\bar{\tau}_a(t)} v_a^n(\omega)\mathrm{d}\omega \tag{8-51e}$$

其中：$\bar{\tau}_a(t)$ 是路段实际走行时间的估计值。

④ 非负约束
$$x_a^n(0)=0;x_a^n(t)\geqslant 0;u_a^n(t)\geqslant 0;v_a^n(t)\geqslant 0 \tag{8-51f}$$

在模型中：$\forall a\in A,\forall n\in N,\forall k\in N,\forall t\in[0,T]$。

对于上述问题的求解同样需要首先将模型离散化，得到离散时间系统的最优控制模型，该离散时间形式可以看作是一个非线性规划问题，可以应用 Frank - Wolfe 方法来求解。在具体算法设计中，可以将估计路段实际走行时间的“类似对角化技术”过程作为外层循环，将 Frank - Wolfe 迭代过程作为内层循环。同样，有关动态用户最优模型的合理可行的、能够应用于实际大规模路网的算法的研究，目前还是理论界积极探讨、摸索的问题。

3）各类模型的基本分析

（1）数学规划模型

数学规划模型由 Merchant 和 Nemhauser(1978)提出（以下简称 M - N 模型），该模型是静态交通流分配模型的扩展，简单直观，但也存在如下的缺陷：

① 该模型只适用于单终点网络。

② 路段流出率函数的非凸非线性特性导致解的可行域非凸，因此不能直接运用Kuhn-Tucher 条件推导最优解。

③ 同时选取路段车辆存在台数和路段流入率为规划变量，使得规划变量过多，求解困难。

自 M－N 模型提出之后，又有许多研究者围绕 M－N 模型提出一系列改进。Ho(1980)推导了求解 M－N 模型最优解的充分性条件，并提出了该模型的分段线性算法，通过求解一系列线性规划解出了 M－N 模型。Carey(1986)改进 M－N 模型为非线性凸规划，并证明模型的约束满足 Kuhn－Tucher 条件的线性独立性和解的唯一性。Carey(1992)首次提出了动态交通分配的 FIFO 原则，指出当网络扩展为多个终点时，FIFO 原则必将导致模型解的可行域成为非凸集合。如果不满足该原则，则模型解不合理。FIFO 原则的这个性质使得动态交通分配的数学规划方法遇到极大困难。

(2) 最优控制模型

在 M－N 模型的基础之上，Luque 和 Friesz(1980)采用路段上不同终点的行驶车辆数 $x_a^n(t)$ 作为状态变量，以路段上不同终点的车辆流入率 $u_a^n(t)$ 作为控制变量，将网络扩展至多个终点，建立动态交通分配的最优控制模型。该模型假定路段流出函数为线性函数，即 $g_a(x_a(t))=\zeta_a x_a(t)$，根据 FIFO 原则，不同类型、不同终点的车辆在路段中均匀混合，没有任何特定的车辆具有优先权，因此有 $g_a^n(x_a^n(t),x_a(t))=\zeta_a x_a^n(t)$。最优条件由 Pontryagin 极大值定理获得。模型如下：

$$\min: J=\sum_{a\in A}\int_0^T\int_0^{x_a(t)}\zeta_a(c_a(\omega))\,\mathrm{d}\omega\mathrm{d}t \tag{8-52a}$$

s. t. :

① 路段状态方程 $\qquad x_a^n(t)=u_a^n(t)-\zeta_n x_a^n(t)$

② 节点流量平衡方程 $\qquad \sum_{a\in A(k)}u_a^n(t)=q_{k,n}(t)+\sum_{a\in B(k)}\zeta_a x_a^n(t) \qquad k\neq n$ (8-52b)

$$\sum_{a\in A(n)}u_a^n(t)=0 \tag{8-52c}$$

③ 非负约束 $\qquad x_a^n(0)=0;x_a^n(t)\geqslant 0;u_a^n(t)\geqslant 0$ (8-52d)

模型中：$\forall a\in A,\forall n\in N,\forall k\in N,\forall t\in[0,T]$。

该模型在利用 Pontryagin 极大值定理推导最优条件过程中，对路段流出率函数的线性特性作出限制。实际上路段流出率函数一般为非凸非线性，导致解的可行域非凸，不能直接运用 Pontryagin 极大值定理推导最优解。

Luque 和 Friesz 提出动态交通流分配的最优控制模型后，吸引众多的研究者，在此基础上作出一系列的改进：

① 在路段状态方程中加入滞后，滞后时间为路段自由行驶时间 f_a，避免车辆一进入路段即对路段末端流出率产生影响。

$$x_a^n(t)=u_a^n(t-f_a)-\frac{x_a^n(t)}{x_a(t)}g_a[x_a(t)],\forall a\in A\quad \forall n\in N\quad \forall t\in[0,T] \tag{8-53}$$

② 引入控制变量 $r_a(t)=\dfrac{g_a[x_a(t)]}{x_a(t)}$添加不等式约束

$$g_a(x_a(t)) \geqslant \sum_{n\in N} r_a(t)\cdot x_a^n(t) \tag{8-54}$$

改造原问题为凸控制问题，以便利用 Pontryagin 极大值定理推导最优条件。

③ 分别从系统最优、用户最优的角度对目标函数作出修正。

系统最优(System Optimum)为

$$\min: J=\sum_{a\in A}\int_0^T x_a(t)\mathrm{d}t \tag{8-55}$$

反应型用户最优(Reactive User Optimum)为

$$\min: J=\sum_{a\in A}\int_0^T\int_0^{x_a(t)} \zeta_a(c_a(\omega))\mathrm{d}\omega\mathrm{d}t \tag{8-56}$$

之前所列举的 Luque 和 Friesz 模型采用的目标函数就属于反应型用户最优。

预测型用户最优(Predictive User Optimum)为

$$\min: J=\sum_{a\in A}\int_0^T c_a[x_a(t)][u_a(t)-v_a(t)]\mathrm{d}t \tag{8-57}$$

(3) 变分不等式(Variational Inequality, VI)模型

VI 模型的基本思路是将动态交通流分配过程分解为网络加载和网络分配两个过程。网络加载过程就是将空间网络按时间离散展开，将已经分配好的交通流量按照其预计行驶时间和预选路径推演到按时间展开的网络图上。网络分配过程则是根据这个按时间展开好的网络图进行一次平衡分配，然后再将分配结果叠加到网络中，反复叠加直到收敛。VI 模型的网络加载过程是基于路径的，因此用户在起点按照最小行驶时间原则选定好路径后，就不允许中途改变路径。这样才能按照预计行驶时间和预选路径将交通流量叠加到路网中，进行下一步的平衡分配。

以上讨论三种主要的动态交通流分配模型：数学规划模型、最优控制模型和 VI 模型，其中：数学规划模型以 M－N 模型为代表，由于规划求解的困难以及 FIFO 原则的限制无法应用于多起讫点网络，从而被其他模型取代，但它最早体现动态交通流分配的思想，数学规划模型中对于求解动态交通流分配问题所作的前提假设和模型中提出的交通流动态方程基本上为以后的其他模型沿用；最优控制模型发展数学规划模型，将控制领域中的最优控制理论引入到问题表述中，但最终缺乏一个行之有效的算法；VI 模型将动态交通流分配分解为网络加载和网络分配两个过程，最终通过求解一系列的线性规划来求解分配问题。

由前面提到的动态交通分配的基本前提可知，在以上三种模型中都假定时变的交通需求已知，所针对的问题与静态交通分配问题一样，是已知需求分配问题，仍然是一个离线的问题，它们都达不到交通控制和诱导的在线实时性要求。模型有三个基本要素：交通流运动、交通需求、目标函数。在动态分配模型中，交通需求被考虑成一个已知量，而在实际的交通控制与诱导中，由于交通事件是一个由人参与的能动过程，当前时刻的路网实际运行情况以及人的主观想法会对将要和已经发生的出行产生重要的影响，因此瞬时的交通需求是不

可能由统计平均值来替代的，而是一个动态预测的过程，预测建立在对不断更新的历史数据的分析基础上，还包含当前路况的信息以及交通需求适应路网状况的变化。交通流的运动则是交通控制与诱导的结果，直接受当前路网状况的影响。并且在实际的路网中，由于路段上交通流行驶状况受诸多因素影响，如天气、塞车、突发交通意外等，不可能存在一个路段行驶时间和路段行驶车辆数的解析函数对应，因此无法直接由路段行驶时间函数计算系统评价目标。

可以说，目前所讨论的用于交通控制和诱导的动态交通分配实际上是已知时变交通需求的分配，是一个离线的过程，同时是目前急需的行之有效的算法。而实时交通控制和诱导的理想状态是一个在线过程，如何将动态交通流分配应用于在线控制，或者从其他途径[如有的学者提出的"智能控制的方法(杨清华，2001)"]来探讨交通控制与诱导问题，是交通工程实践发展和进步的今天提出的富有挑战性的工作，也是有志于研究交通领域问题的工作人员今后义不容辞的责任。

复习思考题

1. 交通分配的含义及其作用是什么？
2. 进行交通分配时所需要的基本数据有哪些？
3. 试解释交通阻抗的含义。
4. 试说明 Wardrop 第一原理和第二原理的含义，以及它们的区别和联系。
5. 根据本书中的介绍，请比较分析非平衡分配方法中各方法的异同。
6. 试说明 Frank－Wolfe 算法用于求解交通平衡分配问题的算法思想。
7. 试说明用 Dial 算法实现 Logit 多路径分配的算法基本思想。
8. 动态交通流分配的含义及其目的是什么？

9 案例分析

本章以淮安市城市交通需求预测为例，并辅助 Trancad 软件，详细阐述交通需求预测四阶段法的步骤以及模型选取、参数确定的方法。同时提出了淮安市三种交通发展模式，并分析了各自的交通需求特征。

9.1 淮安市社会经济指标预测

9.1.1 社会经济指标预测

根据《关于淮安市国民经济和社会发展“十一五”规划工作情况汇报》《淮安市城市总体规划调整(2005—2020 年)》及相关文件，淮安市的相关经济指标将控制如下：到 2010 年，总人口控制在 545 万左右，GDP 年均增长率不低于 11%，总量达到 1 150 亿元，人均 GDP 达到 21 100 元左右，三次产业比例调整为 13∶55∶32；到 2020 年，总人口控制在 565 万左右，GDP 年均增长率不低于 10%，总量达到 3 400 亿元左右，人均 GDP 达到 60 100 元左右，三次产业比例调整为 8∶47∶45。

9.1.2 市区人口总量及分布预测

根据《淮安市城市总体规划调整(2005—2020 年)》以及《淮安经济开发区控制性详细规划》对 2020 年的城市规模、用地、总人口等方面进行了预测分析，包含以下几个方面的内容：

(1) 城市规模

中心城区城市人口规模：现状(2005 年)为 85 万人，近期(2010 年)为 100 万人，远期(2020 年)为 120 万人。

中心城区城市建设用地规模：近期(2010 年)为 97.28 km^2，人均用地 97.28 m^2，远期(2020 年)城市建设用地控制在 114 km^2 以内，人均用地 95 m^2。

(2) 用地发展方向

城市用地发展方向：主城区近期主要向东发展，远期继续向东，完善南北；古城区近期主要向北、向东发展，远期主要向东北发展。

(3) 居住用地布局

居住用地以二类居住用地为主，少量一类居住用地布置在主城区古黄河以北、沈阳路以东以及楚州城区河西地区。规划居住用地分为 6 个居住片区：

淮阴片区：居住用地 613.14 公顷，居住人口约 24 万人，人均居住用地 25.55 m^2。

中心片区：居住用地 1 052.63 公顷，居住人口约 40 万人，人均居住用地 26.32 m^2。

城东片区：居住用地 712.49 公顷，居住人口约 25 万人，人均居住用地 30 m^2。

城南片区：居住用地 441.7 公顷，居住人口约 18 万人，人均居住用地 24.54 m^2。

楚州老城片区：居住用地 390.68 公顷，居住人口约 13.5 万人，人均居住用地 28.94 m^2。

楚州新城片区：居住用地 399.52 公顷，居住人口约 16.5 万人，人均居住用地 24.21 m^2。

9.1.3 机动车保有量预测

淮安市历年机动车拥有量见表 9-1，淮安市经济发展又将进入一个新的历史时期，由于车辆的拥有量受城市经济、交通发展战略的影响，因此，在进行车辆保有量预测时，采用定性与定量分析相结合的办法来预测。

首先根据历史数据用时间序列法和回归分析法（以 GDP 为自变量）对淮安市机动车增长趋势进行预测。近期 2010 年用两种方法预测的结果比较接近，远期 2020 年的则相差较大。时间序列法主要考虑机动车数量随时间变化的趋势，而回归分析法主要考虑经济对机动车数量的影响。综合两种预测方法的结果，对未来的机动车保有量作出估计。

表 9-1 淮安市历年机动车拥有量 辆

年份	1990	1991	1992	1993	1994	1995	1996	1997	1998	1999	2000	2001	2002	2003	2004
GDP/亿元							173	197	220	253	291	329	375	421	501
货车	2 714	3 265	4 088	4 926	5 879	7 143	8 391	9 399	10 402	11 974	13 292	14 716	16 392	18 459	20 545
客车	1 972	2 579	3 553	4 854	6 071	7 353	8 885	10 596	12 164	14 023	161 833	19 073	21 558	23 491	30 430
资料来源：淮安市公安局交巡警支队车管所。															

（1）时间序列法

采用淮安市历年的机动车保有量资料进行三次指数平滑法分析，分别得到货车、客车时间序列模型。

货车保有量时间序列模型

$$Y_{t+T} = 20\,427.8 + 2\,005.6T + 55.3T^2$$

式中：Y 为货车保有量，辆；T 为时间序列，2005 年为 1，以后年份顺推加 1。

客车保有量时间序列模型

$$Y_{t+T} = 29\,065.4 + 3\,708.9T + 128.9T^2$$

式中：Y 为客车保有量，辆；T 为时间序列，2005 年为 1，以后年份顺推加 1。

根据以上公式，得到各规划年淮安市各种车辆保有量见表 9-2。

（2）回归分析法

根据淮安市 1996—2004 年 GDP 以及货车、客车保有量资料进行回归分析，分别得到货车、客车保有量与 GDP 之间的关系模型。

货车保有量时间序列模型

$$Y = 37.78X + 2\,144.14 \qquad R^2 = 0.99$$

式中：Y 为货车保有量，辆；X 为该年 GDP 值，亿元。

客车保有量时间序列模型

$$Y = 63.07X - 1\,963.24 \qquad R^2 = 0.99$$

式中：Y 为客车保有量，辆；X 为该年 GDP 值，亿元。

根据以上公式，得到各规划年淮安市各种车辆保有量如表 9－2 所示。

(3) 综合取值

综合比较线性回归法与时间序列法两种预测结果，确定各规划年车辆保有量预测值见表 9－2。

表 9－2 淮安市汽车保有量预测结果 辆

		时间序列		回归分析		综合取值	
年份	2004	2010	2020	2010	2020	2010	2020
货车	20 545	34 454	66 685	45 591	130 596	40 023	98 641
客车	30 430	55 961	121 417	70 567	212 475	63 264	166 946

9.2 居民出行产生量与吸引量预测

9.2.1 研究范围及交通小区的划分

本次综合交通规划的研究范围主要集中在淮安市中心城区，包括清河、清浦、淮阴、楚州四区以及周边地区。交通小区划分原则上一般与行政区划相一致，但同时也考虑交通节点的分布，共划分现状交通小区 127 个，规划年交通小区 143 个，如图 9－1 所示。根据交通规划分析的需要，为得到主要桥梁和道路通道上的区间交换量，将现状与规划年的交通小区合并成交通大区。规划年的大区划分在现状交通大区划分基础上新增了几个交通大区并对原个别大区进行了调整。交通大区划分见表 9－3。

表 9－3 现状和规划年大区划分表

现状大区划分		规划年大区划分	
大区	包含小区	大区	包含小区
1	101—127	1	101—127
2	91,92,93,94,95,97,98	2	91,92,93,94,95,97,98,141,142
3	96	3	96
4	40,41,42,43	4	40,41,42,43
5	13,14,32,33,34,35,36,37,38,39	5	13,14,32,33,34,35,36,37,38,39
6	15,16,17,18,19,27,28,29,30,31,88,89,90	6	15,16,17,18,19,27,28,29,30,31,88,89,90
7	20,79	7	20,79

（续表）

现状大区划分		规划年大区划分	
大区	包含小区	大区	包含小区
8	23,24,25,26,78,80,81,82,83,84,85,86,87	8	23,24,25,26,78,80,81,82,83,84,85,86,87,129
9	48,49,99	9	48,49,99
10	50,54	10	50,54
11	46,47	11	46,47
12	5,6,7,8,51,52,53	12	5,6,7,8,51,52,53
13	3,4,22	13	3,4,22
14	44,45	14	44,45
15	1,9,10,11,12	15	1,9,10,11,12
16	2,21	16	2,21
17	55,56,57	17	55,56,57
18	58,59,60,61	18	58,59,60,61
19	62,63,64,65,66,74	19	62,63,64,65,66,74
20	100	20	100
21	75,77	21	75,77
22	73	22	73
23	67,68,69,70,71,72,76	23	67,68,69,70,71,72,76
		24	128,143
		25	130,131,132,133,134
		26	135,136,137,138,139,140

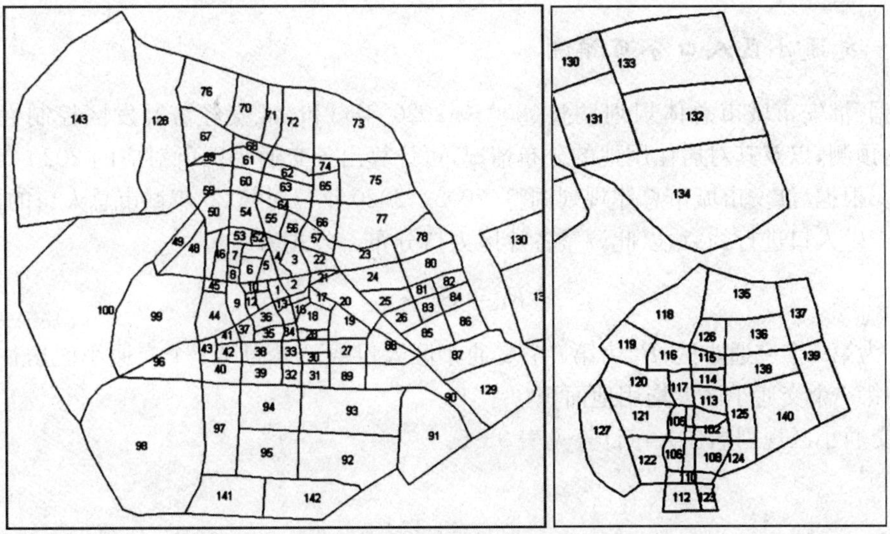

图9-1　淮安市2006年居民出行调查交通小区划分

为得到片区组团间的出行交换量又将大区合并为几个主要的片区，如图 9-2 所示，具体合并情况见表 9-4。

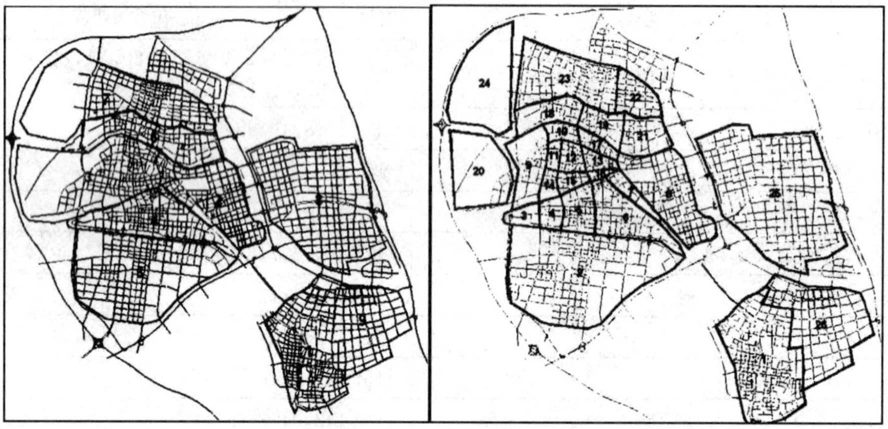

图 9-2　淮安市 2006 年居民出行调查交通大区与片区划分

表 9-4　片区划分表

片区	楚州老城区	开发区片区	清河片区	清浦片区	成南片区	淮阴南片区	淮阴北片区	城东新片区	楚州新城区
包含大区	1	7,8	9,10,11,12,13,14,15,16,17,20	3,4,5,6	2	18,19,21	22,23,24	25	26

9.2.2　交通小区人口分布预测

根据《淮安市城市总体规划调整(2005—2020 年)》和《淮安经济开发区控制性详细规划》中的预测，以及其对居住用地的分布情况，可计算出各交通小区所对应的 2020 年人口分布情况。根据《淮安市城市总体规划调整(2005—2020 年)》对 2020 年城市总人口的预测，对各地块产生人口进行约束，以此调整各片区人口分布。公式为

$$R_i = S_{居i} \cdot r_i$$

式中：i 为第 i 个交通小区；R_i 为第 i 个交通小区人口数；$S_{居i}$ 为第 i 个交通小区居住用地面积；r_i 为第 i 个交通小区人均用地面积。

各交通小区规划居住人口计算见表 9-5。

表 9-5 各交通小区规划年居住人口计算

片区	小区	人均用地面积 r_i/m^2	居住用地面积 $S_{居i}/m^2$	人口数	片区	小区	人均用地面积 r_i/m^2	居住用地面积 $S_{居i}/m^2$	人口数
	58		553 883	21 772		118		66 642	1 801
	59		89 439	3 516		124		463 291	12 521
	60		144 736	5 689		125		511 905	13 835
	61		258 014	10 142		126		0	0
	62		152 646	6 000	楚州新城区	135	24.21	945 457	25 553
	63		468 634	18 421		136		935 348	25 280
	64		255 413	10 040		137		0	0
	65		411 631	16 180		138		609 475	16 472
	66		265 846	10 450		139		0	0
	67		628 418	24 702		140		463 084	12 516
	68		122 327	4 808		101		156 964	5 424
淮阴片区	69	22.55	264 117	10 382		102		149 521	5 167
	70		389 810	15 323		103		77 826	2 689
	71		166 423	6 542		104		38 431	1 328
	72		477 104	18 754		105		124 937	4 317
	73		0	0		106		71 255	2 462
	74		88 322	3 472		107		139 063	4 805
	75		486 758	19 134		108		298 832	10 326
	76		0	0		109		79 697	2 754
	77		907 880	35 687	楚州老城区	110	28.94	61 106	2 111
	100		0	0		111		69 926	2 416
	128		0	0		112		172 127	5 948
	143		0	0		113		76 664	2 649
	1		0	0		114		141 033	4 873
	2		64 960	2 468		115		235 825	8 149
中心区	3	26.32	388 217	14 750		116		591 999	20 456
	4		18 930	719		117		0	100
	5		0	0		119		336 412	11 624
	6		343 655	13 057		120		345 610	11 942

（续表）

片区	小区	人均用地面积 r_i/m^2	居住用地面积 $S_{居i}/m^2$	人口数	片区	小区	人均用地面积 r_i/m^2	居住用地面积 $S_{居i}/m^2$	人口数
中心区	7		238 899	9 077		121		443 156	15 313
	8		33 094	1 257		122		114 304	3 950
	9		263 347	10 006		123		182 112	6 293
	10		131 173	4 984		127		0	100
	11		69 359	2 635	城南片区	91	24.54	0	0
	12		98 296	3 735		92		0	0
	13		0	0		93		1 997 627	53 990
	14		87 041	3 307		94		1 345 879	36 375
	15		0	0		95		97 485	2 635
	16		69 260	2 631		97		976 010	26 379
	17		0	0		98		0	0
	18		142 678	5 421		141		0	0
	19		571 592	21 717		142		0	0
	20		184 506	7 010	城东片区	23	30	182 563	5 071
	21		40 071	1 522		24		0	0
	22		232 967	8 851		25		316 219	11 000
	27		587 768	22 332		26		88 803	2 960
	28		189 738	7 209		78		858 016	23 834
	29		209 703	7 967		80		702 327	19 509
	30		0	0		81		225 364	6 260
	31		271 837	10 382		82		339 507	9 431
	32		151 041	5 739		83		138 947	4 632
	33		202 889	7 709		84		277 183	9 239
	34		112 328	4 268		85		457 133	15 238
	35		250 837	9 530		86		297 160	8 254
	36		102 148	3 881		87		994 350	27 621
	37		0	0		129		1 401 924	38 942
	38		411 532	15 636		130		858 000	3 833
	39		223 896	8 507		131		471 440	3 095

（续表）

片区	小区	人均用地面积 r_i/m^2	居住用地面积 $S_{居i}$/m^2	人口数	片区	小区	人均用地面积 r_i/m^2	居住用地面积 $S_{居i}$/m^2	人口数
中心区	40		0	0		132		450 000	2 500
	41		0	0		133		685 410	9 039
	42		299 506	11 379		134		0	0
	43		184 479	7 009					
	44		733 894	27 884					
	45		98 707	3 750					
	46		80 458	3 057					
	47		197 283	7 496					
	48		367 562	13 965					
	49		0	0					
	50		128 397	4 878					
	51		127 816	4 856					
	52		115 084	4 372					
	53		0	0					
	54		446 383	16 960					
	55		316 492	12 025					
	56		267 520	10 164					
	57		434 015	16 490					
	79		186 998	7 105					
	88		404 288	15 360					
	89		445 654	16 932					
	90		0	0					
	96		0	0					
	99		0	0					

得到 2006 年、2020 年人口分布密度如图 9－3 和图 9－4 所示。

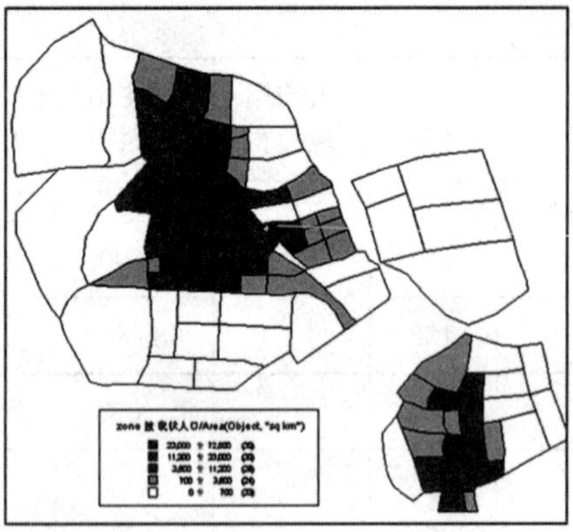

图 9-3　2006 年人口分布密度

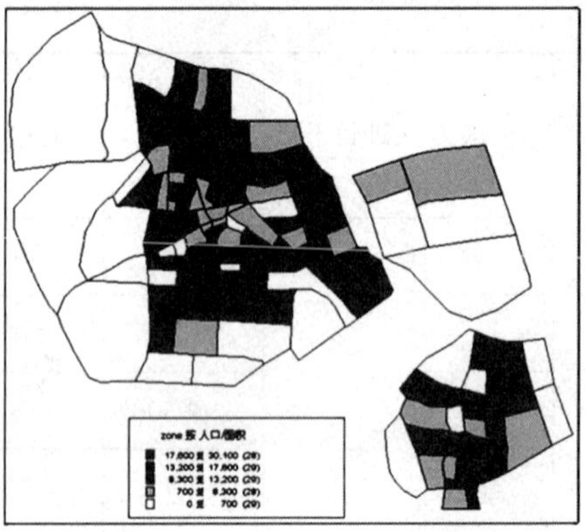

图 9-4　2020 年人口分布密度

9.2.3　规划用地分析

按照本规划交通小区划分原则，规划年的交通小区除外围几个新建交通小区外，其他交通小区用地面积基本不变，只是功能上稍有调整。规划用地分类中将道路用地从其他类中分离出来，便于分析城市交通建设的适应性，将规划用地类型分为 22 种。按照各用地类型的分布状况，为下一步进行出行产生吸引预测提供依据，将淮安主城区和楚州区划分成 4 种区域，即主城中心区、次中心区、外围区和楚州老城区。各区域所包含的交通小区见表 9-6。

表 9-6　各区域包含的交通小区

区域	包含交通小区
中心区	1,2,3,4,5,6,7,8,9,10,11,12,13,14,15,16,17,18,19,21,21,22,23,28,30,33,34,35,36,37,38,46,47,51,52,53
次中心区	24,25,26,27,29,31,32,39,42,43,44,45,48,49,50,54,55,56,57,58,59,60,61,62,63,64,65,66,74,79,88,89,90
外围区	40,41,67,68,69,70,71,72,73,75,76,77,78,80,81,82,83,84,85,86,87,91,92,93,94,95,96,97,98,99,100,113,120,124,126,(128,129,130,132,133,134,135,136,137,138,139,140,141,142,143)
楚州老城区	101,102,103,104,105,106,107,108,109,110,111,112,113,114,115,116,117,119,121,122,123,125,127
注：括号中为规划年新增交通小区，其余小区与现状年同。	

现状年、规划年各区域对应的用地性质比重见表 9-7 和表 9-8。

表 9-7　现状年各区用地性质比重　%

用地性质	中心区	次中心区	外围区	楚州老城区
居住	59.80	64.19	36.98	57.31
行政办公	4.07	4.49	3.68	2.62
商业金融与市场	6.48	4.83	3.74	5.68

（续表）

用地性质	中心区	次中心区	外围区	楚州老城区
旅游度假	0.00	0.00	0.00	4.03
文化娱乐	0.40	0.14	0.12	3.34
体育	0.34	0.20	0.00	1.34
医疗卫生	1.79	2.04	0.09	0.91
教育科研	7.97	5.10	15.51	1.97
文物古迹	0.08	0.00	0.00	0.89
其他公用设施	0.06	0.00	0.11	0.03
特殊	1.02	0.04	0.95	0.73
一类工业	3.92	2.75	10.24	1.44
二类工业	3.61	5.30	15.01	4.43
三类工业	2.06	2.07	8.19	7.01
仓储	1.75	2.16	2.32	1.19
长途汽车站与河港	0.21	0.43	1.14	0.08
广场	0.00	0.10	0.00	0.79
市政公用设施	1.69	2.21	1.86	0.65
公共绿地	4.74	3.88	0.07	5.56
合计	100	100	100	100

表 9-8　规划年各区用地性质比重　%

用地性质	中心区	次中心区	外围区	楚州老城区
居住	42.80	60.21	25.94	57.35
行政办公	7.24	5.21	1.63	1.00
商业金融与市场	17.42	7.75	5.07	13.90
旅游度假	0.00	0.00	0.00	4.25
文化娱乐	7.45	0.12	0.42	0.76
体育	0.00	0.19	0.98	1.63
医疗卫生	1.65	1.79	0.33	1.13
教育科研	6.03	3.04	5.95	0.69
文物古迹	0.17	0.00	0.06	0.24
其他公用设施	0.00	0.00	0.39	0.00
特殊	0.00	0.00	0.09	0.17
一类工业	0.00	0.00	34.55	0.00

(续表)

用地性质	中心区	次中心区	外围区	楚州老城区
二类工业	2.68	0.49	13.27	0.00
三类工业	0.00	0.00	3.71	0.00
仓储	0.00	0.00	3.42	0.00
长途汽车站	0.05	0.00	0.30	0.10
港口	0.00	0.00	1.46	0.00
广场	0.69	0.78	0.26	0.39
市政公用设施	0.99	3.26	0.40	0.00
公共绿地	5.21	5.95	0.17	0.00
公园	6.89	10.95	1.46	17.93
停车场	0.73	0.26	0.13	0.44
合计	100	100	100	100

由上表可知，中心区用地以居住、行政办公、商业金融、文化娱乐、教育科研、公共设施以及公园居多，其中居住和商业金融占据了较大的比例，规划年居住用地虽然较现状年60%的比例有所减少，但仍占了40%左右。商业金融用地由6.48%增加到20.28%。次中心区和外围区居住用地较原来略有减少，行政办公和商业金融用地面积有所增加。而外围区的工业用地比重由原来的33%增加到47%左右。楚州老城区居住用地略有增加，商业金融用地由原来的5.68%增到到13.90%，可见楚州老城区正向集居住、商业、娱乐、旅游于一体的城市副中心综合区转变。现状年、规划年各区用地性质比重示意如图9-5和图9-6所示。

总的来看，为缓解中心城区交通压力，将居住用地外移，以减少上班、上学等通勤出行量。居住用地面积总比重有所下降，这与规划年住房容积率的提高有关，因此虽然规划年人口增长，但居住面积用地比例却有所减少。商业金融用地比重增加，符合城市经济发展的需要。出于环境保护的考虑，工业用地外移，基本上从城市中心区撤出。而旅游用地、历史文化古迹用地等多集中在楚州老城区，这也体现了楚州的历史文化名城的地位。

9.2.4 出行总产生量预测

根据淮安市居民出行调查分析，2006年居民日平均出行次数为3.23次。将居民每日平均产生的交通量作为原单位来预测未来交通生成量，计算公式为：未来的交通量＝原单位×未来总人口。

由于原单位是按交通小区进行统计的，因此未来的交通生成量可表示为

$$X=\sum_{m}(\sum_{s}a_s^m N_s)$$

式中：m 表示划分片区；s 表示划分的交通小区；N_s 表示第 s 个交通小区的人数；a_s^m 表示第 m 个片区中第 s 个交通小区的交通生成原单位。

采用原单位法进行预测，关键问题是确定未来的原单位值。常用的方法有：直接使用现状调查中得到的原单位值；用现状原单位值×其他影响指标增长率来推算——增长率法以及函数法。根据本规划的实际情况，采用直接使用现状原单位法预测整个规划区域内的生成交通量。根据淮安市城市规模发展预测，2020 年淮安市城区人口将达到 120 万人，利用上式可得 2020 年总出行产生交通量为 388 万人次，扣除 6 周岁以下居民比例以及部分未出行居民所占比例(2006 年为 2.3%)，最后得到总出行产生交通量为 379 万人次。

9.2.5 小区出行产生量预测

在基于用地情况的未来特征年出行发生量和吸引量预测中，通常采用回归法或类型分析法。类型分析方法首先进行家庭分类并确定每类家庭的出行率，然后计算出规划年各类家庭数目预测值，最后结合出行率得到预测的出行结果。由于 2020 年淮安市尤其是中心区居住用地分布有较大范围的调整，由现状出行调查得到的家庭类型划分未必适用于未来小区，在一些新建居住小区中也较难确定其家庭类型构成，在这种情况下，本规划各交通小区出行量预测拟采用基于各类土地使用特性的预测方法，基于不同年份用途相似用地出行吸引率基本保持稳定的假设，并根据发展战略对个别性质用地适当微调，来推算未来年份的发生吸引量。可得各交通小区对应的出行产生量，2020 年各交通小区的出行产生量预测见表 9－8。如图 9－5 和图 9－6 所示。

表 9－8　2020 年各交通小区的出行产生量预测

中心区									
交通小区	1	2	3	4	5	6	7	8	9
出行产生量	364	8 972	53 618	2 614	364	47 463	32 995	4 571	36 372
交通小区	10	11	12	13	14	15	16	17	18
出行产生量	18 117	9 579	13 576	364	25 225	364	9 566	364	19 706
交通小区	19	20	21	22	23	28	30	33	34
出行产生量	78 944	25 483	5 534	36 213	18 434	26 205	364	28 021	15 514
交通小区	35	36	37	38	46	47	51	52	53
出行产生量	41 731	21 253	364	56 838	11 112	27 247	25 628	15 894	364
次中心区									
交通小区	24	25	26	27	29	31	32	39	42
出行产生量	233	35 200	10 775	49 130	32 640	37 594	20 623	27 092	66 949
交通小区	43	44	45	48	49	50	54	55	56
出行产生量	30 619	57 058	9 642	50 833	364	17 936	65 921	39 337	26 437
交通小区	57	58	59	60	61	62	63	64	65
出行产生量	106 688	56 608	13 672	13 597	40 105	27 064		45 285	48 332

（续表）

次中心区									
交通小区	66	74	79	88	89	90	113 925		
出行产生量	31 215	10 371	21 314	46 081	50 796	300			
外围区									
交通小区	40	41	67	68	69	70	71	72	73
出行产生量	364	364	59 029	11 491	22 876	41 168	13 252	39 588	364
交通小区	75	76	77	78	80	81	82	83	84
出行产生量	41 913	364	78 147	52 434	42 920	13 772	34 328	10 189	20 327
交通小区	85	86	87	91	92	93	94	95	96
出行产生量	55 465	30 046	60 766	364	364	118 778	80 025	5 796	364
交通小区	97	98	99	100	118	120	124	126	128
出行产生量	58 033	364	364	364	7 875	26 273	27 547	364	250
交通小区	129	130	131	132	133	134	135	136	137
出行产生量	97 356	9 583	7 738	6 050	22 598	250	63 882	63 199	250
交通小区	138	139	140	141	142	143			
出行产生量	41 181	250	31 289	250	250				
楚州老城区									
交通小区	101	102	103	104	105	106	107	108	109
出行产生量	31 328	28 613	15 568	15 442	26 658	34 624	28 718	94 523	11 628
交通小区	110	111	112	113	114	115	116	117	119
出行产生量	8 066	11 211	18 042	9 560	20 565	42 847	45 115	400	29 061
交通小区	121	122	123	125	127				
出行产生量	38 282	9 874	15 732	34 588	250				

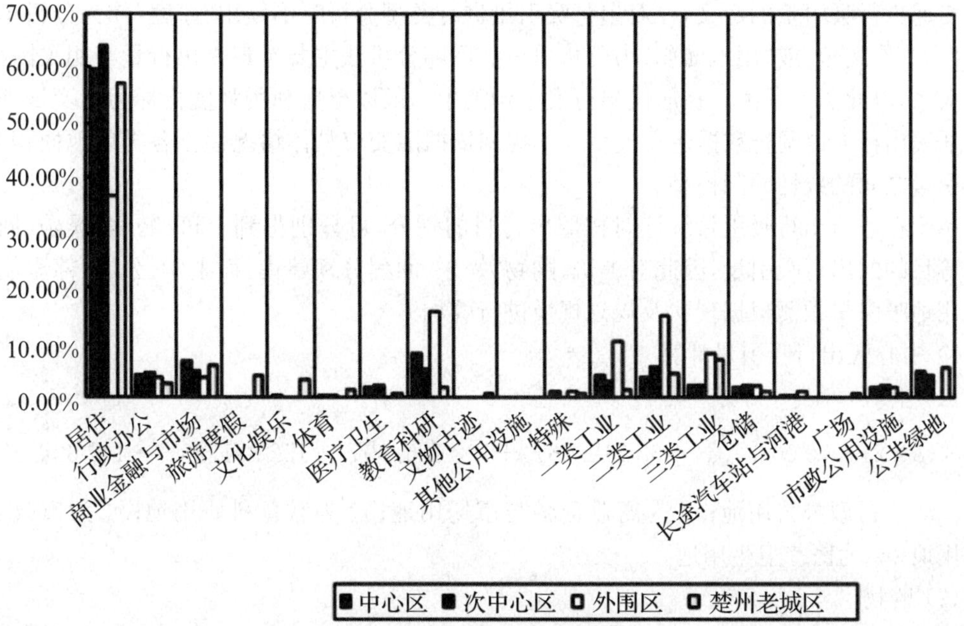

图 9-5 现状年各区用地性质比重示意

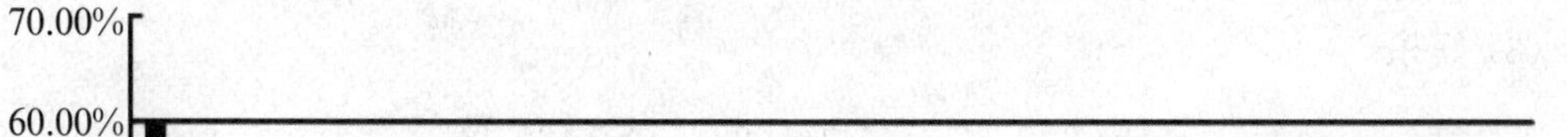

图 9-6 规划年各区用地性质比重示意

9.2.6 小区出行吸引量预测

关于出行吸引量的预测常用的有两种方法：类型分析法、回归分析法。类型分析法中根据交通出行吸引量的定义，在对出行吸引量进行类型分析时不是用“家庭”作为分析单位，而是以“工作岗位”或“用地面积”为分析单位。回归分析法主要是建立出行量与相关因素的函数关系，以此类推预测。在居民出行发生预测中一般以土地利用强度指标为自变量，然后依据居民出行 OD 调查数据建立模型。本规划依据淮安市具体情况建立各类用地面积与出行吸引量之间的线性回归模型。

由于在进行出行吸引量统计时按照出行目的划分，可分别得到上班、购物、娱乐、回程、上学等目的的出行吸引量，因此对上班、购物、娱乐、回程分别建模，而上学、公园、停车场、车站等用地吸引量预测根据现状及规划规模进行叠加。

1）中心区出行吸引量计算

（1）上班

$$y=3\,683.21+70\,006.73x_1+63\,719.36x_2+102\,685.90x_3+152\,881.26x_4+141\,622.62x_5$$

式中：x_1 为行政办公用地；x_2 为商业金融与市场用地；x_3 为教育科研用地；x_4 为市政公用设施用地；x_5 为医疗卫生用地。

（2）购物

$$y=64\,850.73x+2\,715$$

其中：x 为商业金融与市场用地。

（3）娱乐

$$y=222.67+55\,343.28x_1+5\,422.23x_2$$

其中：x_1 为文化娱乐用地；x_2 为公共绿地。

（4）回程

$$y=1\,141.25+43\,395.36x_1+80\,214.08x_2+158\,528.71x_3+77\,597.72x_4$$

其中：x_1 为居住用地；x_2 为行政办公用地；x_3 为商业金融与市场用地；x_4 为教育科研用地。

2）次中心区出行吸引量计算

（1）上班

$$y=1\,972.9+101\,709.70x_1+150\,345.90x_2+27\,618.72x_3+23\,995.14x_4+29\,951.80x_5+28\,153.18x_6+21\,618.95x_7+5\,526.08x_8$$

式中：x_1 为行政办公用地；x_2 为商业金融与市场用地；x_3 为医疗卫生用地；x_4 为教育科研用地；x_5 为一类工业用地；x_6 为二类工业用地；x_7 为三类工业用地；x_8 为市政公用设施用地。

（2）购物

$$y=20.59+34\,627.83x$$

式中：x 为商业金融与市场用地。

（3）娱乐

$$y=32.67+5\,102.07x_1+5\,482.26x_2+1\,829.05x_3$$

式中：x_1 为商业金融与市场用地；x_2 为文化娱乐用地；x_3 为公共绿地。

（4）回程

$$y = 1\,939.95 + 4\,348.82x_1 + 102\,502.5x_2 + 146\,571.31x_3 + 15\,503.8x_4 + 23\,117.26x_5 + 24\,135.15x_6 + 26\,383.01x_7 + 23\,173.33x_8 + 54\,135.95x_9$$

式中：x_1 为居住用地；x_2 为行政办公用地；x_3 为商业金融与市场用地；x_4 为医疗卫生用地；x_5 为教育科研用地；x_6 为一类工业用地；x_7 为二类工业用地；x_8 为三类工业用地；x_9 为市政公用设施用地。

3）外围区出行吸引量计算

（1）上班

$$y = 334.10 + 15\,831.58x_1 + 5\,652.09x_2 + 12\,659.3x_3 + 745.24x_4 + 6\,922.08x_5 + 7\,587.38x_6 + 9\,086.15x_7 + 5\,810.74x_8$$

式中：x_1 为行政办公用地；x_2 为商业金融与市场用地；x_3 为医疗卫生用地；x_4 为教育科研用地；x_5 为一类工业用地；x_6 为二类工业用地；x_7 为三类工业用地；x_8 为市政公用设施用地。

（2）购物

$$y = 566.67 + 4\,409.83x$$

式中：x 为商业金融与市场用地。

（3）娱乐

由于外围区现状以娱乐为目的的出行吸引量很低，而从规划用地分布来看，外围区的娱乐用地面积也很小，因此在此不对外围区的娱乐吸引另行建模。

（4）回程

$$y = 736.03 + 923.00x_1 + 13\,299.79x_2 + 9\,299.46x_3 + 10\,844.89x_4 + 999.04x_5 + 10\,567x_6 + 5\,923.3x_7 + 8\,520.16x_8 + 8\,922.71x_9$$

式中：x_1 为居住用地；x_2 为行政办公用地；x_3 为商业金融与市场用地；x_4 为医疗卫生用地；x_5 为教育科研用地；x_6 为一类工业用地；x_7 为二类工业用地；x_8 为三类工业用地；x_9 为市政公用设施用地。

4）楚州老城区出行吸引量计算

（1）上班

$$y = 1\,560.05 + 53\,835.20x_1 + 74\,608.33x_2 + 144\,061x_3 + 72\,458.82x_4 + 23\,536.08x_5 + 83\,063.40x_6 + 76\,639.19x_7 + 140\,810.59x_8$$

式中：x_1 为行政办公用地；x_2 为商业金融与市场用地；x_3 为医疗卫生用地；x_4 为教育科研用地；x_5 为一类工业用地；x_6 为二类工业用地；x_7 为三类工业用地；x_8 为市政公用设施用地。

（2）购物

$$y = 1\,738.12 + 74\,844.83x$$

式中：x 为商业金融与市场用地。

（3）娱乐

$$y = 170.39 + 842.38x_1 + 4\,446.06x_2 + 35\,267.85x_3 + 46\,980.26x_4 + 2\,259.89x_5$$

式中：x_1 为商业金融与市场用地；x_2 为文化娱乐用地；x_3 为文物古迹用地；x_4 为广场用地；x_5 为公共绿地。

（4）回程

$$y = 1\,336.98 + 29\,627.58x_1 + 305\,395.30x_2 + 81\,003.45x_3 + 18\,169.34x_4 + 176\,387.68x_5 + 141\,365.14x_6 + 1\,413\,536.6x_7 + 14\,505.89x_8 + 54\,966.53x_9 + 57\,808.62x_{10} + 129\,702.91x_{11} + 16\,448.64x_{12}$$

式中：x_1 为居住用地；x_2 为行政办公用地；x_3 为商业金融与市场用地；x_4 为文化娱乐用地；x_5 为医疗卫生用地；x_6 为教育科研用地；x_7 为文物古迹用地；x_8 为一类工业用地；x_9 为二类工业用地；x_{10} 为三类工业用地；x_{11} 为广场用地；x_{12} 为公共绿地。

由以上各式计算，并经过中小学、停车场、公园等其他类型用地吸引调整，获得各小区出行吸引量。理论上，总区域内的居民出行产生量应与出行吸引量相等，但在现实中总不可避免的会出现偏差，因此依据出行产生量对出行吸引量进行调整，得到了最终的交通小区出行吸引量，见表 9－9。

表 9－9　2020 年各交通小区出行吸引量

中心区									
交通小区	1	2	3	4	5	6	7	8	9
出行吸引量	37 344	58 887	72 689	79 591	81 647	25 413	20 078	23 429	44 591
交通小区	10	11	12	13	14	15	16	17	18
出行吸引量	23 907	13 452	11 614	39 870	39 247	27 581	35 117	20 372	11 931
交通小区	19	20	21	22	23	28	30	33	34
出行吸引量	39 098	124 430	39 228	67 688	126 960	16 075	46 231	29 527	35 754
交通小区	35	36	37	38	46	47	51	52	53
出行吸引量	26 387	75 145	20 499	47 738	64 868	56 327	47 168	33 292	29 466
次中心区									
交通小区	24	25	26	27	29	31	32	39	42
出行吸引量	3 966	86 924	85 374	15 396	27 387	10 499	15 337	14 077	27 571
交通小区	43	44	45	48	49	50	54	55	56
出行吸引量	9 392	7 670	11 521	12 620	7 466	29 548	33 233	49 024	18 930
交通小区	57	58	59	60	61	62	63	64	65

（续表）

次中心区									
出行吸引量	6 155	16 840	14 683	28 509	39 904	37 825	81 950	10 709	6 149
交通小区	66	74	79	88	89	90			
出行吸引量	5 376	9 068	4 870	26 309	18 723	158 057			
外围区									
交通小区	40	41	67	68	69	70	71	72	73
出行吸引量	10 368	13 701	4 217	2 617	2 776	2 715	2 426	8 522	15 255
交通小区	75	76	77	78	80	81	82	83	84
出行吸引量	9 393	3 507	7 519	2 997	5 381	2 278	2 444	6 122	3 915
交通小区	85	86	87	91	92	93	94	95	96
出行吸引量	8 781	3 698	4 097	1 091	6 080	5 488	5 641	8 376	19 638
交通小区	97	98	99	100	118	120	124	126	128
出行吸引量	6 138	42 625	24 510	3 363	3 023	7 945	2 072	13 435	7 358
交通小区	129	130	131	132	133	134	135	136	137
出行吸引量	6 834	17 047	24 662	34 809	62 019	71 872	2 286	4 272	8 457
交通小区	138	139	140	141	142	143			
出行吸引量	5 320	7 391	1 035	818	818				
楚州老城区									
交通小区	101	102	103	104	105	106	107	108	109
出行吸引量	52 966	58 218	16 644	1 234	33 698	25 152	38 087	73 979	7 938
交通小区	110	111	112	113	114	115	116	117	119
出行吸引量	7 207	7 554	24 107	17 417	18 983	42 025	48 085	34 358	110 940
交通小区	121	122	123	125	127				
出行吸引量	40 570	16 313	11 964	20 185	4 806				

得到 2006 年、2020 年出行产生与吸引柱状图如图 9－7 和图 9－8 所示。

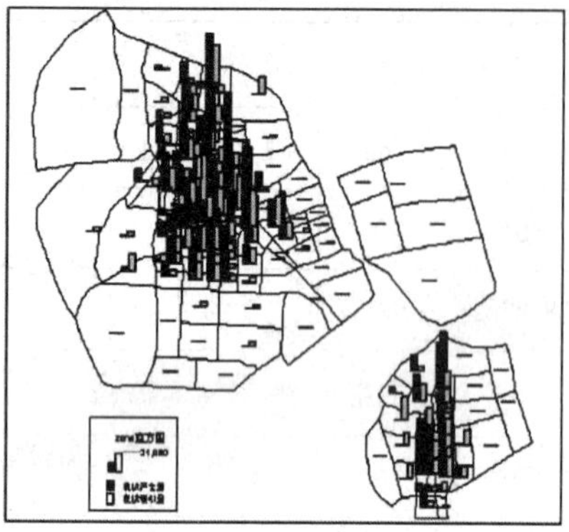

图 9-7　2006 年出行产生与吸引柱状图

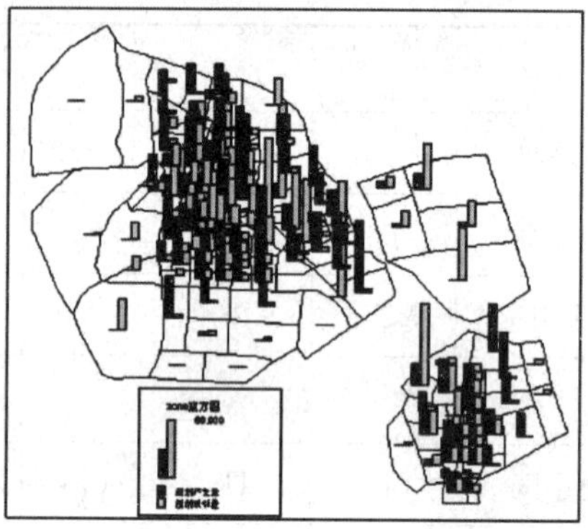

图 9-8　2020 年出行产生与吸引柱状图

9.3　居民出行分布预测

9.3.1　分布预测模型的选择

出行分布模型用于估计出行者目的地的选择。通常，出行分布是根据对未来产生和吸引流量的估计以及起讫点之间出行阻抗的大小，来预测一个新的流量矩阵。预测起点与终点区域之间的出行分布情况，一般采用增长率法和构造模型法两种主要方法。

(1) 增长因子法(Growth Factor Methods)

这种方法用乘数因子(通常根据已预测出的产生和吸引量推算)把一个已知矩阵的元素进行缩放得到一个新的起讫点流量矩阵。当无法获得区域之间的距离、出行时间或所需费用等信息时，通常采用这种方法。

增长率法的一个缺陷是没有考虑各个分区之间的交通阻抗，它对近期或肯定至规划年整个交通网络上的交通阻抗都不会有多大变化的出行分布预测问题是可用的。淮安市正处于城市快速的成长期，大规模的城市建设刚刚开始，大片的开发区正在建设之中，因此城市居民出行的分布结构也处在剧烈的变化过程之中，对象区域的交通阻抗都会因交通设施改进或流量的增加而不断变化，这就要求在进行分布预测时，必须加入交通阻抗的因素。因此在进行出行分布预测时，采用引力模型来预测目标年的居民出行分布矩阵。

(2) 引力模型(Gravity Model)

该模型的输入包括一个或多个流量矩阵，一个反映区域之间的距离、出行时间或出行费用等有关交通阻力因数的矩阵，以及预测的未来出行产生和吸引流量。引力模型将区域间的出行流量与其交通出行的阻力因数直接关联起来。

引力模型最初的核心思想是区域间的流量的大小可以大致表述为区域间距离的一个递减函数，这与物理学关于两物体间的吸引力随两物体间距离增大而减少并无二致。在交通规划中使用该模型时，它是基于如下一种与牛顿学说的有关推理相类似的假设：i 和 j 区域间的出行次数的多少，是区域 i 的总出行流量以及区域 j 在所有区域当中的相对吸引力和可达性的函数。

引力模型是应用最广的出行分配模型。这种模型将地区之间的流量与地区之间的出行阻力(impedance to travel)直接关联起来。引力模型背后的假设前提是,由区域 i 产生且被区域 j 吸引的出行数与下列因素成比例:

① 区域 i 产生的出行量。

② 区域 j 吸引的出行量。

③ 描述区域之间空间隔离或阻力作用的一个函数(常称作阻力函数)。

常用的引力模型为双约束引力模型。双约束引力模型的形式为

$$q_{ij} = K_i \cdot K'_j P_i \cdot A_j \cdot f(R_{ij})$$

$$K_i = \left(\sum_j K'_j \cdot A_j \cdot f(R_{ij}) \right)^{-1} \quad (i = 1, \cdots, n)$$

$$K'_j = \left(\sum_i K_i \cdot P_i \cdot f(R_{ij}) \right)^{-1} \quad (j = 1, \cdots, n)$$

式中:K_i,K'_j分别为行约束系数和列约束系数;$f(R_{ij})$为阻力函数。引力模型可以使用许多不同的阻力指标,如出行距离、出行时间或出行费用。经常使用 Gamma 函数作为阻力函数,伽马(两者混合)函数为

$$f(d_{ij}) = a d_{ij}^{-b} \cdot e^{-c(d_{ij})} \quad a > 0, c \geqslant 0$$

9.3.2 分布预测的结果

阻抗函数的参数标定,根据调查的现状 OD 矩阵(见表 9-10 和表 9-11)和交通分区形心间的距离矩阵,可对阻抗函数参数进行标定。用 Transcad 进行标定的结果为 $a=111.2974$,$b=1.2846$,$c=0.094$。

根据表 9-8 中 2020 年各交通小区出行发生量和表 9-9 中 2020 年各交通小区出行吸引量以及标定的 Gamma 函数,计算出 2020 年淮安市各交通大区全方式的出行分布见表 9-12和表 9-13,得到2006 年现状大区 OD 期望,2020 年规划大区 OD 期望如图 9-9 和图 9-10所示。

表 9-10 2006 年现状大区 OD 分布

OD	1	2	3	4	5	6	7	8	9	10	11	12
1	597 358	280	27	108	791	862	54	889	81	111	184	515
2	297	130	116	519	2 709	2 747	121	226	267	399	1 481	621
3	39	82	561	2 208	2 463	2 057	129	163	166	638	217	498
4	108	737	8 863	29 387	19 012	9 166	600	1 683	421	977	1 262	4 025
5	1 049	3 642	7 680	19 420	190 788	88 515	3 945	5 111	2 031	5 406	5 289	17 369
6	1 220	4 283	5 917	8 462	78 469	112 817	3 839	9 486	1 419	3 075	2 076	14 954
7	54	321	623	999	4 858	6 815	18 897	6 934	253	996	1 929	4 918
8	1 464	294	901	1 985	6 524	10 068	6 068	31 631	783	2 804	1 900	7 080

（续表）

OD	1	2	3	4	5	6	7	8	9	10	11	12
9	81	215	174	336	1 445	947	143	371	2 602	1 853	2 235	3 462
10	90	355	989	596	216	1 498	344	891	1 416	13 644	2 667	6 738
11	185	1416	247	582	2 888	1 183	583	709	1 489	3 277	14 671	9 096
12	546	798	1 526	3 152	11 755	11 789	2 274	4 042	4 957	10 445	15 009	53 557
13	1 447	348	780	2 319	10 514	12 145	4 658	6 019	950	6 462	3 035	11 161
14	141	14	708	271	1 684	548	178	338	254	283	1 482	2 361
15	670	215	882	2 305	9 354	7 155	752	1 539	413	1 203	4 313	8 098
16	351	237	284	902	4 812	7 570	6 138	2 709	478	1 159	1 563	5 414
17	463	312	888	951	7 538	5 927	2 810	4 753	1 496	9 116	3 337	15 389
18	154	94	129	115	1 264	973	187	307	228	1 768	796	1 434
19	341	138	323	454	1 415	1 183	320	951	346	1 929	943	3 934
20	27	7	1	4	172	232	2	13	85	168	250	311
21	54	14	2	8	350	53	4	26	6	4	31	14
22	27	7	1	58	201	122	2	40	3	2	2	115
23	338	155	73	169	834	66	201	309	204	617	746	947
吸引量	606 501	14 094	31 795	75 420	361 972	285 008	52 249	79 140	20 348	66 236	65 418	172 011

表 9－11　2006 年现状大区 OD 分布（续）

OD	13	14	15	16	17	18	19	20	21	22	23	产生量
1	1 009	54	841	366	604	255	392	139	54	27	353	605 354
2	293	14	252	122	184	190	179	7	14	7	267	11 162
3	242	306	434	89	217	193	119	1	2	1	80	10 905
4	2 872	505	3 138	918	786	360	494	4	8	91	290	85 707
5	14 473	1 669	13 361	6 254	7 166	4 324	2 826	166	240	248	1 568	402 540
6	14 181	457	9 839	8 366	4 980	2 493	1 685	489	94	264	1 255	290 119
7	7 639	127	1 870	10 008	3 297	628	693	2	4	2	384	72 251
8	9 078	235	3 054	4 658	5 432	1 095	2 275	13	2	120	707	98 241
9	1 021	356	521	300	882	318	452	76	6	27	201	18 124
10	3 766	191	1 011	780	5 186	2 274	1 221	116	4	20	557	46 519
11	1 894	827	3 589	1 152	1 968	855	702	162	31	29	786	48 288

(续表)

OD	13	14	15	16	17	18	19	20	21	22	23	产生量
12	11 331	1 571	8 698	4 747	11 035	3 008	4 304	473	14	132	1 652	166 815
13	27 744	1 327	6 159	10 129	14 869	3 622	6 094	30	80	105	1 567	131 564
14	2 093	3 068	1 944	163	287	182	273	176	4	2	363	16 817
15	4 467	1 576	19 909	3 386	1 935	716	573	766	10	65	360	70 662
16	10 143	369	5 165	6 940	2 208	699	477	85	114	29	458	58 304
17	22 900	373	3 209	2 746	31 178	2 895	5 668	98	254	3	1 152	123 456
18	1 971	95	387	444	1 049	36 712	16 444	277	8	1 068	8 587	74 601
19	5 101	188	765	406	4 017	29 511	98 723	556	252	4 487	17 893	174 076
20	30	29	780	56	30	418	5 311	2	1	281	3 431	
21	60	4	10	85	87	35	617	2	4	2	96	1 568
22	84	2	60	29	30	1 584	4 168	1	2	139	3 086	9 765
23	902	108	368	313	583	9 549	12 494	226	51	1 711	30 814	62 345
吸引量	143 294	13 451	85 636	62 457	98 010	101 916	161 404	3 866	1 324	8 580	72 757	

表 9－12　2020 年规划大区 OD 分布

OD	1	2	3	4	5	6	7	8	9	10	11	12	13
1	547 733	3 082	456	826	4 951	12 857	2 646	7 504	827	647	1 294	3 053	2 711
2	14 508	31 933	3 862	8 223	40 154	55 120	10 307	19 763	4 344	2 577	6 291	14 547	10 693
3	9	32	48	24	47	34	9	16	28	5	15	24	14
4	1 879	3 615	2 901	19 082	20 111	9 582	2 391	4 043	2 798	1 161	3 640	6 870	3 640
5	3 984	5 301	1 887	7 469	97 829	35 932	7 389	10 424	2 689	1 847	5 106	13 753	8 936
6	9 882	6 574	1 629	4 255	47 080	133 618	25 948	34 670	2 713	2 253	5 095	14 983	15 273
7	1 126	504	132	318	3 142	9 828	8 450	11 924	271	271	551	1 649	2 216
8	26 005	7 036	1 697	3 529	26 466	88 849	27 227	142 986	3 444	3 567	6 476	17 634	19 961
9	700	930	448	869	3 736	2 750	927	1 841	5 492	1 658	12 345	7 634	2 738
10	1 001	878	348	770	4 605	4 090	1 575	3 674	1 553	13 066	6 527	15 464	7 203
11	308	356	172	379	1 903	1 335	450	886	137	1 113	17 623	6 028	1 561
12	1 124	1 096	447	1 225	9 140	6 092	2 059	4 019	1 928	3 231	14 708	48 398	10 705
13	1 040	715	245	612	6 224	7 827	3 737	6 887	709	1 180	1 115	10 872	27 518
14	1 080	1 762	1 163	3 887	9 900	5 286	1 590	2 780	3 119	1 248	5 189	7 545	3 186
15	854	1 016	483	1 804	14 043	5 952	1 726	2 765	1 350	1 001	3 687	11 053	3 966
16	164	118	42	111	1 425	2 100	809	1 029	105	122	269	1 138	2 232

（续表）

OD	1	2	3	4	5	6	7	8	9	10	11	12	13
17	2 332	1 481	498	1 167	10 225	13 008	7 111	16 886	1 562	4 909	4 786	18 236	36 728
18	1 946	1 623	605	1 154	6 330	6 341	2 497	6 100	2 529	7 021	6 647	11 996	7 522
19	4 319	2 542	821	1 829	13 795	17 042	8 209	21 759	2 606	6 864	722	23 069	29 075
20	14	22	10	9	34	32	9	20	28	11	22	34	19
21	3 499	1 387	404	854	6 671	12 012	6 651	28 920	1 022	1 606	2 226	6 460	8 192
22	10	4	1	2	16	26	13	41	3	6	7	19	21
23	3 813	2 655	894	1 727	10 253	11 269	4 509	11 153	216	6 527	7 568	16 146	12 343
24	14	14	5	7	36	35	13	30	21	23	33	49	30
25	3 601	391	97	186	1 247	2 905	918	3 210	210	210	373	945	946
26	116 799	1 724	269	487	2 939	7 189	1 653	5 153	507	421	812	1 918	1 717
吸引量	747 744	76 791	19 564	60 805	342 302	451 111	128 823	348 483	44 431	62 545	120 742	259 217	219 146

表 9-13　2020 年规划大区 OD 分布(续)

OD	14	15	16	17	18	19	20	21	22	23	24	25	26	产生量
1	252	1 731	1 537	727	796	1 208	101	241	634	360	112	29 623	6 844	632 753
2	1 577	10 250	6 798	2 585	2 707	3 657	411	536	1 333	1 013	360	10 183	494	264 226
3	5	18	8	4	5	5	2	1	2	2	1	9	0	367
4	1 536	6 506	2 355	897	1 047	1 170	155	133	341	334	142	1 894	72	98 295
5	1 343	13 836	6 937	1 931	1 756	2 439	186	304	720	609	212	4 056	148	237 023
6	1 109	10 865	12 131	3 079	2 409	4 102	221	715	1 550	949	271	10 326	351	352 051
7	109	1 082	1 775	428	300	590	21	137	253	122	32	1 522	43	46 796
8	1 224	9 965	11 831	4 948	4 331	8 241	321	2 890	4 901	2 074	490	54 803	1 348	482 244
9	946	2 740	1 144	825	1 136	934	116	77	238	292	168	849	29	51 562
10	537	3 056	1 927	5 431	5 190	3 518	111	186	601	829	306	1 368	41	83 857
11	411	1 484	597	485	614	501	40	38	116	146	78	378	13	38 362
12	1 041	8 827	3 315	2 674	2 025	2 338	97	163	458	511	177	1 433	46	127 277
13	324	3 767	9 507	2 946	1 036	2 342	49	222	496	375	90	1 447	42	92 444
14	3 569	8 472	1 966	826	987	983	122	102	264	286	133	1 224	43	66 701
15	1 321	19 700	2 816	882	804	997	64	96	238	241	91	1 025	34	78 009
16	53	919	2 913	231	115	233	7	28	60	43	11	223	7	14 507
17	614	5 673	9 396	16 855	3 644	9 994	123	656	1 540	1 212	265	3 461	99	172 461
18	704	3 698	2 550	3 774	31 775	8 845	289	425	1 710	3 751	1 305	2 756	88	123 981
19	923	7 623	8 464	15 526	12 688	69 856	268	2 337	6 572	5 092	714	6 777	197	276 192
20	4	16	9	7	14	11	13	1	4	5	4	13	1	366

（续表）

OD	14	15	16	17	18	19	20	21	22	23	24	25	26	产生量
21	366	3 010	3 916	2 493	2 511	7 910	108	6 286	5 009	1 314	232	6 854	173	120 086
22	1	8	9	7	11	31	0	6	88	14	1	17	0	362
23	926	5 586	4 362	5 536	22 809	19 289	436	959	7 686	19 174	2 816	5 933	185	187 770
24	4	19	12	12	42	24	4	2	8	16	28	18	1	500
25	69	506	521	258	272	462	22	124	289	143	34	28 224	254	46 417
26	154	1 065	955	475	536	830	61	185	481	268	74	35 262	18 118	200 052
吸引量	19 122	130 422	97 751	73 832	99 558	150 510	3 348	16 850	15 592	39 174	8 147	209 678	28 673	3 794 661

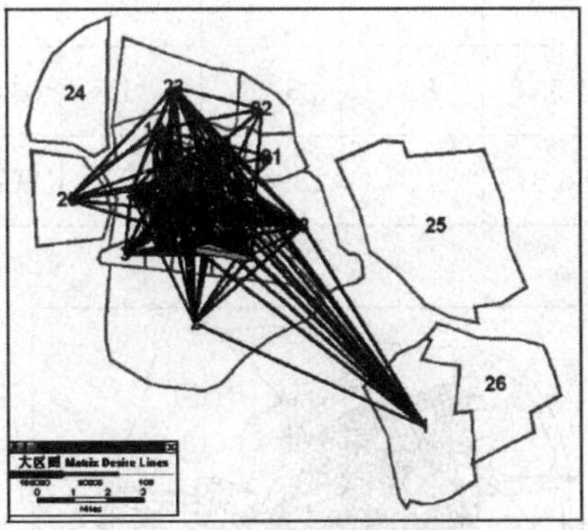

图 9－9　2006 年现状大区 OD 期望

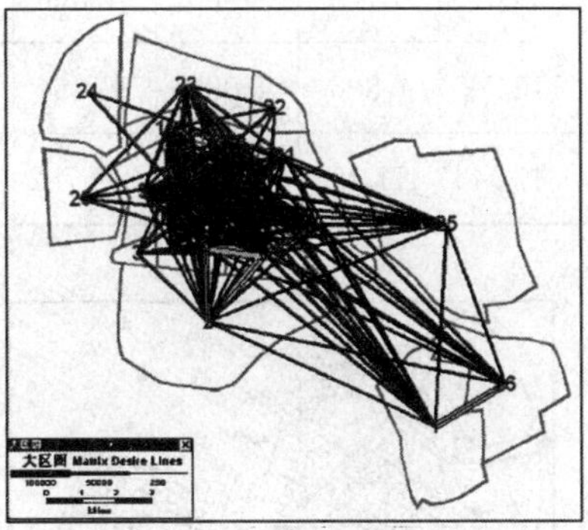

图 9－10　2020 年规划大区 OD 期望

2006 年现状片区 OD 分布、2020 年规划片区 OD 分布见表 9－14 和表 9－15，得到 2006 年现状片区 OD 期望、2020 年规划片区 OD 期望如图 9－11 和图 9－12 所示。

表 9－14　2006 年现状片区 OD 分布

OD	1	2	3	4	5	6	7	产生量
1	597 358	943	3 904	1 788	280	701	380	605 354
2	1 518	63 530	66 076	32 773	615	4 767	1 213	170 492
3	4 001	39 266	473 920	119 285	3 917	35 801	7 790	683 980
4	2 416	24 956	150 735	585 785	8 744	12 838	3 797	789 271
5	297	347	3 640	6 091	130	383	274	11 162
6	549	1 795	26 837	6 379	246	182 306	32 133	250 245
7	362	552	5 342	2 094	162	27 848	35 750	72 110
吸引量	606 501	131 389	730 454	754 195	14 094	264 644	81 337	

表 9－15　2020 年规划片区 OD 分布

OD	1	2	3	4	5	6	7	8	9	产生量
1	547 733	10 150	12 880	19 090	3 082	2 245	1 106	29 623	6 844	632 753
2	27 131	19 057	87 744	133 961	7 540	16 489	7 872	56 325	1 391	529 040
3	8 617	60 780	463 339	124 396	8 374	38 985	9 277	11 421	357	725 546
4	15 754	84 890	153 967	381 528	15 522	14 086	5 133	16 285	571	687 736
5	14 508	30 070	60 073	107 359	31 933	6 900	2 706	10 183	494	264 226
6	9 764	74 136	177 774	67 858	5 552	142 631	25 699	16 387	458	520 259
7	3 837	15 759	62 934	24 271	2 673	43 173	29 831	5 968	186	188 632
8	3 601	4 128	4 060	4 435	391	858	466	28 224	254	46 417
9	116 799	6 806	8 085	10 884	1 724	1 551	823	35 262	18 118	200 052
吸引量	747 744	477 306	1 030 856	873 782	76 791	266 918	82 913	209 678	28 673	3 794 661

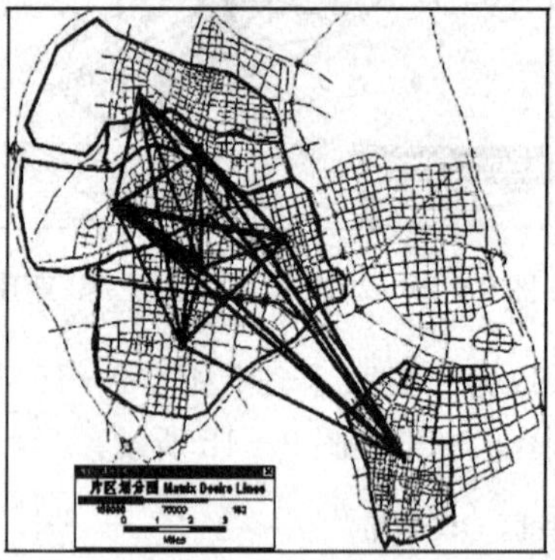

图 9－11　2006 年现状片区 OD 期望

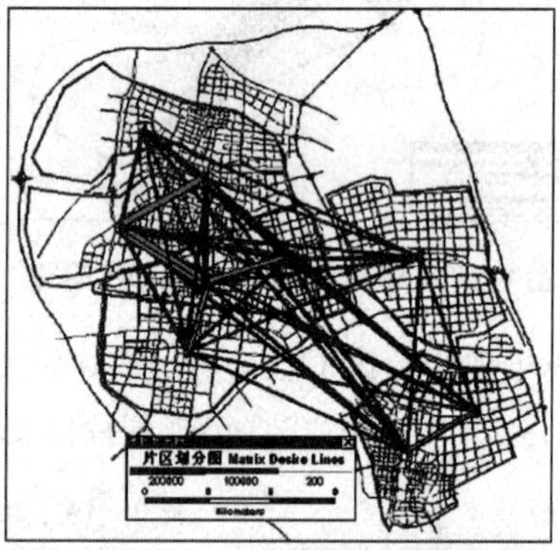

图 9－12　2020 年规划片区 OD 期望

9.4　居民出行交通方式分担预测

9.4.1　预测方法

在进行居民出行方式划分预测时，一个普遍的趋势是定性与定量分析相结合，在宏观上依据未来国家经济政策、交通政策及相关城市的对比分析来对未来的交通结构作出估计，然后在此基础上进行微观预测。影响居民出行方式结构的因素很多，社会、经济、政策、城市布局、交通基础设施水平、地理环境及居民出行行为心理、生活水平等均从不同侧面影响居民出行方式结构，其演变规律很难用单一的数学模型或表达式来描述，尤其是在淮安市经济水平、居民的物质生活水平还相对落后，居民出行以非弹性出行占绝大部分，居民出行方式可选择的余地不大的情况下，单纯的转移曲线法或概率选择法等难以适用。因此在淮安市居民出行方式划分预测时，采用宏观与微观相结合，宏观指导微观的思路来进行方式划分预测。

首先，在宏观上考虑淮安市现状居民出行方式结构及其内在原因，定性分析城市未来布局、规模变化趋势、交通系统建设发展趋势、居民出行方式选择决策趋势，并与有关城市进行比较，初步估计规划年城市交通结构的可能取值。然后，在微观上根据淮安市居民出行调查资料统计计算出不同距离下各种方式的分担率，再根据各交通方式的特点、优点、缺点、最佳服务距离，不同交通方式之间的竞争转移的可能性以及居民出行选择行为心理因素等，对现状分担率进行修正，结合今后可能采取的交通政策，提出规划年不同的交通方式划分结构。

9.4.2 淮安市城市交通发展模式分析

据预测，2020 年淮安市中心城区城市居民将达到 120 万人，人均 GDP 将达到 6 万元，这个时期正是小汽车发展的高峰期，由此将会出现交通流成倍递增、交通结构突变发展的局面，中心城区交通面临着严重的挑战。

报告认为淮安市中心城区交通发展战略应重点研究如下四大课题：

① 制定交通发展模式，为淮安市交通可持续发展奠定基础。

② 优化交通流和交通工具的发展结构，重点是小汽车进入家庭后对小汽车发展的对策，并预测其发展规模和对淮安市交通的影响。

③ 确定公共交通和个体交通发展政策，着重研究公共交通的多方式发展问题。

④ 研究道路网建设规模，使交通与经济实现供需的动态平衡。

不同的交通发展模式和不同的交通发展战略对未来居民出行方式的影响起着决定性的作用，基于城市交通发展战略部分对交通方式的分析，根据规划年公交分担率的不同可以把淮安市未来交通发展模式分为自然型、引导型、超前型等三种。上述三种交通发展模式差别很大，对城市发展有巨大的影响，影响面牵涉到诸如交通结构、交通现代化进程、道路网规划、车辆结构、公交系统、交通流的平衡等一系列重大问题，这也就直接影响到城市整体发展。我们从需求引导和既定目标两个方面分析淮安市合理的交通结构，根据现状交通结构和空间分布特征，结合未来空间分布特征和发展趋势，估计交通方式间转移的可能性。

超前型发展模式：表示公共交通的供给超前于交通需求的发展，政府需要在市中心区大力发展公共交通，包括发展大容量的轨道交通，2020 年公交的分担率争取达到 40%以上(其中轨道交通占 10%以上)。通过各种手段禁止电动车以及摩托车在城市中心区的使用，对私人小汽车的拥有并不限制，而是通过价格杠杆(如提高中心城市的停车费用)对小汽车的使用进行一定的限制，对中、远距离的自行车出行进行限制，使其合理地向公共交通转移。

引导型发展模式：表示合理地引导交通需求的发展，以实现交通供需的最佳耦合，有序地加快交通基础设施的建设，不断提高公共交通服务水平，在尊重出行个体性的同时，更注重出行的社会性和公平性。对电动车和摩托车的发展并不禁止，而是通过改善公交的服务水平使其自然地向公交转移，在兼顾个体出行方式的同时发展公共交通，包括发展中容量的快速公交系统，2020年公交的分担率争取达到25%以上，对私人小汽车的拥有并不限制，而是通过价格杠杆(如提高中心城市的停车费用)对小汽车的使用进行一定的限制，对中、远距离的自行车出行进行限制，使其合理地向公共交通转移。

自然型发展模式：表示政府并不采取一定的行政或经济手段来干预交通方式结构的变化，并不给予公共交通特别的优惠政策来支持公共交通优先发展，公交的发展完全依靠市场化的运作常规地发展，2020年公交的分担率争取达到15%以上，对电动车、摩托车和小汽车的发展均不采取限制措施，按其自身的规律自然发展。

9.4.3 居民出行方式变化分析

淮安市2002年3月进行的抽样率为1%的居民出行调查，得出2002年居民出行方式结构见表9-16。

表9-16 2002年居民出行方式结构

出行方式	步行	自行车	电动车	摩托车	公共汽车	出租车	小汽车	其他	总计
分担比/%	29.81	51.74	1.96	8.53	4.49	0.32	1.66	1.49	100

淮安市2006年4月进行的抽样率为3%的居民出行调查，得出2006年居民出行方式结构见表9-17。

表9-17 2006年居民出行方式结构

出行方式	步行	自行车	电动车	摩托车	公共汽车	出租车	小汽车	其他	总计
分担比/%	22.87	37.63	20.09	7.85	5.69	0.25	1.78	3.84	100
平均出行距离/km	0.91	1.81	2.41	2.66	3.28	4.5	3.68	1.94	1.93

从淮安市的交通方式结构可以看出，慢行交通(步行、自行车、电动车、助动车、营运三轮车等)的比重2002年为83.51%，2006年为84.37%。步行交通2002年占29.81%，2006年占22.87%；非机动车分担比2002年达53.7%，2006年达61.5%；机动交通方式比重2002年占16.49%，2006年占15.64%。由此可见，在过去的几年里，机动交通的比重并没有增长，变化较大的表现为非机动车交通，2006年的调查明显指出，电动车和助动车交通的比例有较大提高，说明了交通需求在出行距离方面有所增长。各种出行方式中，步行在1 km以内的出行占有很大的优势，出行距离达2 km时自行车占有很大的优势，出行距离达到4 km时电动车占有很大的优势，当出行距离大于6 km时，公交车与小汽车则占有很大的优势。2006年淮安市居民出行方式转移曲线如图9-13所示。

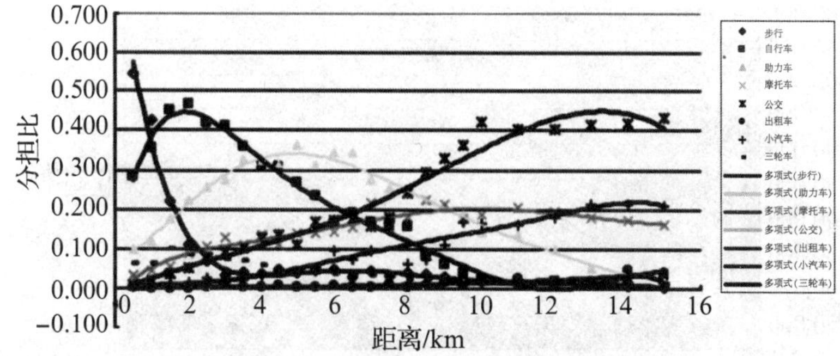

图 9－13　2006 年淮安市居民出行方式转移曲线

根据 2006 年居民出行调查所得的现状 OD 分布矩阵和预测的 2020 年 OD 分布矩阵，计算出对应不同出行距离的出行次数见表 9－18。

表 9－18　淮安市居民出行距离对照

距离/km	2006 年居民出行次数	2020 年居民出行次数	距离/km	2006 年居民出行次数	2020 年居民出行次数
＜0.5	421 363	341 744	0.5～1	11 887	69 338
0.5～1	469 375	416 654	7～7.5	7 639	63 373
1～1.5	386 955	376 788	7.5～8	4 830	48 600
1.5～2	353 520	366 216	8～8.5	2 526	35 138
2～2.5	263 729	323 087	8.5～9	4 757	31 151
2.5～3	158 867	295 654	9～9.5	2 347	31 437
3～3.5	149 203	262 455	9.5～10	1 090	26 628
3.5～4	101 706	203 351	10～11	1 518	36 762
4～4.5	69 345	192 227	11～12	619	39 120
4.5～5	46 209	154 616	12～13	1 761	37 067
5～5.5	32 865	135 830	13～14	3 879	52 155
5.5～6	23 573	104 786	＞14	10 230	66 724
6～6.5	17497	83760			

从 2006 年到 2020 年，随着淮安市城市人口的增长，城市规模不断扩大，城市建设用地也不断向外扩张，形成了城东、城南、城北以及楚州新城市区四个新区。城市规模的扩大导致了居民出行距离的增长，根据 2006 年居民出行调查数据显示，2006 年淮安平均出行距离为1.93 km，根据交通分布预测的结果，到 2020 年，淮安市平均出行距离将达到 3.58 km，居民出行距离的增长必然会导致居民出行机动化程度的提高。居民出行距离变化如图 9－14 所示。

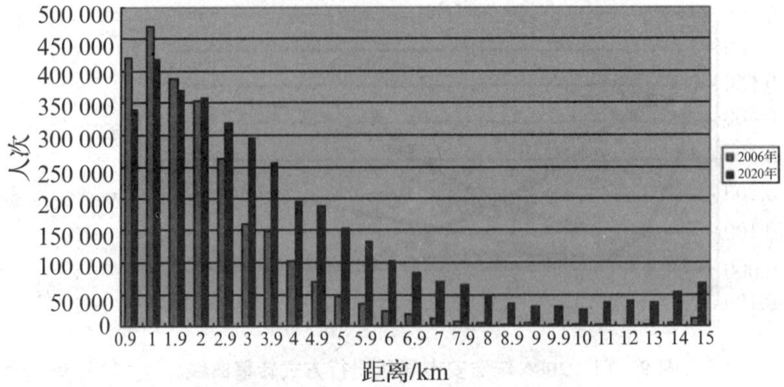

图 9-14 居民出行距离变化

淮安市正处在机动化进程加速的阶段，如果在这一阶段公交发展滞后，就必然会导致个人机动化交通工具的发展，淮安市电动车的分担比从 2002 刚刚起步到 2006 年占据20.09%的分担比就是最好的证明，一旦形成个人机动化出行的主体地位，再想发展公交就非常困难。大力发展公共交通，提高公共交通的分担率，抑制个人机动化的出行才是淮安市城市交通走向可持续发展的根本保证。建议在营建城市路网的同时发展公共交通，降低了自行车和摩托车的发展速度，甚至还采用了限制摩托车的政策，对私人小汽车的发展采取合理的引导政策，进行适度的控制。

9.4.4 小汽车交通分担率预测

在自然型发展模式下，不考虑对小汽车发展的限制，家庭是否具备购买和使用小汽车的经济承受能力，是小汽车进入家庭的先决条件。中国小汽车进入家庭基本要求家庭具备购买小汽车的能力为年收入 5 万元，这样的家庭一般三年左右积累可购买一辆车，使用费用占家庭收入的 12%，基于此对私家车进行预测。2006 年 4 月对淮安市 11 552 户居民家庭的收入调查样本分布见表 9-19。

表 9-19 2006 年淮安市家庭年收入水平

全户收入/元	≤10 000	10 001～30 000	30 001～50 000	50 001～70 000	70 001～100 000	>100 000
比例/%	36.47	50.85	8.98	1.26	0.22	0.03

假设家庭收入的增长率与市区 GDP 的增长率保持一致，2005 年到 2010 年之间保持 6.99%的增长率，2010 年到 2020 年保持 10.84%的增长率，则要在 2010 年达到 5 万元的年收入，家庭收入在 2006 年应达到 35 662 元；要在 2020 年达到 5 万元的家庭年收入，家庭收入在 2006 年应达到 12 736 元。根据 2006 年居民出行调查，2006 年家庭年收入达到 35 662 元的比例达到 7.95%，2006 年家庭收入达到 12 736 元的比例达到 54.38%。2010 年和 2020 年 GDP 增长率见表 9-20。

表 9-20　2010 年和 2020 年 GDP 增长率

年份	2010 年	2020 年
人均 GDP/元	18 000	47 000
人口规模/万人	100	120
GDP/亿元	500	1 400
增长率/%	6.99	10.84

根据居民出行调查，平均每户人口数为 2.79 人。假设平均每户人口数不发生变化，则城区 2010 年、2020 年住户总数分别为 35.84 万户、43.01 万户。因此，2010 年、2020 年城区有能力购车的家庭数分别为 2.85 万户、23.39 万户。

家庭有了购车能力不一定就购车。根据《中国家用轿车发展战略研究》，2010 年、2020 年意向购车户占有购车能力户的比例分别是 41%和 42.5%，则 2010 年、2020 年城区的私家车辆需求将为 1.17 万、9.94 万。

而实际的购车户则要更少，能否实现购车受政策、城市容量等的影响。假设有意向购车户的实现率大于 60%～70%，则 2010 年淮安的私家车估计为 7 011～8 180 辆，2020 年淮安的私家车估计为 5.96 万～6.96 万辆。

根据 2006 年居民出行调查，私人小汽车与单位小汽车使用人数的比例为 1∶0.714，但小汽车日平均出行次数为 0.76 次，远远低于单位配车的日平均出行次数 3.15 次，导致实际使用单位小汽车的出行人次为使用私人小汽车的出行人次的 2.97 倍。单位小汽车的增长速度在“八五”期间年平均递增 27%，远远超过了 GDP 的增长速度，目前，各地政府采购汽车的数量，每年都以超过 20%的速度递增，按照这样的增长速度，到 2010 年，单位小汽车数量约为 16 400 辆，到 2020 年，单位小汽车将超出 10 万辆。

经预测，在自然型发展模式下，在不限制小汽车发展的前提下，2010 年淮安私人小汽车数量约为 8 000 辆，2020 年私家车数量约为 6.5 万辆；公车 2010 年数量约为 16 400 辆，2020 年公车数量预估为 10 万。考虑私家车和公车的出行率不变，私家车日出行率为 0.76 次，公车日出行率为 3.15 次，则 2010 年小汽车交通产生量为 57 740 人次，2020 年小汽车交通产生的日出行量约为 36.44 万人次。根据出行发生预测，2020 年日出行量为 379 万人次，则小汽车的交通分担率为 10%。由于引导型发展模式和超前型发展模式并不控制小汽车的增长量，只是减少小汽车在中心城区的使用，因此，小汽车总的出行分担比并不会有太大的降低。

9.4.5　2020 年居民出行方式预测结果

基于以上分析，根据上述三种不同的交通发展模式下的交通政策分析，初步确定淮安市 2020 年的交通方式结构见表 9-21(取决于公交分担率)。

表 9-21　2020 年淮安市居民出行方式预测结果

发展模式	步行	自行车	电动车和助动车	摩托车	公共汽车	出租车	小汽车	总计
自然型	16	24	24	7	15	4	10	100
引导型	15	23	20	6	25	3	8	100
超前型	14	20	14	3	40	2	7	100

在自然型发展模式中，由于公交的发展完全依靠市场化的运作常规地发展，2020 年公交的分担率争取达到 15%以上，对电动车、摩托车和小汽车的发展均不采取限制措施，按其自身的规律自然发展。小汽车保有量按照居民收入的增长预计到 2020 年达到 16.5 万辆，机动化程度的提高，自行车的比例将进一步降低，而电动车和摩托车的比例将会略有增长，见表 9-22；在引导型发展模式中通过改善公交的服务水平使个体出行方式自然地向公交转移，公交的分担率争取达到 25%以上，发展中容量的快速公交系统，见表 9-23；在超前型发展模式：政府需要在市中心区大力发展公共交通，包括发展大容量的轨道交通，2020 年公交的分担率争取达到 40%以上(其中轨道交通占 10%以上)，通过各种手段禁止电动车以及摩托车在城市中心区的使用，见表 9-24。

表 9-22　2020 年自然型增长模式各交通方式不同距离的出行次数与分担比

	各交通方式出行次数							各交通方式分担比						
距离/km	步行	自行车	电动车	摩托车	公共汽车	出租车	小汽车	步行	自行车	电动车	摩托车	公共汽车	出租车	小汽车
＜0.5	179 313	85 436	44 427	11 319	8 577	10 256	2 416	0.525	0.25	0.13	0.033	0.025	0.03	0.007
0.5～1	169 120	129 163	70 831	16 101	10 457	16 270	4 713	0.406	0.31	0.17	0.039	0.025	0.039	0.011
1～1.5	108 176	143 179	71 590	16 640	14 184	17 691	5 328	0.287	0.38	0.19	0.044	0.038	0.047	0.014
1.5～2	61 634	152 404	84 230	20 217	18 382	15 331	14 018	0.168	0.416	0.23	0.055	0.05	0.042	0.038
2～2.5	35 184	121 010	80 772	21 403	27 556	13 764	23 398	0.109	0.375	0.25	0.066	0.085	0.043	0.072
2.5～3	17 562	92 280	88 696	25 806	33 390	12 329	25 591	0.059	0.312	0.3	0.087	0.113	0.042	0.087
3～3.5	8 315	68 265	89 235	21 733	46 108	6 534	22 266	0.032	0.26	0.34	0.083	0.176	0.025	0.085
3.5～4	5 222	42 313	74 223	17 961	38 473	5 133	20 025	0.026	0.208	0.365	0.088	0.189	0.025	0.098
4～4.5	4 640	30 949	70 547	18 570	44 324	2 051	21 145	0.024	0.161	0.367	0.097	0.231	0.011	0.11
4.5～5	3 512	19 791	54 425	16 086	37 108	3 908	19 786	0.023	0.128	0.352	0.104	0.24	0.025	0.128
5～5.5	2 876	14 670	45 503	15 545	35 208	636	21 393	0.021	0.108	0.335	0.114	0.259	0.005	0.157
5.5～6	2 121	9 221	31 855	11 366	25 843	4 688	19 692	0.02	0.188	0.304	0.108	0.247	0.045	0.188
6～6.5	1 521	65 333	22 615	9 843	22 794	3 215	17 240	0.018	0.178	0.27	0.118	0.272	0.038	0.206
6.5～7	1 185	4 022	17 411	8 524	20 049	1 903	16 245	0.017	0.158	0.251	0.123	0.289	0.027	0.234
7～7.5	1 114	2 915	14 724	7 962	19 671	1 048	19 939	0.018	0.046	0.232	0.126	0.31	0.017	0.252
7.5～8	926	1 750	10 305	6 018	15 912	795	12 893	0.019	0.036	0.212	0.124	0.327	0.016	0.265
8～8.5	543	914	6 844	4 256	11 953	723	9 905	0.015	0.026	0.195	0.121	0.34	0.021	0.282
8.5～9	314	498	5 428	3 689	11 656	121	9 445	0.01	0.016	0.174	0.118	0.374	0.004	0.303
9～9.5	202	330	5 065	3 663	11 864	241	10 073	0.006	0.011	0.161	0.117	0.377	0.008	0.32
9.5～10	148	186	3 790	3 009	10 575	103	8 817	0.006	0.007	0.142	0.113	0.397	0.004	0.331

（续表）

各交通方式出行次数								各交通方式分担比						
距离/km	步行	自行车	电动车	摩托车	公共汽车	出租车	小汽车	步行	自行车	电动车	摩托车	公共汽车	出租车	小汽车
10～11	146	221	4 411	3 988	15 350	145	12 501	0.004	0.006	0.12	0.108	0.418	0.004	0.34
11～12	116	196	3 317	3 996	16 967	781	13 748	0.003	0.005	0.085	0.102	0.434	0.02	0.351
12～13	73	148	2 817	3 686	16 739	42	13 562	0.002	0.004	0.076	0.099	0.452	0.001	0.366
13～14	52	156	3 442	4 950	23 685	501	19 369	0.001	0.003	0.066	0.095	0.454	0.01	0.371
>14	66	67	3 737	5 971	30 925	901	25 057	0.001	0.001	0.056	0.089	0.463	0.014	0.376
分担比	16%	24%	24%	7%	15%	4%	10%	16%	24%	24%	7%	15%	4%	10%

表 9-23　2020 年引导型增长模式各交通方式不同距离的出行次数与分担比

各交通方式出行次数								各交通方式分担比						
距离/km	步行	自行车	电动车	摩托车	公共汽车	出租车	小汽车	步行	自行车	电动车	摩托车	公共汽车	出租车	小汽车
<0.5	177 757	86 576	39 148	10 259	15 116	10 845	2 044	0.520	0.253	0.115	0.030	0.044	0.032	0.006
0.5～1	168 253	131 356	62 638	14 645	18 495	17 266	4 001	0.404	0.315	0.150	0.035	0.044	0.041	0.010
1～1.5	106 695	14 4357	62 764	15 005	24 871	18 612	4 484	0.283	0.383	0.167	0.040	0.066	0.049	0.012
1.5～2	60 713	153 462	73 752	18 208	32 191	16 109	11 783	0.166	0.419	0.201	0.050	0.088	0.044	0.032
2～2.5	34 046	119 599	69 475	18 936	47 404	14 207	19 321	0.105	0.370	0.215	0.059	0.147	0.044	0.060
2.5～3	16 821	9 051	75 515	22 599	56 856	12 596	20 916	0.057	0.306	0.255	0.076	0.192	0.043	0.071
3～3.5	7 651	64 211	72 988	18 284	75 426	6 413	17 486	0.029	0.245	0.278	0.070	0.287	0.024	0.067
3.5～4	4 787	39 650	60 479	15 053	62 698	5 019	15 664	0.024	0.195	0.297	0.074	0.308	0.025	0.077
4～4.5	4 149	28 287	56 068	15 280	70 454	1 956	16 133	0.022	0.147	0.292	0.079	0.367	0.010	0.084
4.5～5	3 123	17 993	43 025	13 080	58 671	3 707	15 016	0.020	0.116	0.278	0.085	0.379	0.024	0.097
5～5.5	2 536	13 222	35 662	12 531	55 187	598	16 096	0.019	0.097	0.263	0.092	0.406	0.004	0.118
5.5～6	1 883	8 370	25 144	9 228	40 798	4 440	14 922	0.018	0.080	0.240	0.088	0.389	0.042	0.142
6～6.5	1 328	5 829	17 546	7 855	35 370	2 993	12 841	0.016	0.070	0.209	0.094	0.422	0.036	0.153
6.5～7	1 026	3 559	13 397	6 746	30 854	1 757	12 000	0.015	0.051	0.193	0.097	0.445	0.025	0.173
7～7.5	952	2 547	11 186	6 221	29 888	955	11 624	0.015	0.040	0.177	0.098	0.472	0.015	0.183
7.5～8	782	1 512	7 740	4 649	23 903	717	9 296	0.016	0.031	0.159	0.096	0.492	0.015	0.191
8～8.5	455	783	5 099	3 261	17 810	646	7 084	0.013	0.022	0.145	0.093	0.507	0.018	0.202
8.5～9	258	419	3 962	2 770	17 018	106	6 619	0.008	0.013	0.127	0.089	0.546	0.003	0.212
9～9.5	166	277	3 692	2 747	17 297	211	7 049	0.005	0.009	0.117	0.087	0.550	0.007	0.224
9.5～10	120	154	2 727	2 227	15 220	89	6 091	0.004	0.006	0.102	0.084	0.572	0.003	0.229
10～11	117	180	3 130	2 911	21 785	123	8 516	0.003	0.005	0.085	0.079	0.593	0.003	0.232
11～12	91	158	2 323	2 879	23 769	656	9 422	0.002	0.004	0.059	0.074	0.608	0.017	0.236
12～13	57	118	1 955	2 631	23 235	35	9 036	0.002	0.003	0.053	0.071	0.627	0.001	0.244
13～14	40	124	2 383	3 525	32 794	416	12 873	0.001	0.002	0.046	0.068	0.629	0.008	0.247
>14	51	53	2 570	4 224	42 538	744	16 544	0.001	0.001	0.039	0.063	0.638	0.011	0.248
分担比	15%	23%	20%	6%	25%	3%	8%	15%	23%	20%	6%	25%	3%	8%

表 9-24　2020 年超前型增长模式各交通方式不同距离的出行次数与分担比

	各交通方式出行次数							各交通方式分担比						
距离/km	步行	自行车	电动车	摩托车	公共汽车	出租车	小汽车	步行	自行车	电动车	摩托车	公共汽车	出租车	小汽车
<0.5	158 680	73 849	29 871	5 523	30 591	7 004	2 286	0.516	0.240	0.097	0.018	0.099	0.023	0.007
0.5～1	153 132	114 236	48 730	8 038	38 161	11 368	4 563	0.405	0.302	0.129	0.021	0.101	0.030	0.012
1～1.5	96 884	125 255	48 716	8 217	51 200	12 227	5 102	0.279	0.360	0.140	0.024	0.147	0.035	0.015
1.5～2	55 121	133 132	57 235	9 969	66 257	10 580	13 403	0.159	0.385	0.166	0.029	0.192	0.031	0.039
2～2.5	29 775	100 028	51 936	9 987	93 987	8 988	21 170	0.094	0.317	0.164	0.032	0.298	0.028	0.067
2.5～3	1 444	74 120	55 417	11 701	110 662	7 823	22 499	0.049	0.250	0.187	0.039	0.373	0.026	0.076
3～3.5	6 111	49 003	49 827	8 806	136 569	3 705	17 495	0.023	0.180	0.184	0.032	0.503	0.014	0.064
3.5～4	3 785	29 959	40 878	7 178	112 397	2 871	15 519	0.018	0.141	0.192	0.034	0.529	0.014	0.073
4～4.5	3 143	20 474	36 303	6 935	120 990	1 072	15 311	0.015	0.100	0.178	0.034	0.529	0.005	0.075
4.5～5	2 351	12 940	27 680	5 937	100 109	2 019	14 160	0.014	0.078	0.168	0.036	0.606	0.012	0.086
5～5.5	1 867	9 304	22 449	5 565	92 138	319	14 851	0.013	0.064	0.153	0.038	0.629	0.002	0.101
5.5～6	1 406	5 970	16 044	4 154	69 042	2 398	13 956	0.012	0.053	0.142	0.037	0.611	0.021	0.124
6～6.5	965	4 051	10 907	3 445	58 315	1 575	11 700	0.011	0.045	0.120	0.038	0.641	0.017	0.129
6.5～7	733	2 429	8 178	2 906	49 955	908	10 737	0.010	0.032	0.108	0.038	0.659	0.012	0.142
7～7.5	666	1 701	6 685	2 623	47 372	483	10 182	0.010	0.024	0.096	0.038	0.680	0.007	0.146
7.5～8	538	994	4 551	1 929	37 275	357	8 012	0.010	0.019	0.085	0.036	0.695	0.007	0.149
8～8.5	309	509	2 963	1 337	27 455	318	6 035	0.008	0.013	0.076	0.034	0.705	0.008	0.155
8.5～9	170	264	2 235	1 102	25 455	51	5 472	0.005	0.008	0.064	0.032	0.733	0.001	0.157
9～9.5	109	174	2 075	1 089	25 782	100	5 807	0.003	0.005	0.059	0.031	0.734	0.003	0.165
9.5～10	77	95	1 508	869	22 316	42	4 936	0.003	0.003	0.051	0.029	0.748	0.001	0.165
10～11	74	110	1 703	1 117	31 438	57	6 792	0.002	0.003	0.041	0.027	0.761	0.001	0.164
11～12	58	95	1 250	1 092	33 907	299	7 288	0.001	0.002	0.028	0.025	0.771	0.007	0.166
12～13	35	70	1 036	984	32 649	16	7 017	0.001	0.002	0.025	0.024	0.781	0.000	0.168
13～14	25	73	1 260	1 315	45 996	186	9 978	0.000	0.001	0.021	0.022	0.782	0.003	0.170
>14	31	31	1 350	1 566	59 272	331	12 740	0.000	0.000	0.018	0.021	0.787	0.004	0.169
分担比	14%	20%	14%	3%	40%	2%	7%	14%	20%	14%	3%	40%	2%	7%

得到 2020 年自然型、引导型、超前型发展模式交通方式转移曲线分别如图 9-15，图 9-16和图 9-17 所示。

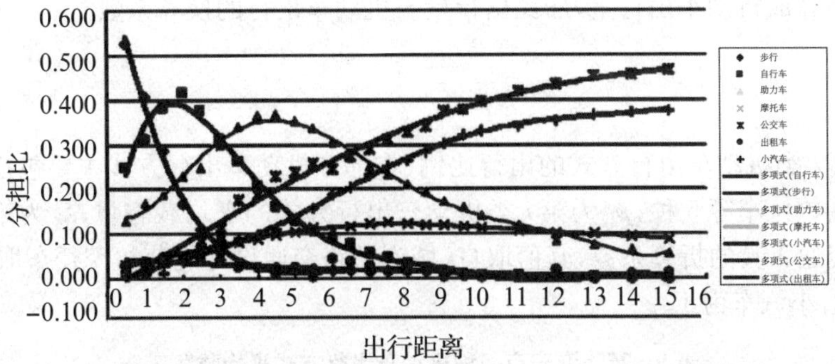

图 9－15　2020 年自然型发展模式交通方式转移曲线

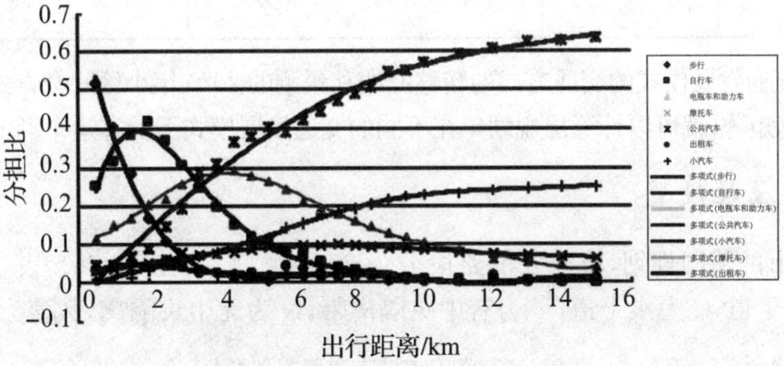

图 9－16　2020 年引导型发展模式交通方式转移曲线

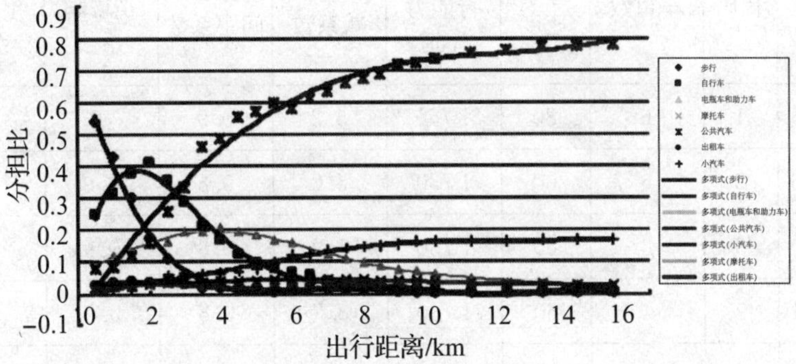

图 9－17　2020 年超前型发展模式交通方式转移曲线

9.5　交通分配

9.5.1　小区间客运车辆出行量推算

确定各种出行方式所承担的出行比例及各种出行方式的平均载客量(表 9－25)后，可将

居民出行量换算成机动车出行量，居民出行量与机动车出行的换算系数

$$\beta = \sum_{i=1}^{5} \frac{x_i}{p_i} \cdot \lambda_i$$

式中：x_i 为第 i 类机动车出行方式的出行比例，本部分机动车出行方式主要包括公交、私车、摩托、出租车、单位车等 5 种；p_i 为第 i 类机动车出行方式的平均载客量；λ_i 为第 i 类机动车出行方式的交通工具的折算系数，其值取自《城市道路交通设计规范》，摩托车取值为 0.4，公交车取值为 2，小汽车为 1。

表 9－25　淮安市各种机动车出行方式平均载客量　　人/趟

出行方式	公交	小汽车	摩托	出租车	其他
平均载客量	35	1.5	1.2	2	1.20

根据不同交通发展模式的交通方式的转移曲线和预测的 2020 年小区间全方式的出行矩阵以及小区间的距离矩阵，就可以计算出规划年在不同的交通发展模式下的客运车辆出行 OD 矩阵。

9.5.2　路网属性设置

根据淮安市的路网规划，将淮安的路段分为 20 种类型，见表 9－26。表中：A 为公路、快速路，B 为主干道，C 为次干道，Y 为有中央隔离带，N 为无中央隔离，数值为车道数。

表 9－26　淮安市城市道路类型划分

道路	标记	代码	车道数	行车速度	基本通行能力（车道）	车道折减系数	交叉口间距系数	行人过街影响系数	车道宽度影响系数	设计通行能力
公路、快速路	AY6	1	6	80	1 750	5.2	0.9	1	1	8 190
	AN6	2	6	60	1 730	5.2	0.8	0.9	1	6 477
	AN6	3	6	60	1 730	5.2	0.8	0.9	1	6 477
	AN4	9	4	60	1 730	3.7	0.8	0.9	1	4 609
主干路	BN4	4	4	50	1 690	3.7	0.7	0.8	1	3 502
	BN8	5	8	50	1 690	6.4	0.7	0.8	1	6 057
	BN6	6	6	50	1 690	5.2	0.7	0.8	1	4 921
	BN6	7	6	50	1 690	5.2	0.7	0.8	1	4 921
	BY6	8	6	50	1 690	5.2	0.7	0.8	1	4 921
	BN3	10	3	50	1 690	2.5	0.7	0.8	1	2 366

(续表)

道路	标记	代码	车道数	行车速度	基本通行能力(车道)	车道折减系数	交叉口间距系数	行人过街影响系数	车道宽度影响系数	设计通行能力
次干路	CY6	11	6	40	1 640	5.2	0.6	0.7	0.94	3 367
	CN6	12	6	40	1 640	5.2	0.6	0.7	0.94	3 367
	CN3	13	3	40	1 640	2.5	0.6	0.7	0.94	1 619
	CN6	14	6	40	1 640	5.2	0.6	0.7	0.94	3 367
	CN4	15	4	40	1 640	3.7	0.6	0.7	0.94	2 396
	CN5	16	5	40	1 640	4.5	0.6	0.7	0.94	2 914
	CN8	17	8	40	1 640	6.4	0.6	0.7	0.94	4 144
	CN2	18	2	40	1 640	1.8	0.6	0.7	0.94	1 165
支路	ZL	Null	2	30	1 550	1.8	0.5	0.6	0.85	711
高速公路	GS	20	6	100	1 870	5.2	1	1	1	9 724

9.5.3 机动车流量分配

道路流量分配利用 TransCAD 交通规划软件,采用用户平衡法,进行不断地迭代以达到平衡的结果,即出行者改变路径不可能再改进出行时间。在每次迭代中都计算路网中各路段的流量,其中考虑到路段通行能力的限制和与路段流量相关的出行时间。交通分配程序都根据路段性能函数迭代更新出行时间。路段性能函数用数学公式来描述出行时间与路段流量之间关系。BPR(美国公路局)公式是一个最常用的路段性能函数。BPR 函数将路段出行时间表达为流量与通行能力之比的函数,公式为

$$t_a(q_a) = t_a(0)\left[1+\alpha\left(\frac{q_a}{e_a}\right)^{\beta}\right]$$

式中: e_a 为路段 a 的交通容量,即单位时间里可通过的最大车辆数;$t_a(0)$为道路 a 上的平均车辆自由走行时间;α,β 为待标定的参数,BPR 建议取 $\alpha=0.15,\beta=4$。

由于淮安市中心区的许多路段在高峰小时内禁止货运车辆通行,城市对外交通的流量也主要集中在几条对外通道上面,所以将对外的客货运车辆 OD 以及城市货运车辆在几条主要的对外通道以及货运通道之间进行预先的分配,并将分配的结果作为预加载的流量,在此基础上进行城市客运车辆的交通分配。三种不同的交通发展模式下 2020 年淮安市路网饱和度及流量分配如图 9-18,图 9-19 和图 9-20 所示。

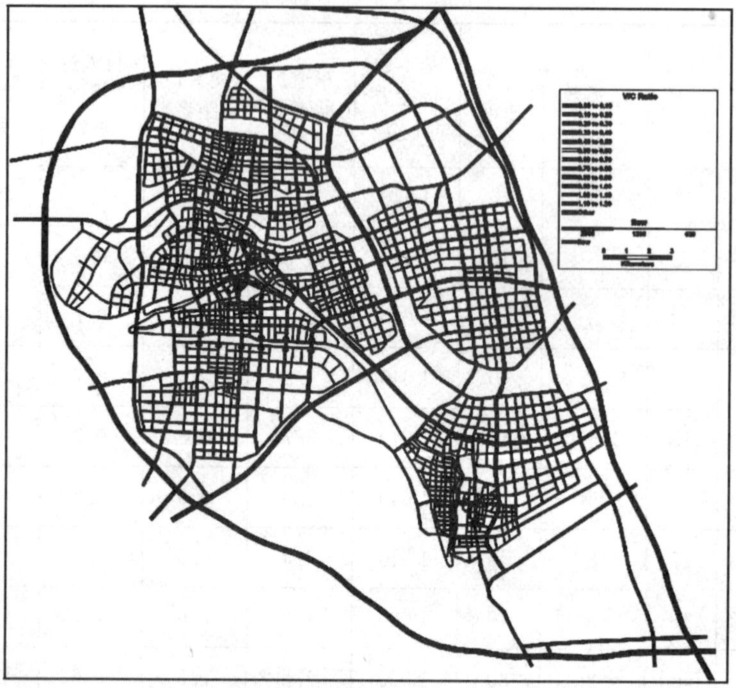

图 9－18　自然型发展模式路网饱和度及流量分配

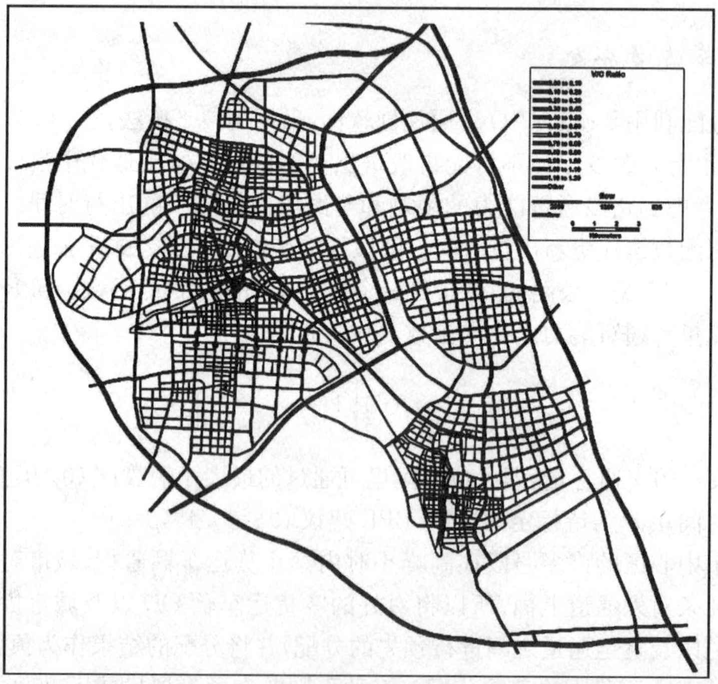

图 9－19　引导型发展模式路网饱和度及流量分配

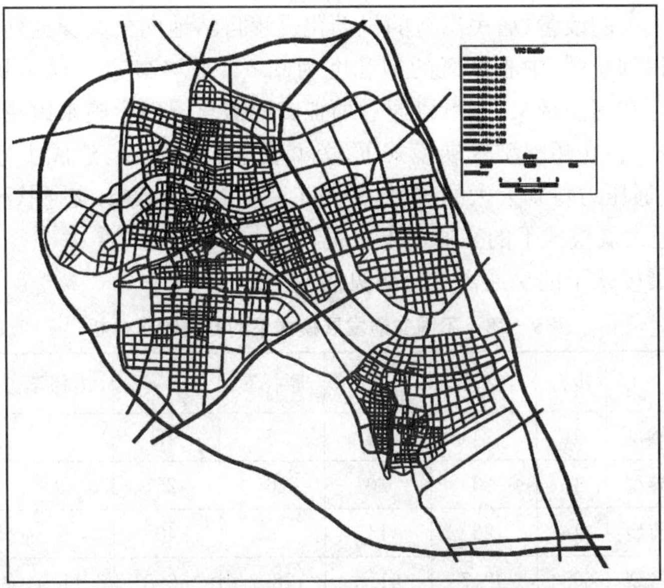

图 9-20　超前型发展模式路网饱和度及流量分配

9.5.4　交通模式测试

(1) 道路网服务水平分析

根据规划年分配的交通量以及规划路网情况，对不同的交通发展模式所对应的高峰时段小时进行路网服务水平分析(V/C 分析)和路网平均车速分析，见表 9-27。

表 9-27　不同发展模式下高峰小时路网运行状态

饱和度		≤0.25	≤0.5	≤0.7	≤0.8	≤0.9	>0.9	平均饱和度	平均车速/(km/h)
中心城区(包括清河、清浦与楚州老城区)	自然型	0%	10%	15%	25%	28%	22%	0.773 0	22
	引导型	6%	25%	27%	18%	15%	9%	0.623 3	30
	超前型	8%	34%	28%	15%	10%	5%	0.563 0	35
次中心区(包括淮阴、城南与开发区已建城区)	自然型	3%	17%	27%	25%	20%	8%	0.670 8	29
	引导型	6%	27%	30%	18%	15%	4%	0.598 8	33
	超前型	8%	40%	35%	12%	4%	1%	0.514 0	39
开发新区(所有新建城区)	自然型	10%	30%	31%	18%	6%	5%	0.559 5	36
	引导型	15%	37%	30%	17%	1%	0%	0.492 3	40
	超前型	18%	38%	28%	15%	1%	0%	0.476 5	45

从表 9-27 可以看出，在自然型发展模式下，由于没有确立公交优先的主体地位，居民出行方式以个体出行方式为主，道路交通需求大于交通供给，中心城区平均饱和度达到了 0.77，到 50%以上的路段的饱和度超过了 0.8，处于十分拥挤甚至堵塞的状态，平均车速仅为 22 km/h，次中心区与开发新区也有部分路段十分拥挤；在引导型发展模式中，由于公交

的服务质量得到大大的改善，居民出行的机动化进程自然地向公共交通转移，个体居民出行方式的增长速度得到减缓，中心城区的饱和度为0.62，平均车速达到30 km/h，只有部分路段在高峰时段内存在拥挤现象，这可以通过加强交通需求管理措施来解决，次中心区与外围区的交通压力并不大；在超前型发展模式下，公共交通超前发展，建成1号与2号轨道交通线，中心城区的交通压力得到大大的缓解，平均车速达到35 km/h，交通状况良好。

(2) 不同交通发展模式下的交通需求分析

不同交通发展模式下的交通需求分析见表9-28。

表9-28　不同交通发展模式下的交通需求分析

出行方式		步行	自行车	电动车、助动车	摩托车	公共汽车	出租车	小汽车	合计
分担比/%	自然型	16	24	24	7	15	4	10	100
	引导型	15	23	20	6	25	3	8	100
	超前型	14	20	14	3	40	2	7	100
日出行量/万人次	自然型	60.4	92.7	91.0	28.2	56.8	11.9	38.5	379.5
	引导型	59.4	91.3	75.4	23.6	89.0	12.1	28.7	379.5
	超前型	53.0	75.9	53.1	11.3	151.9	7.5	26.7	379.5
平均出行距离/km	自然型	1.16	2.11	3.44	4.51	6.16	2.64	6.70	3.58
	引导型	1.13	2.06	3.31	4.28	5.89	2.52	6.41	3.58
	超前型	1.10	1.98	3.11	3.95	5.47	2.35	5.96	3.58
旅客公里数/(万人×km/天)	自然型	70.1	195.5	312.9	127.2	349.7	31.4	257.5	1 344.4
	引导型	67.4	188.0	249.9	101.0	523.8	30.6	183.7	1 344.4
	超前型	58.4	150.1	165.2	44.7	831.6	17.6	159.2	1 344.4
机动车公里数/(万pcu×km/天)	自然型	—	—	—	105.985 8	9.990 8	15.722 7	171.685 3	249.783 9
	引导型	—	—	—	84.142 5	14.966 6	15.288 8	122.490 1	201.369 4
	超前型	—	—	—	37.288 8	23.758 9	8.821 1	106.148 5	177.402 9
非机动车公里数/(万车×km/天)	自然型	—	195.5	312.9	—	—	—	—	508.4
	引导型	—	188.0	249.9	—	—	—	—	437.9
	超前型	—	150.1	165.2	—	—	—	—	315.3
所需非机动车道路面积/万 m^2	自然型	—	154.8	247.8	—	—	—	—	402.6
	引导型	—	148.9	197.9	—	—	—	—	346.8
	超前型	—	118.9	130.8	—	—	—	—	249.7
所需机动车道路面积/万 m^2	自然型	—	—	—	285.1	80.7	117.6	1 284.1	1 867.5
	引导型	—	—	—	305.8	100.9	114.3	916.1	1 437.1
	超前型	—	—	—	135.5	160.2	66.0	793.9	1 155.6

参考文献

[1] 邵春福,谷远利.交通规划[M].北京:北京交通大学出版社,2012.

[2] 陆化普.交通规划理论与方法(第2版)[M].北京:清华大学出版社,2007.

[3] 艾庆毅.北京市建设用地出行生成率研究[D].北京:北京工业大学,2006.

[4] 邵春福.交通规划原理[M].北京:中国铁道出版社,2009.

[5] 徐吉谦,任福田.交通规划工程总论[M].北京:人民交通出版社,2002.

[6] 邵春福.交通规划原理[M].北京:中国铁道出版社,2009.

[7] 王炜,陈学武.交通规划[M].北京:人民交通出版社,2007.

[8] 陆化普.交通规划理论与方法(第2版)[M].北京:清华大学出版社,2006.

[9] 陆化普,石京,李瑞敏.交通规划案例集[M].北京:清华大学出版社,2007.

[10] 陆化普,黄海军.交通规划理论研究前沿[M].北京:清华大学出版社,2007.

[11] 毛保华,曾会欣,袁振洲.交通规划模型及其应用[M].北京:中国铁道出版社,1999.

[12] SHAO Chunfu, ASAI K, NAKAGAWA S, et al. An approach to dynamic route travel time forecast on urban expressway network. Proceeding of TCTTS' 2000. 2000: 527-532.

[13] Transportation Network Analysis, M. G. H. BELL and Y. IIDA, Wiley, 1998.

[14] 严宝杰. 交通调查与分析(第2版)[M]. 北京:人民交通出版社, 2003.

[15] Transportation Planning Handbook(3rd Edition). ITE, USA, 2008.

[16] 北京出行率调查课题组.出行率调查[M].北京:中国建筑工业出版社,2008.

[17] Trip Generation(8th Edition). ITE, USA, 2008.

[18] 杨励雅.城市交通与土地利用相互关系的基础理论与方法研究[D].北京:北京交通大学,2007.

[19] 王炜,徐吉谦.城市交通规划理论与方法[M].北京:人民交通出版社,1992.

[20] 杨兆升.运输系统规划与模型[M].北京:人民交通出版社,1996.

[21] 黄海军.网络平衡理论与模型[M].北京:人民交通出版社,1994.

[22] 王炜,过秀成.交通工程学[M].南京:东南大学出版社,2000.

[23] 徐吉谦.交通工程总论[M].北京:人民交通出版社,1991.

[24] 胡建颖.抽样调查的理论方法和应用[M].北京:北京大学出版社,2000.

[25] 刘灿齐.现代交通规划学[M].北京:人民交通出版社,2001.

[26] 黄海军.城市交通网络平衡分配理论与实践[M].北京:人民交通出版社,1994.

[27] 杨清华,贺国光,马寿峰.对动态交通分配的反思[J].系统工程,2000(1):49-53.

[28] 上海市交通工程学会.畅通新世纪的城市交通[C]//99上海国际城市交通学术研讨会论文集.上海:同济大学出版社,1999.

[29] 严季,李东根,邵春福.基于非集计模型的城市铁路线路客流量预测研究[J].西安公路交通大学学报,2001,21(3):68-72.

[30] 于慧杰.交通小区在交通规划中若干技术问题的研究[D].西安:西安电子科技大学,2008.

[31] 马超群,王瑞,王玉萍.基于区内出行比例的城市交通小区半径计算方法[J].交通运输工程学报,

2007,7(1)：68－72.

[32] 罗铭.城市交通与土地利用互动关系研究[D].北京：北京工业大学,2008.

[33] 荣博,曹荷红,张智勇,等.《出行生成》的编制及编制方法[J].城市交通,2006,4(2)：36－40.

[34] 杜华兵,陈金川,郭继孚.北京市办公建筑交通出行率研究[J].交通运输系统工程与信息.2007,7(3)：90－93.

[35] 交通出行率指标研究课题组.交通出行率手册[M].北京：中国建筑工业出版社,2009.

[36] 李朝阳.现代城市道路交通规划[M].上海：上海交通大学出版社,2006.

[37] 边经卫.当代城市交通规划研究与实践：以厦门市为例[M].北京：中国建筑工业出版社,2010.

[38] http://baike.baidu.com/view/908169.htm.

[39] GB 50137—2011,城市用地分类与规划建设用地标准[S].

[40] 孔令斌.城市发展与交通规划：新时期大城市综合交通规划理论与实践[M].北京：人民交通出版社,2009.

[41] 裴玉龙,李洪萍,蒋贤才,等.城市交通规划[M].北京：中国铁道出版社,2007.

[42] 周素红.高密度开发城市的内部交通需求与土地利用关系研究：以广州市为例[D].广州：中山大学,2003.

[43] CEVERO R. America's suburban centers：The land-use-transportation link. Unwin and transport planning to reduce work-related travel：A case study of tampines regional center in Singapore. Habitat International，2001(25)：399－414.

[44] 钱林波.城市土地利用混合程度与居民出行空间分布的关系研究：以南京主城为例[J].城市交通，2000(3)：7－10.

[45] SPIESS H. A maximum likelihood model for estimating origin-destination matrices. Transportation Research，1987，21 B(5)：295－312.

[46] TAMIN O，WILLUMSEN L G. Transport demand model estimation from traffic counts. Transportation，1989,16(1)：3－26.

[47] WILLS M J. A flexible gravity-opportunities model for trip distribution. Transportation Research，1986，20B(2)：89－111.